Es gewinnen alle oder keiner

Wie wir uns vor dem Populismus retten

Christian Masengarb

Für meine Mutter.

Für meine Mutter.

Einleitung

Am 24. Dezember 1966 sehen William Anders, James Lovell und Frank Borman, was noch niemand vor ihnen sah, aber schon bald niemand mehr vergisst. Die drei Astronauten umrunden in ihrem Apollo-8-Raumschiff die Rückseite des Mondes, als die Erde langsam über dessen Horizont aufsteigt. Wie ein kleiner, verletzlicher blauer Ball, umhüllt von einer hauchdünnen Atmosphäre, schwebt sie im endlosen Schwarz des Universums.

„Wow, ist das schön", sagt Anders.

„Oh Mann, das ist toll", sagt Lovell.

Lovell gibt Anders einen Film. Der drückt den Auslöser. Das von der Nasa Earthrise (Erdaufgang) getaufte Foto trifft die Menschen ins Herz.[i]

Die Apollo-8-Astronauten reisten als erste Menschen der Geschichte zu einem anderen Himmelskörper. Doch als sie von diesem zurückblicken, verstehen sie die Erde. Earthrise zeigt nicht nur, was noch niemand sah. Es zeigt vor allem, was noch niemand fühlte.

Der scheinbar endlose Gesteinsbrocken, auf dem wir unsere Leben leben, den wir willkürlich mit Grenzen durchziehen und auf dem sich Millionen unserer Vorfahren opferten, um diese Grenzen einige Meter zu verschieben, schwebt in Wahrheit klein und verletzlich durch tödliches Nichts. Der scheinbar unverwundbare Ort all unserer Erfolge und Niederlagen gleicht einem Staubkorn Heimat inmitten tödlicher Leere. Auf diesem Staubkorn überleben oder sterben wir gemeinsam. Es gewinnen alle oder keiner.

Psychologen nennen das alles verändernde Gefühl, die Erde aus dem All zu sehen, den Übersichts-Effekt. Es erzeugt ein globales Bewusstsein, eine Menschenorientierung, einen Verantwortungssinn. Er lässt viele irdische Streitigkeiten kleinlich und arrogant wirken.

Auf den Punkt gebracht hat dieses Gefühl der Astronom Carl Sagan. Auf sein Anregen fotografiert die Nasa 1990 mit der Raumsonde Voyager 1 die Erde aus einer Entfernung von rund sechs Milliarden Kilometern, deutlich außerhalb der Umlaufbahn des Neptun, des äußersten Planeten unseres Sonnensystems. Aus dieser unvorstellbaren Entfernung verblasst unser Heimatplanet zum blauen Pünktchen. Sagan sagt über das Pale Blue Dot (schwacher blauer Punkt) getaufte Bild:[ii]

„Wir haben es geschafft, dieses Bild [aus dem Weltraum] aufzunehmen, und wenn man es betrachtet, sieht man einen Punkt. Das ist hier. Das ist unsere Heimat. Das sind wir. (…)

Die Erde ist eine sehr kleine Bühne in einer riesigen kosmischen Arena. Denken Sie an die Ströme von Blut, die von all diesen Generälen und Kaisern vergossen wurden, damit sie in Ruhm und Triumph die vorübergehenden Herren eines Bruchteils eines Punktes werden konnten. Denken Sie an die endlosen Grausamkeiten, die die Bewohner einer Ecke des Punktes an kaum unterscheidbaren Bewohnern einer anderen Ecke des Punktes verübten. Wie häufig ihre Missverständnisse, wie begierig sie einander töten, wie leidenschaftlich ihr Hass. Unser Gehabe, unsere eingebildete Wichtigkeit, die Illusion, dass wir eine privilegierte Position im Universum einnehmen, werden durch diesen blassen Lichtpunkt in Frage gestellt.

Unser Planet ist ein einsamer Fleck in der großen, alles umhüllenden kosmischen Dunkelheit. In unserer Unscheinbarkeit – in all dieser Weite – gibt es keinen Hinweis darauf, dass Hilfe von anderswo kommen wird, um uns vor uns selbst zu retten. Es liegt an uns.

Man sagt, dass Astronomie eine Erfahrung ist, die einen demütig stimmt und, wie ich hinzufügen möchte, den Charakter formt. Meiner Meinung nach gibt es vielleicht keine bessere Demonstration der Torheit menschlicher Einbildung als dieses entfernte Bild unserer winzigen Welt.

Für mich unterstreicht es unsere Verantwortung, freundlicher und mitfühlender miteinander umzugehen und diesen blassblauen Punkt, die einzige Heimat, die wir je gekannt haben, zu bewahren und zu schätzen."

Wie viel Leid wäre der Menschheit erspart geblieben, hätten die Zerstörer von Zivilisationen die kosmische Kleinheit ihres Größenwahns erkannt. Wie viel Leid bliebe ihr noch erspart.

Nicht alle Politiker füllen Sagans Worte mit Leben. Es liegt an uns, Friedensstifter von Hasspredigern zu trennen, hilfreiche Politiker von Populisten. Dieses Buch erklärt, wie wir das schaffen.

INHALT

Wütende Mobs und nutzloses Wissen

Populismus verhält sich zu politischen Katastrophen wie
die DNA zum Leben: So unterschiedlich die Ergebnisse wirken,
sie folgen alle der gleichen Codierung.

---

*„Nichts hilft anderen mehr, als sie dabei zu unterstützen,
eine falsche Idee durch eine richtige zu ersetzen."*

Charlie Munger

Als am 6. Januar 2021 ein aufgebrachter Mob den US-Senat in Washington stürmt, fühlen sich Politikwissenschaftler weltweit hoffentlich genauso schuldig wie ich. In meiner Magisterarbeit sagte ich gut zehn Jahre zuvor vorher, dass Falschinformationen im US-Nachrichtenfernsehen die Gesellschaft spalten und Anhänger der Republikanischen Partei radikalisieren. In zwei Büchern zeigte ich die Bedrohung von Verschwörungstheorien und warum Donald Trump diese Gefahren musterhaft verkörpert. Dennoch sehe ich an diesem Januardonnerstag auf den Bildschirmen jenen abgewählten Präsidenten Trump zum Staatsstreich blasen.

Trump behauptet grundlos, die Wahl durch Betrug verloren zu haben. Dann ruft er seine Anhänger auf, nie die Niederlage einzugestehen, wie die Hölle zu kämpfen.

Der Mob pilgert zum Senat, um die Bestätigung von Trumps rechtmäßigem Nachfolger Joe Biden zu verhindern. Er errichtet einen Galgen und schlägt Fenster ein. Er dringt ins Innere, wo die Sicherheitsbeamten gerade rechtzeitig alle Politiker evakuieren und damit wohl einigen das Leben retten. Ein Mann mit Schamanenmütze und Tattoos setzt sich in den Stuhl von Vizepräsident Mike Pence und kritzelt eine Drohung auf Papier. Rechte Milizen und bewaffnete Randalierer strömen durch die Hallen der ältesten Demokratie der Welt, verwüsten Abgeordneten-Büros und verletzen 138 Polizisten teils schwer.

Wozu warnten tausende Politikwissenschaftler in tausenden Büchern vor Trump, wenn solche Szenen geschehen? Dieser Tag verdeutlicht unserer Zunft ihre Unfähigkeit, ihr Wissen vom Elfenbeinturm in die Welt zu senden.

Eine eigentlich leichte Aufgabe. Wie ich in meiner Magisterarbeit zeigte, verwendete Bill O'Reilly, der beliebteste Meinungsmacher des größten konservativen Nachrichten-Senders FoxNews, in jedem Satz mehrere Propagandamittel und ein Propagandamittel alle fünf Worte. Meine Großmutter verstand angesichts dieser Zahlen sofort, welch aggressiv-verzerrtes Weltbild O'Reilly seinen Zuschauern einredete. Derart Offensichtliches müssen Experten der Öffentlichkeit vermitteln können oder sie hätten nie studieren brauchen.

An diesem 6. Januar weiß ich auch: Viele US-Wähler fühlen sich so hilflos wie ich. In Fernsehen und Sozialen Medien sprechen sie ähnlich fassungslos über den Wahlausgang wie später Briten über den Brexit und Deutsche über Corona-Proteste und den Aufstieg der AfD: Sie hatten Freunde, Verwandte und Arbeitskollegen zu warnen versucht und waren gescheitert.

Weltweit schlagen täglich Menschen die Hände über dem Kopf zusammen, weil sie Populisten aufhalten wollen, aber keine Mittel finden. Andere schlagen die Hände über dem Kopf zusammen, wenn sie erkennen, wie Populisten sie benutzt haben.

Ich schlug im Juni 2023 die Hände über dem Kopf zusammen, als mein Heimat-Landkreis Sonneberg den ersten AfD-Landrat Deutschlands wählte. Gerade in Thüringen, wo der rechtsextreme Björn Höcke die Partei anführt, hoben die Bürger einen Kandidaten ohne Pläne für den Landkreis ins Amt, weil er mit Feindbildern hetzte.

Die Populismusnähe meiner Heimat hatte mich knapp 20 Jahre zuvor zum Politikstudium getrieben. Ich wollte verstehen, wie Wähler auf politische Verführer hereinfallen und wie man sie warnt. Trotzdem blickte in diesen Wochen ganz Deutschland fassungslos auf Sonneberg.

Die Probleme der Politikwissenschaft und der Wähler ergänzen sich. Einige Wähler sahen Trumps Putschversuch nicht kommen, weil ihnen die Politikwissenschaft nicht die Werkzeuge dafür liefert. Andere konnten Freunde und Verwandte nicht leicht verständlich warnen, weil ihnen die Politikwissenschaft nicht die Worte dafür schenkt.

Dieses Buch soll diese Werkzeuge und Worte vermitteln. Suchen Sie, liebe Leserinnen und Leser, Wege, Menschen das Problem mit Populismus zu erklären, oder wollen sie selbst Populismus einfacher einordnen, ist dies das richtige Buch für Sie. Sie werden einfache Grundsätze kennenlernen, die Populisten entlarven und ihre Gefahren erklärbar machen. Am Ende vereinfachen wir alles Gelernte auf den einen Grundsatz, der diesem Buch seinen Namen verleiht: „Es gewinnen immer alle oder keiner. Verhalte dich stets so, dass alle gewinnen." Vorher füllen wir diesen und weitere Grundsätze mit so viel Leben, das sie Ihnen die Politik und die Welt erklären.

Wie wir das tun, zeigt wieder der 6. Januar 2021. Als ich den wütenden Mob das US-Kapitol stürmen sehe, weiß ich, woran die Politikwissenschaft scheiterte: Sie vermittelt ihr Wissen zu umständlich.

Um Populismus lebhafter zu erklären, beschloss ich, besser und unakademischer schreiben zu lernen. Einige Jahre beim Münchner Merkur und Focus Online später, lesen Sie in diesem Buch meinen Versuch, das Gelernte anzuwenden.

Unsere Reise beginnt mit einem Physik-Nobelpreisträger, der sein Herzensthema so interessant vermittelte wie kaum ein anderer.

Ein Physiker, ein Feuer und eine Lektion

„Physik ist wie Sex: Klar entstehen dadurch praktische Ergebnisse.
Aber wir tun es aus anderen Gründen.“

Richard Feynman

Richard Feynman sitzt in einem Sessel und erklärt in einer Handvoll Sätzen, was viele Physiklehrer ihren Schülern in fünf Jahren nicht vermitteln. „Atome mögen sich unterschiedlich stark“, sagt Feynman und lächelt. „Der Sauerstoff in der Luft und der Kohlenstoff in Holz mögen sich zum Beispiel sehr. Bekommen wir sie nahe genug aneinander, schnappen sie zusammen.“ Das gelinge nur unter besonderen Bedingungen. „Es ist, wie wenn man einen Ball einen Vulkan hinaufrollt. Rollt er zu langsam, rollt er zurück. Rollt er schnell genug, schafft er es bis hoch und fällt in den Krater.“ Der Ball schlägt auf dem Kraterboden auf; der Vulkan vibriert und schiebt mehr Bälle in den Krater. Diese stoßen weitere Bälle an und setzten eine Kettenreaktion in Gang. Bei Holz und Sauerstoff stellt Hitze die Energie, die die Bälle zum Gipfel schießt und die Kettenreaktion auslöst. Die Kettenreaktion nennen wir Feuer.

Die Szene stammt aus Feynmans Video *Fun to Imagine* (Dt. etwa: Interessant, sich das vorzustellen). Wer sie sieht, versteht sofort, wie Feuer entsteht: Hitze lässt Kohlenstoff aus Holz und Sauerstoff aus der Luft zusammenschnappen. Der Vorgang entwickelt mehr Hitze und mehr Atome schnappen zusammen. Das Holz verbrennt.

Mit Erklärungen wie dieser erreichte der 1998 verstorbene Feynman, woran fast alle Physiker vorher scheiterten und woran die Politikwissenschaft weiter scheitert: Er entdeckte Weltveränderndes *und* vermittelte sein Herzensthema einem Millionenpublikum. Weil ähnliche Bücher der Politikwissenschaft fehlen, entwickelt sich Populismus ohne Gegenwehr. Wollen wir Populisten die Weltgeschichte nicht erneut in Blut tränken lassen, müssen wir dieses Missverhältnis beenden.

Dieses Buch soll seinen Beitrag dazu leisten, indem es Menschen, die sich für Populismus, Propaganda und Falschnachrichten interessieren, scheinbar Unerklärliches entschlüsselt:

- Warum forderte die AfD während der Corona-Krise erst einen strengen Lockdown und verurteilte später alle Lockdowns als Diktatur, ohne dass es ihre Anhänger erkannten? Wieso merkten die Unterstützer der Linkspartei nicht, dass diese erst hohe Zinsen als Ausbeutung verteufelte und später niedrige?
- Wieso gewann die AfD bei der Bundestagswahl 2018 mehr Wähler von der Linkspartei als von jeder anderen Partei, obwohl sich beide Parteien inhaltlich scheinbar völlig unterscheiden?
- Wie verkauft Wladimir Putin seinem Volk einen sinnlosen, aussichtslosen Krieg als Überlebensfrage, obwohl er seinem Land nur Leid bringt?
- Warum riskierte die Mehrheit der auf die gesetzliche Krankenversicherung angewiesenen Amerikaner bei der Präsidentenwahl 2016 ihr Leben, indem sie mit Donald Trump für einen Kandidaten stimmte, der die gesetzliche Krankenversicherung abschaffen und ihnen den Zugang zu lebensrettenden Behandlungen verweigern wollte?
- Wie fanden die mörderischsten Diktatoren der Geschichte glühende Anhänger, die ihre Gräueltaten als Weg in eine bessere Zukunft unterstützten?

Die Antworten auf diese Fragen verraten Bemerkenswertes über unser Streben nach einer besseren Welt und die Fallen, in die unser auf eine andere Umgebung trainiertes Gehirn dabei tappt. Sie lehren uns viel über uns, über Personen um uns und über die Bedeutung von Verständnis, Nachsicht und Toleranz.

Die erste Lektion auf diesem Weg ist eine der wichtigsten: Allgemeinbildung schützt nicht vor Populismus. Wir müssen sein Grundmuster verstehen. Warum, erklärt eine Statistik über die Gehirne von Männern und Frauen.

Männergehirne, Frauengehirne und ein Unterschied

„Es ist einfach, mit Statistiken zu lügen.
Es ist schwer, ohne Statistiken die Wahrheit zu sagen.“

Andrejs Dunkels

Kennen Sie die einfache Statistik, die Männer-gegen-Frauen-Debatten ein für alle Mal beendet? Männer haben größere Gehirne als Frauen. Sie sind intelligenter. Ende.

Jetzt werden Sie sich aufregen. „Stimmt nicht!“ „Masengarb lügt!“ Doch damit liegen Sie falsch. Männergehirne übertreffen mit durchschnittlich rund

1,4 Litern die Gehirngröße von Frauen um knapp ein Fünftel. Wissenschaftliche Daten belegen das eindeutig, unter anderem eine Studie der Uni Zürich.

Was denken Sie jetzt? Merken Sie sich ihr Gefühl. Es offenbart das typische Einfallstor aller Populisten.

Besonders Herren zweifeln nach meinem Gehirn-Vergleich ein wenig, ob Männer und Frauen wirklich so gleich sind. Gründe ich eine Partei und verknüpfe meine Aussage mit einem Weltbild („Was ihnen die feige Regierung verschweigt"), wählen mich in einigen Jahren fünf Prozent der Deutschen. Ich ziehe in den Bundestag ein und habe ausgesorgt. Alles ganz einfach.

Der Trick funktioniert, weil Sie auf meine Populismus-Finte hereinfallen: So sehr der zweite Teil meiner Aussage („Männer sind intelligenter als Frauen") Sie überrascht, Sie zweifeln nicht am ersten Teil („Männer haben größere Gehirne als Frauen"). Weil ich den zweifelsfrei beweisen kann, überzeuge ich Sie auch mit Teil zwei ein wenig.[a]

Zwischen den Teilen meiner Populismus-Botschaft fehlt aber jede Verbindung. Männer besitzen größere Gehirne als Frauen, weil sie im Durchschnitt größere Körper besitzen, auch größere Köpfe. Unsere Gehirne füllen unsere Köpfe weitgehend aus. Also haben Männer größere Gehirne.

Das macht Männer nicht intelligenter. Im Durchschnitt besitzen sie so viele Gehirnzellen wie Frauen. Beim IQ-Test bleibt Größe wirkungslos.

Den zweiten Teil meiner Populismus-Botschaft haben Sie ungefragt geglaubt, weil ich ihn mittels bekanntem Bild an den ersten anschließe: Großes Gehirn bedeutet Intelligenz. Bedeutet es aber nicht. Weil das die Wenigsten bedenken, während ich durch das Thema rase, beweise ich den Teil der Aussage, den ich nicht beweisen muss, und schiebe Ihnen den Rest unter. Ich argumentiere nach dem Feststellung-Folgerung-Muster, ohne etwas zu folgern. Schon klingt meine Aussage klüger, als sie ist. Ein beliebter Populismus Trick, der auch bei Ausländerkriminalität und Vermögensverteilung funktioniert.

Das Beispiel zeigt, warum selbst Allgemeinbildungs-Experten auf Populismus hereinfallen: Wir meinen, Männer und Frauen seien gleich intelligent. Wir wissen sogar, wie gerne Populisten das Gegenteil behaupten. Kaum jemand hat aber Neurologie studiert. Deswegen verunsichert uns schon ein aus dem Zusammenhang gerissener Fakt. Reiße ich hunderte Fakten aus dem Zusammenhang und bette sie in ein Weltbild, glauben mir genügend Wähler für eine Populismus-Karriere. Bald sitze ich in einer Politik-Talkshow und verunsichere das ganze Land.

Wir treffen täglich auf Themen, die wir ähnlich ungenau verstehen wie

---

[a] Warum die Aussage noch funktioniert, sehen wir in Kapitel sechs: Die Botschaft besitzt Widerhaken, die sie in unseren Gehirnen verankert.

Neurologie. Wir meinen, Ausländer seien nicht krimineller als Deutsche und Vermögende nicht unmoralischer als Unvermögende. Wir wissen es aber nicht. Ohne Kriminalistik-Ausbildung zerstört schon eine aus dem Zusammenhang gerissene Statistik unsere wacklige Überzeugung.

„Wussten Sie, dass Ausländer in Deutschland fast ein Drittel der Straftaten begehen, aber nur zehn Prozent der Bevölkerung ausmachen? Sie sind also deutlich krimineller!" Wieder gutklingender Unsinn: Auch Deutsche begehen in praktisch jedem Land der Welt mehr Straftaten als es ihr Anteil an der Gesamtbevölkerung vermuten lässt. Denken Sie an Mallorca: Die wenigsten Deutschen, die am Ballermann betrunken Unsinn anstellen, haben ihren Wohnsitz auf der Insel gemeldet. Ausländer befinden sich meist auf Durchreise. Weil sich in wohl jedem Staat der Erde mehr Ausländer aufhalten als in den Meldebüchern stehen, begehen sie auch mehr Verbrechen, als diese Bücher vermuten lassen.

Ausländer können auch mehr Straftaten begehen als Bürger eines Landes (zum Beispiel illegale Einreise) und sie leben häufiger in Bedingungen, die alle Menschen eher zu Straftaten treiben: von Sauftouristen bis Asylbewerbern ohne Arbeitserlaubnis und Hoffnung. Mit gleichen Rechten, Sicherheiten und Perspektiven ausgestattet, verhalten sie sich nicht krimineller als Inländer. Wer diese Hintergründe nicht kennt, fällt eher auf falsch dargestellte Kriminalitätsstatistiken herein.

In einer immer schnelleren Welt kennt niemand alle Hintergründe. Terrorismus, Finanzkrisen, Pandemien und Kriege schaffen schneller Neues, als wir uns Hintergründe aneignen. In vielen Bereichen bleiben wir anfällig für Populismus-Tricks.

Populisten ziehen bei jedem neuen Großthema einige Wähler auf ihre Seite. Dort zwängen sie diese mit Falschnachrichten aus eigenen Informationsquellen ins Schwarze Loch ihrer Weltsicht. So gewinnen sie Stück für Stück immer mehr Einfluss. Irgendwann gewinnen Sie jede Wahl.

Auch der Versuch, Populismus Tricks auswendig zu lernen, scheitert. Es gibt hunderte. Kein Experte kennt alle. Durchschnittsbürgern fehlt Zeit und Lust, sie zu lernen.

Wir erkennen Populismus nur, indem wir seinen Kern verstehen. Dann erkennen wir auch Themen und Tricks, die Populisten in ihrem Dienst einsetzen.

Es ist wie mit Spam-E-Mails: Wir entlarven Betrug im Postfach an dessen Aufforderung, schnell Geld auf fremde Konten zu überweisen. Wer die Methode kennt, muss nicht alle in ihrem Dienst erfundenen Geschichten auf Wahrheit prüfen. Afrikanische Prinzen, Töchter in Geldnot – offensichtlicher Unsinn. Methodenverständnis ersetzt den Faktencheck.

In diesem Buch entschlüsseln wir die Grundstruktur des Populismus. Damit erkennen Sie Populisten genauso sicher wie Spam-Betrüger. Die wichtigste Lektion auf diesem Weg lautet: Jeder Populismus arbeitet nach dem gleichen Muster.

Ukraine-Krieg, Polen-Überfall, gleiche Rechtfertigungen

„Jemand wie sie wird immer da sein und auf den richtigen Moment warten, um an die Macht zu gelangen. Und Furcht zu verbreiten im Namen der Rechtschaffenheit."

Jean-Luc Picard

Als Wladimir Putin am 24. Februar 2022 aus seinem Moskauer Büro der Welt begründet, warum er seine Soldaten in den Morgenstunden dieses Donnerstags die Ukraine überfallen ließ, erzählt er die gleiche Lüge, mit der Populisten seit jeher Schreckenstaten rechtfertigen: „Uns wurde einfach keine andere Möglichkeit als die, zu der wir heute gezwungen sind, gelassen. (…) Wir müssen Russland und unser Volk verteidigen. Die Umstände verlangen von uns, dass wir entschlossen und sofort handeln."[3]

Putin begründet seine Aussage mit einem Schreckensszenario, das, wäre es wahr, jeden Krieg rechtfertigt: In der Ukraine ermordeten Neonazis Russischstämmige. Sie strebten nach Atomwaffen und der Vernichtung Russlands. Das „Lügenimperium" der Nato pumpe das Land mit neuesten Waffen voll. Für Russland „eine Frage von Leben und Tod". Aus Selbstschutz und weil seine Regierung Verbrechen auf „historisch russischem Gebiet" nicht länger dulden könne, habe er „eine besondere Militäroperation" befohlen, sagt Putin: „Wir mussten diesen Albtraum beenden, denn diese Menschen können nur auf uns hoffen."

Putin, der seine Truppen zu diesem Zeitpunkt seit Monaten an der russisch-ukrainischen Grenze zusammenzieht, am Tag vor dem Überfall aber noch alle Angriffspläne leugnet, lügt, dass sich die Balken biegen:

- Während seine Panzer mit Zeitplänen zur Eroberung der gesamten Ukraine Richtung Kiew rollen, behauptet er, nur einige Gebiete im Osten des Landes zu „befreien".
- Während er von tausenden russischen Toten in der Ukraine spricht, weiß er, dass fast alle als nicht uniformierte Soldaten in dem von ihm 2014 angezettelten Krieg im Osten des Landes starben.
- Während er vorgibt, einen erfundenen Genozid zu verhindern, weiß er wohl, dass seine Soldaten in den eroberten Gebieten Zivilisten massakrieren werden.

Die angebliche Mobilmachung der Nato gegen Russland, die angeblich mit modernsten Waffen vollgestopfte Ukraine, die angeblichen verzweifelten Friedensbemühungen Putins – alles Propaganda.[4]

Diktatoren, die Kriege entfesseln, bemühen die gleiche Ausrede wie Jugendliche, die eine Schlägerei anzetteln: Der andere hat angefangen.

Obwohl Putin den Überfall mit offensichtlichen Lügen begründet, unterstützen laut Umfragen nach Kriegsbeginn rund 80 Prozent der Russen den Krieg. Putins Propaganda-Maschine hat ihnen jahrelang die Bedrohung durch Nato, USA und Ukraine eingeredet. Dass der Diktator nun gegen die angebliche Gefahr losschlägt, scheint ihnen folgerichtig.

Putin verwendet die gleichen Tricks wie alle Populisten vor ihm. Das zeigt die Rede eines Diktators in einer ähnlichen Situation.

Als Adolf Hitler am 1. September 1939 vor den Deutschen Reichstag tritt, hat auch er seinen Soldaten einen lange vorbereiteten Angriff befohlen, den er bis zum Vortag leugnete: In den Morgenstunden hat das Schlachtschiff Schleswig-Holstein eine polnische Garnison bei Danzig beschossen, Sturzkampfbomber haben das Krankenhaus der Stadt Wielun zerstört und Zivilisten in den Straßen erschossen. Hitlers Überfall auf Polen beginnt den Zweiten Weltkrieg, der Millionen Leben auslöscht und viele deutsche Städte vernichtet. Im Reichstag jubeln dennoch selbst Pazifisten, als Hitler ruft: „Seit 5 Uhr 45 wird jetzt zurückgeschossen!"

Auch Hitler rechtfertigt seinen Überfall mit „schweren Gräueltaten", die erst seine Truppen anrichten. Auch er behauptet, seine Interessen begrenzten sich auf einen kleinen Teil eines Landes, obwohl er nach dessen ganzem Gebiet und mehr strebt. Auch er sagt: „Meine Friedensliebe und meinen endlosen Langmut soll man nicht mit Schwäche oder gar mit Feigheit verwechseln!" Auch er kommt damit durch, weil er seine Feindbilder jahrelang in die Gehirne der Bevölkerung gewaschen hat.

Alle Populisten verkünden das gleiche Denkmuster: Sie bauen Feindbilder auf, verkaufen sich als einzige Beschützer und rechtfertigen schreckliche Maßnahmen als notwendiges Übel im Kampf gegen das vermeintlich unendlich Böse.

Mit dieser Strategie stachelt auch Donald Trump seine Anhänger am 6. Januar 2021 zum Sturm auf den US-Senat an. Trump hat über Jahre Feindbilder aufgebaut. Er hat Andersdenkende, Demokraten und Medien zur Bedrohung hochgeredet. Für seinen Staatsstreich verknüpft er diese Feindbilder mit seiner Wahlbetrugs-Erfindung. Ohne Beweise treibt er seine Unterstützer zum Sturm auf den Staat, den sie zu verteidigen glauben.

Dass Trump die Präsidentschaft nicht friedlich übergibt, war absehbar. Sein Versprechen, das Land zu alter Größe zurückzuführen („Make America Great Again"), folgt dem Populismus-Muster: Waren die USA großartig, sind es aber nicht mehr, müssen böse Kräfte sie ihrer Großartigkeit beraubt haben. Trump behauptet, die Bösen zu besiegen und das Gute zurückzubringen. Wer die Bösen sind, legt er nach Belieben fest. Dasselbe Muster wie Hitler und Putin. Wer das Muster versteht, erkannte Trumps Ziel.

Andere Populisten behaupten nach dem Feindbild-Muster, Arme müssten Reiche besiegen, Hiergeborene Woandersgeborene oder die, die den Lauf der Geschichte erkannt haben, die, die es nicht haben. Viele behaupten alles zusammen. Antisemiten logen in den 1920er-Jahren, geldgierige jüdische Banker griffen mittels einer kommunistischen Revolution nach der Weltherrschaft. Den offensichtlichen Widerspruch – Banker helfen Kommunisten – übersahen ihre Anhänger so bereitwillig, wie die Unterstützer heutiger Populisten deren Widersprüche übersehen.[5]

Die US-amerikanische Historikerin Deborah Lipstadt formuliert es so: „Hinter jeder Verschwörung steckt ein Kollektiv, dass eine andere Gruppe bedroht. Die Opfer sind den Verschwörern zahlenmäßig überlegen, bleiben aber wegen ihrer Unkenntnis von der Verschwörung hoch verwundbar. Die, die Verschwörung aufgedeckt haben, müssen die Opfer aufklären. Die Verschwörer verfolgen ihre Ziele diabolisch gerissen und viel gekonnter als ihre Feinde. Mit fast mystischen Fähigkeiten ausgestattet, kontrollieren sie Börsen, Banken und Medien. Sie haben ähnliche Verschwörungen bereits in der Vergangenheit erfolgreich umgesetzt und siegen sicher auch dieses Mal, wenn sie niemand aufhält.“[6]

Lipstadt, die Holocaust-Leugner erforscht, bezieht sich auf Verschwörungstheorien gegen Juden. Ihre Definition beschreibt aber das Weltbild aller Populisten. Alle nutzen die gleichen Techniken.

Die Beispiele Putin, Hitler und Trump zeigen: Wer Propaganda und Falschnachrichten erkennen will, muss Populismus verstehen. Propaganda ist das Sprachrohr des Populismus, Falschnachrichten sind seine Werkzeuge.

Auch Putin und Hitler sind Populisten. Weil wir das Ausmaß ihrer Zerstörungen kennen, erscheinen sie uns gewaltiger und böser als Populisten in heutigen Parlamenten. Noch 1932, sieben Jahre bevor er mit dem Zweiten Weltkrieg die Katastrophe lostrat, war aber auch Hitler ein einfacher Parlamentarier, den zu wenige ernst nahmen. Entfesseln wir die Ideen heutiger Populisten ähnlich schrankenlos wie die Hitlers und Putins, schaffen sie über kurz oder lang ähnliche Schrecken.

Wie bei Viren töten manche Formen von Populismus, andere verletzen nur. Keine will Gutes. Wer Viren fernbleibt, lebt gesünder, als jemand, der sie sorglos in sein Leben lässt. Auch wer Populismus vermeidet, trifft bessere Entscheidungen und führt ein besseres Leben, als jemand, der es nicht tut.

Populisten schaden Gesellschaften alle auf ähnlichem Weg, der eine schneller, der andere langsamer. Warum wir auf diesem Weg selbst den ersten Schritt vermeiden sollten, zeigen eine Tragödie in den Alpen und ein Blick in die Zukunft.

Brennende Heizlüfter und Unglücke mit Gemeinsamkeiten

„Die Frage heute ist, wie man die Menschheit überreden kann,
in ihr eigenes Überleben einzuwilligen."

Bertrand Russell

Als am 11. November 2000 in der Gletscherbahn Kaprun 2 in den österreichischen Alpen ein brennender Heizlüfter erst mehrere Öl-Hydraulikleitungen in Brand steckt und wenig später den ganzen Zug, überleben zwölf der 162 Passagiere, weil sie zwei Dinge tun, die auch unsere Gesellschaft und die Menschheit tun müssen, um zu überleben: Sie handeln und sie gehen in die richtige Richtung.

Das Unglück verläuft nach dem gleichen Muster wie viele Unglücke. Erste Hinweise auf die Katastrophe bemerken Urlauber bereits 20 Meter nach der Abfahrt der Seilbahn aus der Talstation. Rauch steigt aus einem Führerstand. Eine lecke Leitung tropft Öl ins rund 600 Grad heiße Innere des nur für den Hausgebrauch zugelassenen Heizlüfters. Dieser fängt Feuer, zerschmilzt weitere Leitungen und entflammt auch deren Öl. Bald brennt der gesamte Zug.

Der Rauch, den die Urlauber sehen, verkündet den Beginn dieser Kette. Noch brennt nur der Heizlüfter; noch könnte eine Warnung die Katastrophe verhindern. Doch die Bahn fährt weiter.

Fast alle Katastrophen beginnen ähnlich: Hinweise verraten früh das nahende Unheil. Doch niemand handelt.

Die Gletscherbahn stoppt erst, als das Feuer nach 1132 Metern, rund einem Drittel der Gesamtstrecke, so viele Leitungen durchtrennt, dass ihr Notfallsystem eine Zwangsbremsung auslöst.

Jetzt kommt der zweite gemeinsame Faktor vieler Katastrophen ins Spiel: unglückliche Umstände. Die Bahn lässt Fahrgäste die Türen nicht von innen öffnen. Was im Normalbetrieb Unfälle vermeidet, schließt die Urlauber nun in den Flammen ein. Weil der Zug außerdem weder Feuerlöscher noch Nothämmer zum Fenstereinschlagen besitzt, liefert er die Urlauber schutzlos der Katastrophe aus.

Lasche Sicherheitsvorkehrungen und meist sinnvolle Methoden, die die Gefahr vergrößern: eine typische Verkettung für Unglücke. Experten schätzen, dass Katastrophen mindestens elf unwahrscheinliche Ereignisse vorausgehen, von denen das Ausbleiben jedes einzelnen die Tragödie verhindert hätte.

Einen weiteren Baustein dieser Kette erleben die Fahrgäste, die sich trotz aller Schwierigkeiten aus dem Zug befreien. Sie schlagen die Fenster mit Skiern und anderen harten Gegenständen ein, stehen aber vor dem nächsten Problem. Die Bahn stoppte in einem Tunnel. Der hält Rauch und Hitze fest. Die Urlauber schweben weiter in Lebensgefahr.

Die meisten Entkommenen fliehen Richtung oberes Tunnelende. Vielleicht, weil ihnen das Feuer den Weg nach unten abschneidet; vielleicht, weil der Zug in der oberen Tunnelhälfte stoppte, vielleicht aus Schock. Eine nachvollziehbare Entscheidung.

Doch der Tunnel wirkt wie ein Kamin. Hitze und Rauch des Feuers ziehen nach oben. Die giftige Wolke tötet selbst in der gut zwei Kilometer entfernten Bergstation drei Menschen. Allen, die sie im Tunnel einatmen, lässt sie keine Chance. Wer bergaufwärts flieht, geht in den Tod.

Die zwölf Urlauber, die das Unglück überleben, befreien sich früh aus dem hinteren Teil der Bahn und fliehen talwärts. Auch diese dritte Gemeinsamkeit verbindet die meisten Unglücke: Nur wer richtig reagiert, überlebt.

Unglücke entstehen als Kette unglücklicher Umstände, die meist früh bemerkt, aber zu spät bekämpft werden. Wer schnell und richtig reagiert, überlebt.

Unvorhergesehenes überrascht unsere Gesellschaft ständig – Corona-Pandemie, Terrorangriffe des 11. September und Ukraine-Krieg. Wir genießen jedoch den Vorteil, der den Fahrgästen der Kapruner Bergbahn fehlte: Wir entscheiden frei, wie wir reagieren. Kein Feuer, keine verschlossenen Türen. Unser Überleben hängt allein von uns ab.

Populismus ist eine der Gefahren, die unsere Gesellschaft bedrohen. Unsere Zukunft hängt davon ab, ob wir ihn rechtzeitig als solche erkennen und richtig reagieren oder die nächste Katastrophe geschehen lassen.

Dass wir damit auch Wohlstand und Sicherheit schaffen, zeigt das Beispiel zweier sehr ähnlicher Städte, deren Bewohner sehr unterschiedlich leben.

Armut und Verfolgung oder Wohlstand und Frieden

„Jede Regierung, die man wieder loswerden kann, hat einen starken Anreiz, sich so zu verhalten, dass man mit ihr zufrieden ist. Und dieser Anreiz fällt weg, wenn die Regierung weiß, dass man sie nicht so leicht loswerden kann."

Karl Popper

Wer die rund drei Kilometer vom Ortskern von Nogales in Mexiko zum Zentrum von Nogales in den USA geht, lernt, warum manche Gesellschaften Wohlstand und Frieden genießen, während andere unter Armut und Verfolgung leiden. Die beiden Orte teilen Geschichte, Klima und Kultur. Dennoch leben ihre Bewohner so unterschiedlich, dass Daron Acemoglu und James A. Robinson sie in ihrem Buch *Warum Nationen scheitern* als Musterbeispiele nennen für die Faktoren, die Wohlstand und Sicherheit schaffen oder zerstören.

Bis ins Jahr 1853 bildeten die beiden Nogales eine gemeinsame Stadt. Heute trennt sie eine Mauer in einen nördlichen Teil im US-Bundesstaat Arizona und einen südlichen Teil im mexikanischen Sonora. Die rund 20.000 Einwohner des kleineren US-Teils gestalten ihren Alltag in Wohlstand und Sicherheit. Ein Haushalt verdient durchschnittlich 30.000 Euro pro Jahr. Die meisten Jugendlichen besuchen die High-School, die Lebenserwartung liegt hoch, viele Ältere besitzen eine Krankenversicherung. Die Regierung vertritt trotz aller Ineffizienz und gelegentlichen Korruption die Interessen der Bevölkerung, hält Strom, Wasser und Straßen in gutem Zustand und lässt die Bewohner ohne Furcht vor Diebstahl, Enteignung und Mord leben.

Einen Steinwurf entfernt erfahren rund 200.000 Menschen im mexikanischen Nogales eine andere Realität. Sie verdienen weniger, besitzen seltener einen Schulabschluss und sterben früher als ihre nördlichen Nachbarn. Schlaglöcher übersäen die Straßen. Geschäftsinhaber fürchten Überfälle. Bestechliche Politiker verhindern Lösungen. Alles ist schlechter.

Der Gang von einer Welt in die andere verrät so viel über die Ursachen von Wohlstand und Armut, weil die Bewohner der beiden Nogales nicht unterschiedlich leben müssten. Neben gemeinsamer Geschichte, Kultur und Geografie beeinflussen auch Krankheitsrisiken wie Viren beide Orte gleichermaßen.

Der nördliche und südliche Teil von Nogales haben sich laut Acemoglu und Robinson seit ihrer Trennung so unterschiedlich entwickelt, weil die Länder, in denen beide Städte liegen, unterschiedlichen Gesellschaftsmodellen folgen. Die Einwohner des nördlichen Morales leben in einer offenen Gesellschaft:

• Schulbildung und Berufswege stehen allen offen. Jeder darf zur Uni gehen, alle Berufe ergreifen und Unternehmen gründen. Die intelligenten Köpfe des Landes schaffen ständig bessere Produkte und Ideen. Diese schöpferische Zerstörung schlechterer Ideen erzeugt Fortschritt und Wohlstand.

- Unabhängige Gerichte sichern Opfern von Verbrechen gleichberechtigt Unterstützung zu. Die Menschen verlassen sich auf den Rechtsstaat. Ehrlichkeit zahlt sich aus.
- Politische Ämter stehen allen offen. Enttäuschen Politiker die Bürger, wählen diese sie ab. Politiker handeln daher viel stärker im Interesse der Bevölkerung, als wenn sie keine Abwahl fürchten.
- Nie entscheidet eine Gruppe allein, was passiert. Alle Mitglieder dürfen sich in politische Debatten einbringen.
- Niemand schreibt ein Weltbild vor. Mehrere Weltbilder konkurrieren um die Gunst der Wähler. Neue Strömungen wie die Umweltbewegung dringen in die Politik vor, verändern die politische Landschaft und ihre Entscheidungen.

Auch Politiker offener Gesellschaften handeln gelegentlich gegen die Interessen ihrer Wähler. Doch offene Gesellschaften erfüllen die genannten Punkte deutlich stärker als ihr Gegenstück, geschlossene Gesellschaften. Dadurch vereinen sie die Ziele jeden Bürgers mit denen der Gesellschaft:

- Die Menschen erlangen Wohlstand eher durch ehrliche Arbeit als durch Kriminalität und Bestechung. Sie erfinden Neues und verbessern in ihrem Streben nach einem besseren Leben das Leben aller.
- Die Menschen schaffen politische Veränderungen am einfachsten durch bestehende Institutionen. Deswegen kämpfen sie für Ideen, die ihnen wichtig sind, achten dabei aber Gesetze und Rechte ihres Landes.

Offene Gesellschaften motivieren ihre Mitglieder, im Interesse aller zu handeln.

Geschlossene Gesellschaften öffnen Positionen in Wirtschaft und Politik nur einem Teil der Bevölkerung. Sie verhindern die Umsetzung von Ideen, deren Erfinder das angeblich falsche Denken haben oder zur angeblich falschen Gruppe gehören. Politiker erschweren ihre Abwahl per Gesetz und entscheiden ohne Sorge vor Folgen nach Selbstnutz statt dem Wohl der Bevölkerung.

Geschlossene Gesellschaften verdeutlichen ihren Mitgliedern: Ehrliche Arbeit verbessert Wohlstand weniger als zur richtigen Partei zu gehören, die richtigen Leute zu kennen oder die richtigen Leute zu bestechen. Wer reich werden will, wird kriminell, statt Besseres zu schaffen. Wer eine Idee durchsetzen will, geht in den Untergrund, statt bestehende Strukturen zu nutzen. Der Rest der Bevölkerung schlägt sich so gut es geht durch.

Der Mangel an Wettbewerb der Ideen und schöpferischer Zerstörung zerstört den Fortschritt. Die DDR baute noch im Jahr 1990 Trabant-Autos auf dem Stand der 1950er-Jahre, weil bessere Autos niemandem in der Führung dienten. Da die Bürger die Führung nicht abwählen konnten, blieb alles, wie es ist. „Arme Länder", folgern Acemoglu und Robinson, befinden sich „deshalb in ihrer kläglichen Lage, weil die Machthaber Armut erzeugende Entscheidungen treffen. Sie machen es nicht irrtümlich oder aus Ignoranz falsch, sondern mit Bedacht."[7]

Der Gang von Mexiko nach Amerika verrät, was während der Teilung Deutschlands ein Gang von Ost-Berlin nach West-Berlin verraten hätte und die Reise von Nordkorea nach Südkorea noch immer verrät. Orte mit gemeinsamer Geschichte, gleicher Kultur und identischer Geografie entwickeln in kürzester Zeit Gegensätze, wenn in einem Teil offene Gesellschaften und freie Märkte Wohlstand schaffen, während im anderen eine kleine Gruppe die Richtung vorschreibt und Andersdenkende unterdrückt.

Dieses Buch ergänzt die Überlegungen Acemoglus und Robinsons: Populismus entscheidet, ob wir in einer offenen Gesellschaft leben oder nicht. Populisten bauen Feindbilder auf, mit denen sie Menschen von Politik und Wirtschaft ausschließen. Die Nationalsozialisten vertrieben Forscher ins Ausland und verboten sogenannten „Nicht Ariern" zahlreiche Berufe. Die DDR untersagte Nicht-SED-Mitgliedern Karrieren und Ämter. Je mehr Wähler populistisch denken, umso häufiger entscheiden Politiker gegen das Wohl der Bevölkerung und kommen damit durch.

Populisten versprechen oft, alles könne bleiben, wie es ist. Wir können weiter mit Gasheizungen heizen, Dieselmotoren fahren und trotz Pandemie maskenfrei herumlaufen. Die Welt verändert sich aber. Erfolgreiche offene Gesellschaften verändern sich mit ihr. Populismus bremst diesen Wandel und lässt Länder zurückfallen wie die DDR im Vergleich zur BRD.[a]

---

[a] Populisten behaupten immer wieder, auch freie Gesellschaften wie Deutschland machten Bürger zum Werkzeug der Politik. Rechte Populisten verweisen als Scheinbelege auf Zuwanderung und Energiewende, linke Populisten auf Arbeit und ungleiche Vermögensverteilung.
Diese Aussagen sind absurd. Staaten wie das Dritte Reich, die Sowjetunion und China opferten Millionen Menschenleben bedenkenlos ihren Ideologien. Sie verurteilten Bürger tatsächlich zum Werkzeug der Politik. Freie Gesellschaften stellen an ihre Bürger unabhängig vom politischen System nötige Erwartungen: Auch Diktaturen wie China erlassen Klimaschutzmaßnahmen, auch kommunistische Staaten erwarten von ihren Bürgern Arbeit. Demokratien opfern aber nicht Millionen Leben politischen Zielen. Das ist der Unterschied.

Populisten errichten geschlossene Gesellschaften, die Länder in Armut stürzen. Selbst wenn Populisten keinen Völkermord und keinen Weltkrieg anzetteln, den Menschen des eigenen Landes geht es durch sie immer schlechter. Nationen scheitern, wenn Populismus die Grundlagen zerfrisst, die sie erfolgreich machen.

Acemoglu und Robinson erklären Wohlstand oder Armut von Gesellschaften ähnlich wie viele kluge Denker. Der österreichische Philosoph Karl Popper dachte während des Zweiten Weltkriegs aus dem neuseeländischen Exil über die europäische Katastrophe nach. In seinem Buch *Die offene Gesellschaft und ihre Feinde* bestimmte er den Übergang von geschlossenen Stammesgesellschaften, die allen Mitgliedern feste Plätze und klare Aufgaben zuwiesen, zu offenen Gesellschaften, in denen jeder frei entscheidet, aber selbst seinen Lebenssinn finden muss, zum Grundkonflikt unserer Zeit. Obwohl geschlossene Gesellschaften das Leben ihrer Mitglieder verschlechtern, preisen Verführer die Rückkehr zu ihrer scheinbaren Sicherheit und Einfachheit als Allheilmittel. Diese Verführer unterscheiden sich nur darin, wie sie den Menschen in diesen geschlossenen Gesellschaften ihre Rollen zuweisen: Nach Herkunft, Geschlecht oder Hautfarbe, nach Überzeugung, Religion oder sozialer Position.

Viele Politiker streben nach Macht. Ob ihre Wähler Populismus erkennen oder nicht, entscheidet, ob diese Politiker ihr Machtstreben mit Lösungsvorschlägen oder Verschwörungstheorien verfolgen. Populismus verstehende Wähler zwingen auch selbstsüchtigste Politiker zu hilfreichem Handeln.[a]

Der ehemalige tschechische Ministerpräsident Václav Havel, der sein Land als einer der Anführer der Samtenen Revolution aus dem Kommunismus in die Demokratie führte, schrieb im Jahr 2002 im Vorwort der englischen Ausgabe von *Die offene Gesellschaft und ihre Feinde*: Popper hatte recht. Als jemand, der mehrere Jahrzehnte unter einem kommunistischen Regime lebte, könne er bestätigen: „Am Anfang stand eine angeblich wissenschaftliche Geschichtstheorie. Dieses marxistische Denken führte zum kommunistischen Utopia, dem Glauben an den Himmel auf Erden, und

---

[a] Wir unterscheiden in diesem Buch zwischen Populisten und hilfreichen Politikern. Eher links oder eher rechts; liberal, sozialdemokratisch oder konservativ? Egal. Hilfreiche Politiker sind wie hilfreiche Handwerker: Sie lösen Herausforderungen unterschiedlich. Weil sie sich aber an Gegebenheiten orientieren und im Interesse der Menschen handeln, lösen sie sie. Geht etwas schief, bessern sie nach. Am Ende stimmt das Ergebnis. Populisten blenden Gegebenheiten aus, lassen das Haus einstürzen und beschuldigen jemanden anderen. Das ist der Unterschied: Wir müssen nicht alles perfekt machen. Jahrzehnte voller zumindest hilfreicher, guter Entscheidungen reichen völlig. So wie in den beiden Nogales die Gesetze entscheiden, wie sich Menschen verhalten, entscheiden Wähler, wie sich Politiker verhalten. Wer in einer freiheitlichen Demokratie lebt, hat es leicht: Einfach keine Populisten wählen.

dieses schuf die Gulags, das endlose Leid vieler Länder, die endlosen Menschenrechtsverletzungen. Alles, was dem Weltverständnis des Kommunismus im Weg stand und so die große Vision in Zweifel zog oder gar widerlegte, wurde erbarmungslos vernichtet. Das Leben mit seiner unglaublichen Vielfalt ließ sich aber nicht in das halbgare Korsett marxistischer Ideologie zwängen. Die Verteidiger dieses Gefängnisses konnten nur zerstören, was nicht hineinpasste. Am Ende erklärten sie dem Leben und seinem Innersten den Krieg."

Havel und Popper vertreten die gleiche Botschaft wie Acemoglu und Robinson: Offene Gesellschaften, gleiche Rechte für alle und ein verlässlicher Rechtsstaat im Dienste der Menschen schaffen Wohlstand und Sicherheit. Wieder füge ich hinzu: Populismus entscheidet, ob wir in einem solchen Staat leben.

Populismus bildet die gemeinsame Grundlage vieler hochintelligenter Erklärungen von Armut und Unterdrückung. Wer verstehen will, warum manche Länder Wohlstand und Sicherheit für ihre Bürger schaffen, während andere sie in Armut und Angst stürzen, sollte auf ihre Regierungen schauen. Je populistischer diese denken, umso schlechter entwickelt sich das Land.

Wie wir uns als Gesellschaft davor retten, dem Populismus zu verfallen, erklärt wieder Richard Feynman.

Ideen als Wurzeln und Verständnis bis in die Spitzen

„Ohne sachkundige Bürger stirbt die Freiheit."

John Adams

Richard Feynman vermittelte Physik so leicht und unterhaltsam, weil er zwar auf Definitionen verzichtete, aber Grundsätze aufstellte. In seinen Vorlesungen und Büchern arbeitete er sich von einfachen Beispielen Stück für Stück zu immer weiterführenden, aufeinander aufbauenden Grundsätzen. Erst das Fundament, dann Stockwerk für Stockwerk schuf er gedankliche Wolkenkratzer, ohne seinen Lesern den Boden unter den Füßen wegzureißen. Auch dieses Vorgehen werden wir uns von Feynman abschauen.

Wir verstehen Themen ausgehend von Grundsätzen:

- Wer nicht weiß, wie Baumstamm und Wurzeln funktionieren, versteht nie, wie Äste und Blätter überleben.
- Wer Physik und Astronomie nicht kennt, versteht nie, wieso der Apollo-

11-Mondlandefähre dünne Stelzen reichten, um auf dem Mond ihr Gewicht zu tragen.

- Wer exponentielles Wachstum nicht versteht, versteht nie, warum es in einer Pandemie Sinn macht, Kinobesuche zu verbieten, obwohl Menschen in weiter geöffneten Supermärkten ähnlich eng in Kontakt kommen.

Wer die Grundsätze nicht kennt, die über Jahrzehnte den Wohlstand einer Gesellschaft mehren, wird auf Populisten hereinfallen, die wegen dieser Grundsätze getroffene Entscheidungen als Gefahren verteufeln. Seinem Weltbild fehlen Stamm und Wurzeln.

Da wir in politischen Debatten fast immer Themen besprechen, die ähnlich weit von diesen Grundsätzen entfernt liegen wie die Blätter in den Spitzen eines Baumes von seinen Wurzeln, lohnt es sich, über die Wurzeln unseres Wohlstands zu reden. Wer sie verinnerlicht, leitet alles Weitere aus ihnen ab.

Vielleicht fragen Sie jetzt, warum Feynman und ich unsere wichtigsten Grundsätze nicht auf Seite eins eines Buches auflisten und auf den folgenden Seiten ihre Anwendung zeigen. Der erste Grund hierfür lautet, dass diese Grundsätze ohne Fundament wacklig bleiben. Die Grundsätze zu erklären, bedeutet ihre Herkunft, ihre Grenzen und, am wichtigsten, ihre immense Bedeutung trotz Grenzen zu vermitteln. Das erfordert mehr als ein Kapitel. Ich verspreche, wir werden auf dem Weg viel Interessantes lernen. Es ist jede Seite wert.

Zweitens nähert sich unser Wissen der Wahrheit nur an. So wie wir mittels Schwerkraft Planetenbewegungen auf den Millimeter vorhersagen, aber niemand weiß, wie ein Großteil der Schwerkraft entsteht, die Planeten dorthin führt, erklären gesellschaftliche Grundsätze nur Teile der Welt. Populisten reißen in vielen Fällen zutreffende Aussagen aus dem Zusammenhang, wenden sie auf Fälle an, in denen sie nicht zutreffen, und unterstellen allen, die darüber die Stirn runzeln, Doppelmoral: „Den Krieg gegen Afghanistan haben Sie unterstützt. Wieso regen Sie sich auf, wenn Putin die Ukraine angreift?" Solche Tricks erkennen wir nicht, indem wir Grundsätze auswendig lernen. Wir erkennen sie, indem wir Grundsätze verstehen. Auch dafür brauchen wir mehr als ein Kapitel.

Wie so oft im Leben, schaffen Feinheiten auch in Politik und Gesellschaft große Unterschiede. Wer Feinheiten ausblendet, behandelt politische Themen ähnlich tollpatschig wie jemand, der denkt, mit Ketchup schmecke alles besser: Er mag in manchen Fällen recht behalten, nervt aber beim Abendessen. Besser, die Regeln verstehen und dort anwenden, wo sie passen. Und immer unwahre Aussagen erkennen. Wer zu scharfes Essen mit Chili besänftigen will, verbrennt sich den Hals. Ähnlich kennen auch Physik und Politikwissenschaft Denkweisen, die immer ins Unglück führen. Populismus ist die am weitesten verbreitete.

Die wichtigste Wurzel, die wir auf diesem Weg befolgen, entspringt der Idee, mit der der deutsche Soziologe Max Weber vor rund einem Jahrhundert die größte Frage seiner Zeit beantwortet.

Gott ist tot und die Aufgabe der Wissenschaft

„Das Leben ist wert, erkannt zu werden, sagt die Wissenschaft.“

Friedrich Nietzsche

Ende des 19. Jahrhunderts erkennen europäische Denker eine Tragödie: „Gott ist tot", schreibt Friedrich Nietzsche 1882 in *Die fröhliche Wissenschaft.* „Wir haben ihn getötet – ihr und ich!"

Zur Zeit Nietzsches hat die Welt ihren Glauben verloren. Seit der technische Fortschritt die Erklärungen der Kirche zu Physik und Astronomie widerlegt, bezweifeln viele auch ihre ethischen Antworten. Sind die Zehn Gebote genauso falsch wie der Glaube, die Erde stehe im Mittelpunkt des Sonnensystems? Jahrhundertelang als heilig verehrte Regeln verlieren ihre Berechtigung. Das Gesellschaftsfundament stürzt zusammen.

Unvorstellbar, meinen die Gelehrten. Wie soll eine Gesellschaft ohne Fundament überleben? Wie füllen wir die Lücke, die Gott hinterlässt? Nietzsche fragt: „Ist nicht die Größe dieser Tat [Gott getötet zu haben] zu groß für uns?"

Max Weber beweist, dass sie es nicht ist. Im Mittelalter beantwortete die Kirche alle Fragen, erklärt er: Zehn Gebote und Heiligen-Geschichten bestimmten die Moral. Der Papst entschied, wer von Gottes Gnaden herrscht. Die Schöpfungsgeschichte erläuterte die Entstehung der Welt. Moral, Politik, Astronomie – die Religion erklärte alles.

Mit dem Tod Gottes zerfiel diese Einheit. Was ist richtig, was falsch? Darum kümmerte sich nun die Ethik. Wie funktionieren Schwerkraft, Licht und Universum? Das erklärte die Wissenschaft. Schönheit? Kunst. Gewinn und Verlust? Wirtschaft. Jedes Thema fand einen Bereich.

Weber errichtet aus dem Durcheinander vieler nebeneinanderstehender Ideen ein Gesellschaftsfundament, indem er jedem Bereich seinen Platz zuweist. Jeder Bereich erklärt ein Thema – und nur dieses Thema. Die Wirtschaft weiß nichts über die Wissenschaft, die Wissenschaft ignoriert die Ethik. Die Physik urteilt nicht über den ethischen Wert der Schwerkraft; nicht einmal, wenn sie einen Menschen von einer Brücke in den Tod reißt. Sie beschreibt nur, wie sie es tut. Den Wert des Lebens behandelt die Ethik.

Von Weber nebeneinandergestellt und klar begrenzt, arbeiten die vielen Bereiche zusammen statt gegeneinander. Plötzlich halten viele Einzelerklärungen eine Gesellschaft genauso gut zusammenhalten, wie eine einzige, allumfassende Erklärung. Oft sogar besser.

Der Grundsatz: „Du sollst nicht töten", überlebt den Tod Gottes. Er entspringt nach Immanuel Kant nun einem inneren Gesetz, nicht dem Willen des Allmächtigen. Dadurch gilt er auch für Ungläubige.

Dieses Buch will politikwissenschaftliche Erkenntnisse leicht verständlich kommunizieren. Dafür muss es, wie jede Wissenschaft, erklären, wie Dinge funktionieren – nichts Anderes. Wie Dinge sein sollten, was richtig oder falsch ist, ist nicht Thema dieses Buches. Es ist Thema der Ethik.

Dieses Buch schreibt keine „richtigen" Ziele vor und redet niemandem „falschen" Ziele aus. Es soll Wählern mit Wenn-Dann-Aussagen helfen, nach eigenen Zielen hilfreiche Entscheidungen zu treffen. Eine dieser Aussagen lautet: Wählen Menschen Populisten, schaden sie sich selbst. Populisten helfen niemandem, seine politischen Ziele zu erreichen – egal welche das sind. Sie handeln im eigenen Interesse.

Mit dieser Feststellung haben wir genügend über Populismus gelernt, um uns ein erstes Gegenmittel einfallen zu lassen. Am Ende jedes Kapitels entwerfen wir Werkzeuge, die Populismus-Tricks aushebeln. Unser erstes Gegenmittel beginnt mit einem Blick in die Zukunft.

Das Gegenmittel: Der Blick in die Unendlichkeit

"Genauso wie die Welt nicht an unserer Haustür endet oder an unserer Landesgrenze, endet sie weder mit unserer Generation noch mit der nächsten."

William MacAskill

In seinem Buch *What We Owe the Future* (dt. Was wir der Zukunft schulden) schenkt der schottische Philosoph William MacAskill der Menschheit, was sie zum Überleben braucht: eine Zukunft.[a] Affenarten überleben auf der Erde im Schnitt eine Million Jahre, schreibt MacAskill. Der Homo Sapiens entstand vor 300.000 Jahren. Nach diesem Maßstab blickt er zwei Dritteln seiner Zukunft entgegen.

Der Mensch ist aber keine durchschnittliche Primatenart. Er schreibt seine Zukunft selbst. Vernichten wir uns – wir haben als erste Lebensform des Planeten die Mittel, dies absichtlich zu tun –, endet unsere Geschichte womöglich in wenigen Jahren. Vermeiden wir die Selbstzerstörung, überdauern wir alles. In rund einer Milliarde Jahre dehnt sich die Sonne so weit aus, dass sie alles Leben auf der Erde verdampft. Setzt die Menschheit ihre technische Entwicklung annähernd in der Geschwindigkeit der letzten Jahrhunderte fort, besiedeln wir bis dahin neue Planeten. Dann stehen uns Universum und Ewigkeit offen.

---

[a] Warum eine Zukunft so wichtig für ein friedliches Zusammenleben ist, sehen wir in Kapitel vier.

MacAskill schätzt, dass für jeden Menschen, der bereits lebte, noch Milliarden oder Billionen Menschen leben können. In Zehntausenden Jahren sähen unsere Nachfahren in uns antike Ahnen, wie wir in den alten Römern.

Ich stimme MacAskill zu. Die Menschheit vereint acht Milliarden der klügsten Lebewesen des bekannten Universums. Dank Internet erhalten immer mehr von ihnen Zugang zu allen Informationen. Immer mehr von ihnen lösen unsere Probleme. Überlebt die Menschheit, überragt unsere Zukunft unsere Vergangenheit wie ein moderner Wolkenkratzer eine Hütte vorchristlicher Zeit. Ob es dazu kommt, hängt davon ab, ob wir die Selbstzerstörung vermeiden.

Die Selbstzerstörung ist die größte Gefahr, die wir erkennen und bewältigen müssen. Unsere Verantwortung besteht darin, den vielen, vielen Menschen, die noch leben könnten, dieses Leben zu ermöglichen, statt uns im Kampf um einen Tropfen Macht auf einem kleinen blauen Punkt in einer unwichtigen Ecke des Universums auszulöschen.

Wir vermeiden die Selbstzerstörung, indem wir Populismus vermeiden. Die größte Gefahr für die Menschheit besteht nicht in Atomsprengköpfen oder Klimawandel. Sie besteht in Denkweisen, die Kriegsgerät massenhaft zum Einsatz bringen und Gefahren geschehen lassen. Populismus speist diese Denkweisen. Vermeiden wir Populismus, bewältigen wir alle Herausforderungen. Folgen wir Populisten, besiegeln wir früher oder später unser Ende.

Wir vermeiden die Selbstzerstörung, indem wir unsere Probleme friedlich lösen. Wir lösen unsere Probleme friedlich, indem wir Feindbilder und Populismus vermeiden.

In politischen Diskussionen lohnt es sich, die Zukunft der Menschheit zu bedenken. Populisten verwandeln jede Entscheidung in Bedrohungsszenarien. Der Populismus bleibt aber die einzige Bedrohung, die wir fürchten müssen. Ein paar Prozent mehr Steuern oder weniger belasten oder entlasten unsere Geldbeutel. Ich verstehe jeden, der deswegen emotional diskutiert. Dennoch verblassen die Folgen dieser Entscheidungen verglichen mit den Zerstörungen des Populismus. Dieser hat Konzentrationslager entstehen, Überfälle auf Nachbarländer losbrechen und Millionen Ermordungen Andersdenkender geschehen lassen. Abgesehen von kosmischen Ereignissen, die sich noch unserer Kontrolle entziehen, beraubt nur Populismus die Menschheit ihrer großen Zukunft.

Weil wir erst seit wenigen hundert Jahren in großen Gesellschaften mit Massenkommunikationsmedien leben, stehen wir noch am Anfang unserer Reise. Wir müssen viel darüber lernen, wie wir Probleme lösen, ohne uns die Köpfe einzuschlagen. Populismus zu erkennen und einzuordnen, ihn weder zu unterschätzen noch stärker zu reden, als er ist, sind Zukunftsaufgaben, die wir lösen oder untergehen.

Neue Medien und unerfahrene Journalisten

„Das Bild einer gefährlichen Welt wurde noch nie so effektiv verbreitet wie heute. Gleichzeitig war die Welt noch nie so sicher."

Hans Rosling

Als Anfang des 20. Jahrhunderts Radio und Fernsehen Populisten neue Verbreitungskanäle eröffneten, ritt Adolf Hitler auf diesen Kanälen zur Macht. Die Nationalsozialisten verbreiteten schneller Erfundenes als die Gesellschaft ihre Erfindungen von Wahrheiten trennen lernte. Also verrannte sich das ganze Land im Wahnsinn. Erst als die Medien Populisten beherrschen lernten, als sie ihre Erfindungen erklärten und einordneten, unterstützten sie die Gesellschaft in hilfreicheren Debatten.

Derzeit entstehen wieder Medien, die die Lehren der Vergangenheit ausblenden. Youtuber, Blogger und Internetseiten werben oft mit Meinungsstärke statt journalistischer Sorgfalt. Damit schwächen sie den Schutz unserer Gesellschaft, der Populisten jahrzehntelang eindämmte.

Lange erschwerten teure Druckerpressen, Sendeanlagen und Frequenzmieten den Einstieg in die Medienlandschaft. Nur wenige konnten Zeitungen, Fernsehkanäle und Radiosender gründen. Neben den Nachteilen, die diese Einstiegshürden bringen, sicherten sie einen Vorteil: Journalisten durchliefen harte Ausbildungen in erfahrenen Redaktionen. Wer Millionen Menschen erreichte, verstand sein Fach. Heute liefern FAZ, Süddeutsche Zeitung und andere Medien weiter erstklassige Informationen. Doch viele lauschen lieber ahnungslosen Schreihälsen.

Es ist, als dürfte plötzlich jeder Arzt werden und operieren. In einer Medienlandschaft, in der längst nicht alle Schreiber und Sprecher ihr Fach verstehen, muss, wer verlässliche Informationen sucht, Experten von Quacksalbern trennen. Das tut er, indem er Populisten erkennt.

Schlechte Journalisten setzen immer auf Populismus. Einige verfolgen eine Agenda, andere wissen es nicht besser, wieder andere haben nie gelernt, Probleme vollständig aufzuschlüsseln. Was immer ihre Gründe sind: Jede Person in Deutschland versteht ihr Land und ihre Welt auf absehbare Zeit nur, wenn sie Populismus versteht.

Historikerin Lipstadt erklärt diese Sicht mit Bezug auf Holocaust-Leugner so: „Auch wenn wir ihre Aussagen nicht ernst nehmen und es widersprüchlich klingt, müssen wir ihre Strategie studieren. Nicht wegen dem Wert ihrer Ideen, sondern wegen der Anfälligkeit unserer Gesellschaft für derart weithergeholte Weltbilder." Jede Aussage einzeln zu entkräften, entwickele sich zur endlosen Zeitverschwendung. Die Menschen müssten verstehen, wie Holocaust-Leugner systematisch lügen. „Ich will zeigen, wie sie verwirren und verzerren. Und, am wichtigsten, ich will die Illusion rationaler Argumente widerlegen, die ihre extremistische Sichtweise verschleiert."[8] Dieses Buch erweitert Lipstadts Ziel auf alle Populisten.

Eine wichtige Aufgabe. Die Menschheit verbessert sich als einzig bekannte Lebensform von Generation zu Generation. Jedes Reh erreicht im Laufe seines Lebens in etwa die Fähigkeiten, die seine Gene zulassen, und unterscheidet sich kaum von Rehen, die vor einigen hundert Jahren lebten. Die Menschheit erzeugt Wissen, das neue Generationen über vorangegangene erhebt. Schulbücher von Zehntklässlern verkünden heute Fakten, die sich weder Leonardo da Vinci noch Isaac Newton hätten träumen lassen. Wir fliegen in den Urlaub, halten Online-Videokonferenzen und tun alltäglich Dinge, für die uns unsere Ahnen als Götter verehrt hätten. Unsere DNA gleicht aber weitgehend der ihren. Die Fähigkeit, Wissen außerhalb unserer Gene zu schaffen, eröffnet uns als einziger bekannter Lebensform das Universum.

Um den nächsten Weltkrieg und den nächsten Holocaust zu vermeiden, müssen derzeitige Generationen der Menschheit das Wissen schenken, das Populismus überwindet. Wir stehen auf den Schultern von Giganten, die der Welt weitgehenden Frieden, abnehmende Armut und wachsenden Wohlstand brachten. Doch diese Errungenschaften zerfallen leicht, wie ein Krieg in Europa und der Aufstieg des Populismus zeigen. Es liegt an uns, sie auszubauen, statt die Geschichte mit dem nächsten Weltkrieg oder dem nächsten Massenmord in überwunden geglaubte Blutbäder zurückzustürzen.

Die Menschheit ist den Ozeanen entkrochen, hat Zivilisationen aufgebaut und unsere Welt geschaffen. Wir verdanken ihr alles. Diese Schuld sollte uns mindestens dazu veranlassen, ihre Arbeit zu erhalten und auch den Milliarden Menschen, die noch leben könnten, dieses Leben zu ermöglichen.

Wir könnten dafür an einem entscheidenden Moment der Geschichte stehen. MacAskill glaubt, wie viele Philosophen, in nicht allzu ferner Zukunft könnten sich alle Staaten der Welt zu einem großen Land vereinen. Rutscht dieses in einen Totalitarismus wie im Dritten Reich, könne dieser dank moderner Kontrollmöglichkeiten ewig bestehen. Die Prognose „ewig" halte ich für gewagt. Aber ein totalitärer Weltstaat könnte die Entwicklung der Menschheit ähnlich einfrieren wie das Mittelalter. Womöglich zu lange, um Probleme wie den Klimawandel zu lösen.

Statt ständig gegen eingebildete Weltuntergänge zu kämpfen, verstehen wir die Welt besser in der Dankbarkeit, unseren kleinen Teil zur großen Reise der Menschheit beitragen zu dürfen – der beeindruckendsten Entwicklung des bekannten Universums. Leisten wir diesen Beitrag mit Würde und so wenig Kollateralschäden wie möglich, leben wir ein gutes Leben.

Damit haben wir den Weg dieses Buches vorgezeichnet.

- Im ersten Teil (Kapitel eins bis fünf) entschlüsseln wir das *Wie* des Populismus: Wie manipulieren Populisten Wähler? Welche Botschaften senden sie und was wollen sie erreichen? Die Erkenntnisse lassen uns Populismus *erkennen*.
- Im zweiten Teil (Kapitel sechs bis zehn) widmen wir uns dem *Warum* des Populismus: Wir verstehen, warum Populisten ihre Botschaften so zuschneiden, wie sie es tun, und wie sie uns damit manipulieren, ohne dass wir es merken. Die Erkenntnisse lassen uns Populismus *vermeiden*.
- Im dritten Teil (Kapitel elf) entwerfen wir mit den Ergebnissen der ersten Teile ein alltagstaugliches Gegenkonzept zum Populismus: Wie vertreten wir unsere politischen Ziele, ohne auf Blender hereinzufallen? Wie schaffen wir eine gute Zukunft für unsere Kinder, voller Sicherheit und Wohlstand? Die Erkenntnisse lassen uns Populismus *ersetzen*.

Im nächsten Kapitel gehen wir den ersten Schritt dieser Reise und fragen uns: Wenn Populismus unsere Gesellschaft bedroht, warum erkennen wir ihn so schwer? Wieso finden gerade Populisten wie Trump, Putin und Hitler Anhänger, die für sie sterben? Und, am wichtigsten, wie verhindern wir, auf Populisten hereinzufallen?

Fazit

1. Alle Populisten verbreiten die gleiche, erkennbare Denkweise: Ein Feindbild bedroht angeblich die Menschen, nur der Populist kann sie schützen. Alle Andersdenkenden sind entweder zu dumm oder zu feige, die Bedrohung auszubremsen.
2. Populismus verbindet die Denkweisen von mörderischen Diktatoren, Populisten in heutigen Parlamenten und Verbreitern von Stammtischparolen. Er hat Millionen Leben ausgelöscht und alle größeren politischen Katastrophen verursacht.
3. Ob wir Populismus erkennen und vermeiden, entscheidet über unseren Erfolg als Gesellschaft und Menschheit. Vermeiden wir Populismus, stehen uns Universum und Ewigkeit offen. Verfallen wir ihm, rennen wir

in den Untergang.

Lesetipps

Karl Popper: Die offene Gesellschaft und ihre Feinde
Poppers Absage an alle, die hoffen, eine Gesellschaft mit klar vorgegebenen Strukturen beende alle Probleme: Jeder Versuch, eine Welt mit Milliarden Menschen in feste Strukturen zu pressen, muss scheitern.
Link: Teil 1: https://amzn.to/3ZiGX7g/
Teil 2: https://amzn.to/45MOVYO

Richard Feynman: Sechs physikalische Fingerübungen
In seinem Buch Sechs physikalische Fingerübungen entwickelt Feynman locker, liebevoll und ohne langweilige Definitionen physikalische Grundsätze von Gravitation bis Relativitätstheorie.
Link: https://amzn.to/3rh2b9e

Daron Acemoğlu und James A. Robinson: Warum Nationen scheitern
Ein Ritt durch Geschichte und Gesellschaftsentwürfe, der zeigt: Wer die Menschen freie Entscheidungen treffen und allen gleiche Rechte und Chancen zukommen lässt, erzeugt mehr Wohlstand als jemand, der Möglichkeiten, Rechte und Gerechtigkeit einer bestimmten Gruppe vorbehält.
Link: https://amzn.to/3Zgje7S

William Mac Askill: What We Owe the Future: A Million-Year View (Englisch)
Ein ungebrochen optimistischer und dennoch realistischer Appell an die Zukunft der Menschheit. Ein gutes Buch für alle, die eine Zukunftsvision suchen.
Link: https://amzn.to/3Ro7A98

Deborah Lipstadt: Denying the Holocaust (English)
Eine Analyse einer der absurdesten Formen von Populismus, die seine Funktionsweise gut aufzeigt. Wer sie einmal versteht, erkennt die gleichen Muster und Techniken bei vielen Themen.
Link: https://amzn.to/463jzwS

Kapitel 2: Warum wir Populismus nicht automatisch erkennen

Diktatoren, Mauern und Engel mit Eisaugen

Populismus ist wie ein Gebrauchtwagen-Verkäufer:
Lügner verraten sich durch ihre Sprache.

---

*"Lernen Sie ernst nehmen, was des Ernstnehmens wert ist,
und lachen über das andere!"*

Hermann Hesse

Vier Jahre, die Amanda Knox in einem italienischen Gefängnis versauerte, verdeutlichen, wie schlecht wir Lügen von Wahrheit trennen. Ohne belastbare Beweise und obwohl sie die Tat stets abstritt, hatten zwei italienische Gerichte Knox für schuldig befunden, als 20-jährige Austauschstudentin ihre Mitbewohnerin Meredith Kercher erstochen zu haben. Mit ihrem Freund, beim Sex, im Drogenrausch. Eine Wahnsinnsgeschichte. Und einer der größten Justizirrtümer der Gegenwart.

Knox' Verurteilung zeigt, warum wir in der Politik ein System brauchen, das Lügner von hilfreichen Politikern trennt: Auf unser Gefühl allein können wir uns nicht verlassen.

Knox Verurteilung stützte sich vor allem auf deren Verhalten. Der „Engel mit den Eisaugen", wie die Klatschpresse sie nannte, wirkte wie die perfekte Schuldige. Sie und ihr Freund hatten die Polizei gerufen, waren als Erste am Tatort, wie viele Mörder. Während Freunde Kerchers in Gesprächen mit der Polizei über das schreckliche Ereignis weinten, küsste Knox verliebt ihren Partner. Als der leitende Ermittler Edgardo Giobbi mit Knox den Tatort besichtigte, zog sie ihre Schuhe an, schwang die Hüften und rief „Tada!". Seltsam.

Auch abseits der Ermittlungen wirkte Knox verdächtig. Zuhause in Seattle nannten ihre Freunde sie „Foxy Knoxy", was so viel heißt wie „gerissene Knoxy". Am Tag nach dem Mord kaufte sie rote Unterwäsche. Später fand die Boulevard-Presse bei ihr eine Liste ihrer ehemaligen Liebhaber. Als jeder Knox am Boden zerstört erwartete, wirkte sie glücklich und unbeeindruckt. Ermittler Giobbi: „Wir haben die Verdächtige überführt, indem wir ihre Reaktionen während des Verhörs beobachteten. Weitere Ermittlungen waren nicht nötig."[9]

Über den Fall Amanda Knox sind Bücher geschrieben worden, die ähnliche Anekdoten erzählen. In einen größeren Zusammenhang eingeordnet hat sie Malcolm Gladwell in *Die Kunst, nicht aneinander vorbeizureden*. Sein Fazit:

> *„Wenn Sie glauben, dass das Verhalten und das Äußere einer Fremden ein verlässlicher Hinweis auf ihre Gefühle sind (…), dann begehen Sie einen Irrtum. Und einer dieser Irrtümer war Amanda Knox.“*[10]

Knox' Freunden wäre ihr Verhalten kaum verdächtig erschienen. Sie hätten gewusst, dass ihr Spitzname „Foxy Knoxy" ihre Tricks beim Fußball beschrieb statt ihres Charakters. Sie hätten sich erinnert, wie die Mittelschichtstochter unter den reichen Kindern ihrer Schule zu den Außenseitern gehörte. Dass sie gerne wie ein Elefant oder ein Ägypter die Straße entlanglief, um Kinder zum Lachen zu bringen. „Ich war das komische Mädchen, das mit den depressiven Manga-Fans, den ausgegrenzten Schwulen und den Theaterfreaks abhing", schreibt Knox in ihrer Autobiografie. „Ich habe Japanischkurse belegt und auf dem Weg von einem Klassenzimmer zum nächsten laut auf dem Flur gesungen. Weil ich nirgends reinpasste, verhielt ich mich so, wie ich bin, und damit konnte ich sicher sein, dass ich auch in Zukunft nirgends reinpasste."[11]

Die Außenseiterin ließ sich in kein Muster zwängen. Selbst nach dem Mord an ihrer Mitbewohnerin nicht.

Dies nicht wissend, schätzten die Ermittler Knox falsch ein. Sie dachten, wer sich am Tag nach einem Mord sexy Unterwäsche kauft, sei eine Sexbesessene. Dabei kam Knox einfach nicht an den Kleiderschrank in ihrer abgesperrten Wohnung.

Ähnlich ihre Liebhaber-Liste: Um Knox unter Druck zu setzen, sagte ihr die italienische Polizei, sie habe Aids. Verunsichert ging Knox ihre Sexpartner durch.

Was den Fall so irritierend macht: Die Beamten ließen wegen Knox' Verhalten den Täter Rudy Guede[a] laufen, obwohl gegen ihn unzählige Beweise vorlagen. Der Tatort wimmelte von DNA-Spuren des bekannten Kriminellen. Die Polizei fand seine blutigen Fingerabdrücke im Zimmer Kerchers. Er gestand, in der Tatnacht in Kerchers Haus gewesen zu sein. Kurz nach der Tat floh er nach Deutschland.

Weil Guede im Gespräch mit der Polizei aber glaubwürdig wirkte, erregte er weniger Verdacht als Knox. Die Überzeugung der Beamten, Lügner am Verhalten zu erkennen, überwog jede DNA-Spur.

In einem Justizsystem, das seinen Eindruck einer Fremden über Beweise stellt, ist Amanda Knox' unglaublicher Fall kein Missgeschick, sondern eine

---

[a] Guede hat die Tat inzwischen gestanden. Dennoch halten viele Menschen Knox weiter für schuldig.

Frage der Zeit. Begehen wir den gleichen Fehler in der Politik – vertrauen wir Politikern, nur weil sie auf uns glaubwürdig wirken, und misstrauen wir Politikern, nur weil sie auf uns unglaubwürdig wirken – bleibt es eine Frage der Zeit, bis wir Populisten wie Donald Trump, Wladimir Putin oder Adolf Hitler in höchste Ämter wählen und die nächste Katastrophe lostreten.

Unser Gefühl über einen Politiker sagt fast nichts über dessen Vertrauenswürdigkeit aus.

Unser Ausweg aus diesem Dilemma beginnt mit einem Experiment, in dem selbst Richter und Agenten Lügner nicht von ehrlichen Menschen unterscheiden.

Nelly, Sally und unerkennbare Lügner

"Wir sind darauf programmiert, uns täuschen zu lassen. Die Frage lautet: Können wir unsere Anfälligkeit für Täuschungen überwinden, ohne das Vertrauen in die Menschheit und gesellschaftliche Einrichtungen, das wir so dringend brauchen, weiter zu zerstören?"

Timothy R. Levine

Nelly spielt auffällig mit ihren Haaren. „Rachel musste kurz raus", sagt der Psychologe neben ihr am Tisch. „Habt ihr geschummelt, als sie weg war?"

Nelly wirkt nervös. Sie hat gerade an einem Test teilgenommen, bei dem sie für jede richtige Antwort Geld bekommt. Mitten im Test verließ die Spielleiterin das Zimmer und vergaß die richtigen Antworten auf dem Tisch. Ein Blick auf die Lösungen hätte Nelly und ihrem Partner den Hauptgewinn gesichert. Doch Nelly bestreitet, diesen Blick riskiert zu haben:

„Also, mein Spielpartner hat gesagt, wir sollen uns doch die Antworten anschauen, aber ich habe nein gesagt. Er hat gemeint, lass uns doch wenigstens mal schauen, wie viele wir richtig haben. Aber ich schummele nicht. Ich habe nein gesagt. Ich habe gesagt, so was mache ich nicht. Aber er hat gesagt, lass uns nur mal eine Antwort anschauen. Aber ich habe gesagt: ‚Nein, das mache ich nicht.'"

Was Nelly nicht weiß: Der Test war ein Experiment des amerikanischen Psychologen Timothy Levine. Nellys Spielpartner sollte sie zum Betrug anstiften, sobald die Leiterin hinaus geht. Levine weiß genau, ob Nelly geschummelt hat. Aber darum geht es ihm nicht.

Levine hält die Konfrontation Nellys auf Video fest. Die Aufnahme zeigt er Studenten, Kriminalexperten und Durchschnittsbürgern. Dann fragt er:

Lügt Nelly? Niemand beantwortet diese Frage zuverlässig.

Diesen Menschen zeigt Levine ebenfalls ein Video seines Gesprächs mit Sally. Auch Sally hat den Test absolviert und vielleicht betrogen. Auch sie streitet alles ab. Auch sie wirkt nervös, stottert und wird rot:

Levine: Habt ihr geschummelt, als Rachel raus ist?
Sally: Nein.
Levin: Sagst du mir die Wahrheit?
Sally: Ja.
Levine: Wenn ich deinen Spielpartner frage, was wird er auf diese Frage antworten?

Sally zögert und wirkt unsicher.

Sally: Wahrscheinlich… dasselbe.
Levine: Okay.

Nun die Frage an Sie: Wer lügt? Nelly oder Sally? Beide? Keine? Denken Sie kurz nach, nehmen Sie einen Stift und schreiben Sie Ihre Antwort auf.

Auflösung: Sally lügt. Sie hat betrogen. Nelly nicht. Ihre dahergestotterten Erklärungen stimmen alle.

Haben Sie es gewusst? Bei einem Test mit zwei Beispielen entscheidet größtenteils der Zufall die Zahl richtiger Antworten. Levine zeigte seinen Probanden daher weitere Videos mit Personen, die vielleicht betrogen haben und alles abstreiten. Selbst Geheimagenten und Richter, Polizisten und Psychologen – Menschen, die ihr Leben lang Lügner von ehrlichen Bürgern unterscheiden sollen –, erkennen nur mit rund 50 Prozent Genauigkeit ob diese Personen die Wahrheit sagen. Wir könnten genauso gut eine Münze werfen.

Interessanterweise entstehen unsere Probleme beim Lügner weniger, weil wir Zeichen übersehen, die wir für Flunkerindizien halten. Wir besitzen klare Vorstellungen, wie sich Lügner verhalten, und erkennen diese Zeichen. Viele Menschen verhalten sich aber anders. Amanda Knox und Nelly wirken wie Lügner, sagen aber die Wahrheit. Andere lügen und wirken grundehrlich.

Wir erkennen Lügner nicht an ihrem Verhalten, ihrer Mimik und ihrer Gestik.

Psychologen nennen unseren falschen Glauben, Lügner am Verhalten zu erkennen, die Transparenz-Illusion. Wir meinen, Menschen verhielten sich wie gute Schauspieler und verdeutlichten ihre Emotionen perfekt mit Gesicht und Körper. Das tun sie aber nicht.

Gladwell beschreibt die erfolgreiche Fernsehserie *Friends*. In ihr lieben und streiten sich die Freunde Monica, Rachel, Phoebe, Ross, Joey und Chandler durch das New York der Jahrtausendwende. Die Schauspieler spiegeln ihre Emotionen so genau mit Mimik und Gestik, dass Zuschauer die Handlung ohne Ton verstehen. Ärgert sich Chandler, verengt er die Augen, hebt die Oberlippe, ohne die Nase zu bewegen und zieht die Unterlippe weit nach unten. Die Zähne blitzen, das Kinn klappt runter. Die Zuschauer lesen Chandler die Wut am Gesicht ab. Freut sich Phoebe, lacht sie, zieht die Mundwinkel hoch und kneift die Augen zusammen. Wundert sich Joey, reißt er Mund und Augen auf, zieht den Kopf zurück und hebt die Schultern.

Die fünf Freunde handeln transparent. Ihre Gesichter und Körper spiegeln die Emotionen, die wir von ihren erwarten. So funktioniert gutes Fernsehen. Die Realität funktioniert anders. Warum, zeigt eine berühmte, aber irreführenden Studie.

Falsches Lächeln, echtes Lächeln, viel Verwirrung

„Selbst wenn wir annehmen, dass unsere Gesichtsausdrücke überhaupt etwas aussagen: Was sie aussagen und gegenüber wem, bleibt umstritten.“

Carlos Crivelli

Der amerikanische Professors Paul Ekman verhalf dem Irrglauben, unsere Gesichter spiegelten unsere Gedanken, zu Weltruhm. 1978 veröffentlichte er ein System, das Gesichts- und Kopfbewegungen nummeriert und Gefühlen Kombinationen dieser Bewegungen zuordnet. Wut erzeugt auf unseren Gesichtern nach Ekman die Bewegungen vier (Zusammenziehen der Augenbrauen), fünf (Heben des oberen Augenlides), sieben (Anspannen der Augenlider) und 23 (aufeinander gepresste Lippen). Freude erzeugt die Bewegungen sechs (angehobene Wangen), zwölf (Anheben der Mundwinkel) und 42 (Zusammenkneifen der Augen).[12]

Zunächst glaubten Wissenschaftler, Ekmans System entschlüssele tatsächlich unsere Gedanken. In einem Test mit Madrider Grundschülern beurteilten alle ein nach Ekman glückliches Gesicht als glücklich. Das traurige Gesicht bestimmten 98 Prozent korrekt. Beim angewiderten Gesicht lagen 83 Prozent der Kinder richtig.[13] Zahlreiche Studien bestätigten: Fast alle Menschen westlicher Gesellschaften verstehen ein glückliches Gesicht nach Ekmans System als glücklich und ein trauriges als traurig.

Noch heute beurteilen Polizisten, Spione und Richter ihre Gegenüber oft nach Ekmans System. Zeitschriften und Magazine behaupten, zusammengekniffene Augen zeigten ein echtes Lächeln an. Wer die Mundwinkel hebt, ohne die Augen zusammenzukneifen, spiele sein Lächeln vor.

Falsch ist Ekmans Theorie dennoch.

Das bewies Carlos Crivelli – der Psychologe, der die Madrider Schüler getestet hatte –, indem er den Versuch umkehrte: Statt Teilnehmer zu fragen, ob ein nach Ekman glückliches Gesicht für sie nach Glück aussieht, prüfte er, ob glückliche Gesichter tatsächlich zeigen, was Ekman vorhersagt. Tun sie nicht. Von Judokas im Moment des Sieges bis zu Menschen beim Orgasmus – nur die wenigsten setzten ein Ekman-Lächeln auf.[14]

Crivelli testete Ekmans Vorhersagen auch auf den zu Papua-Neuguinea gehörenden Trobriand-Inseln im Pazifik. Nur die Hälfte der Trobriander erkannte das glückliche und das traurige Gesicht. Ein Fünftel hielt Ekmans Glücksausdruck für Wut, ein Viertel interpretierte Trauer als Angst. Den wütenden Blick ordnete weniger als jeder Zehnte richtig zu. Die Trobriander zeigen Freude, Angst und Wut anders, als Ekman meint. Das tun viele abgeschiedene Völker.[15]

Laut Historikern sahen auch die alten Römer das Lachen, das wir heute als Glück verstehen, als bedeutungslos an. Sie verstanden dafür Ausdrücke, die uns unwichtig scheinen, als wichtige Emotions-Zeichen.[16]

Selbst Personen, die zur gleichen Zeit in der gleichen Kultur leben, zeigen Gefühle unterschiedlicher als Friends-Schauspieler. Deutsche Psychologen führten Testteilnehmer durch einen langen Gang in einen Raum, in dem sie einen Gedächtnistest absolvierten.[17] Die scheinbar massiven Wände des Gangs waren in Wirklichkeit leichte Stellwände. Während die Probanden im Raum über dem Test brüteten, räumten Helfer die Stellwände zur Seite. Als die Teilnehmer den Raum verließen, blickten sie in einen offenen Raum mit grünen Wänden und einer einzelnen Glühlampe. Darunter starrte sie ihr bester Freund aus einem roten Sessel an. Überraschung.

Wäre dies eine Szene aus Friends, die Teilnehmer hätten Mund und Augen aufgerissen, die Augenbrauen hochgezogen und das Kinn heruntergeklappt. Ihr Gesicht hätte ihre Überraschung gespiegelt. Im echten Leben reagieren Menschen aber unterschiedlich.

Die Psychologen testeten 60 Teilnehmer. Diese bewerteten ihre Überraschung auf einer Skala von eins (wenig) bis zehn (maximal) durchschnittlich mit acht. Sie verstanden die Welt nicht. Das sah man den wenigsten an.

Zwar erklärten mit einer Ausnahme alle Probanden, in ihren Gesichtern ihre Überraschung gespiegelt zu haben. Doch nur drei von 60 Teilnehmern rissen die Augen auf, hoben die Augenbrauen und klappten das Kinn herunter, wie Ekman es vorhersagt. Sieben zeigten zwei dieser Elemente. Die übrigen – mehr als drei Viertel – formte sie ansatzweise oder gar nicht. Sie runzelten die Stirn, blieben ruhig oder taten vieles, was laut Ekman nichts mit Überraschung zu tun hat.

Zwar zeigen einige Menschen ihre Emotionen so, wie die westliche Kultur es erwartet. Die Mehrheit drückt Gefühle aber auf ihre eigene Weise aus. Auch zwischen Äußerlichkeiten und der Vertrauenswürdigkeit eines Politikers fehlt jede Verbindung.

Beurteilen wir Politiker nach Gefühl, ignorieren wir Bewerber, die sich anders verhalten, als wir es erwarten, und belohnen Politiker, die lernen, in ihren Gesichtern genau die Emotionen abzubilden, die wir sehen wollen.

Es kommt noch schlimmer: Erstreckten sich unsere Schwierigkeiten, vertrauenswürdige Politiker zu erkennen, nur auf deren Mimik, wäre das verschmerzbar: Unser Gefühl ließe sich vom einstudierten Lächeln eines Populisten täuschen, schlüge aber Alarm, sobald er den Mund aufmacht. Eine Verzögerung, aber kein Problem. Hören wir Politikern lange genug zu, wüssten wir, wem wir trauen können.

Leider erkennt unsere Intuition Populisten auch nicht an vielen Worten. Nicht einmal im direkten Kontakt. Warum wir dringend ein System brauchen, das unser überfordertes Gefühl unterstützt, zeigt das Beispiel eines britischen Premierministers, der den Frieden verkündet, während die Welt in den Krieg stürzt.

Hitler, Chamberlain und tragische Fehleinschätzungen

„Gewalt ist die letzte Zuflucht des Unfähigen.“

Isaac Asimov

Als Neville Chamberlain im September 1938 nach München fliegt, um Adolf Hitler kennenzulernen, begeht er den größten Fehler seines Lebens. Der britische Premierminister fürchtet, der Diktator könnte in wenigen Wochen das tschechische Sudetenland besetzen und einen Weltkrieg auslösen. Um die Katastrophe zu verhindern, setzt er sich zum ersten Mal in seinem Leben in ein Flugzeug.

Chamberlain will Hitler verstehen. Mit Ausnahme des kanadischen Premierministers William Lyon Mackenzie King ist zu diesem Zeitpunkt noch kein Regierungschef der Welt dem selbsternannten Führer begegnet. Chamberlain will Hitler im direkten Gespräch aus dem Gesicht ablesen, ob mit ihm Frieden möglich ist. Dass dieser Versuch scheitern muss, wissen wir.

Die Staatsoberhäupter diskutieren hitzig. Hitler sagt Chamberlain, er werde das Sudetenland um jeden Preis besetzen. Er soll ihm gesagt haben, dafür einen Weltkrieg in Kauf zu nehmen. Doch als Hitler versichert, die Rest-Tschechoslowakei und andere Gebiete mit deutschen Minderheiten interessierten ihn nicht, glaubt ihm Chamberlain.

Der Premier verspricht Hitler das Sudetenland, wenn die Bevölkerung dort für den Anschluss an Deutschland stimmt. Im Gegenzug garantiert Hitler die Unabhängigkeit Tschechiens. Bei der Rückkehr nach London lässt sich der Brite als Friedensretter feiern.

Chamberlain ahnt nicht, dass Hitler der Wehrmacht schon fünf Jahre zuvor seine Pläne für die Eroberung der gesamten Tschechoslowakei und Polens eröffnet hat. Er empfängt den Premier nur, um Zeit zu gewinnen.

Hitler täuscht Chamberlain mit einer Handbewegung. Seiner Schwester schreibt der Premier, Hitlers Verhalten sei zwar „eine Sturmwarnung". Doch dann „hat er mir den doppelten Handschlag gegeben, den er sich für besonders freundliche Gesten vorbehält."[18] Der Premier vergisst seine Bedenken. Weil der Diktator auf ihn vertrauenswürdig wirkt, hält Chamberlain ihn für tatsächlich vertrauenswürdig. Er begeht den gleichen Fehler wie wir alle beim Einschätzen von Politikern.

Ende September 1938 sichert Chamberlain mit Vertretern Frankreichs und Italiens Deutschland die Besetzung des Sudetenlands zu. Hitler drohte auch ihnen mit einem Weltkrieg. Er beteuerte auch ihnen, dies sei sein letzter Gebietsanspruch. Auch sie glauben ihm.

Sechs Monate später besetzt Hitler den Rest der Tschechoslowakei. Weniger als ein Jahr später überfällt er Polen. Damit beginnt der Weltkrieg, den Chamberlain unbedingt verhindern wollte.

Nun könnten wir Chamberlain Naivität, Dummheit oder Unerfahrenheit vorwerfen. Vor seinem Einstieg in die Politik hatte er 17 Jahre lang eine Firma für Schiffsliegeplätze geführt. Außenpolitisch unerfahren, unterschätzte er, dass Diktatoren anders verhandeln als Geschäftspartner.

Dennoch sollten wir Chamberlain Fehler nicht allein seiner Persönlichkeit zuschreiben. Erstens fehlt praktisch allen Wählern heute Erfahrung im direkten Umgang mit Politikern. Trotzdem wollen wir Lügner erkennen. In einer Demokratie müssen politisch Unerfahrene bessere Entscheidungen treffen als Chamberlain.

Zweitens blendete Adolf Hitler auch außenpolitisch erfahrene Politiker. Der kanadische Premier William Lyon Mackenzie King verglich den Diktator mit der französischen Nationalheldin Johanna von Orléans. Der spätere britische Außenminister Lord Halifax – Sohn einer Adelsfamilie, Oxford-Student und zwischen den Weltkriegen als indischer Vizekönig Verhandlungspartner Mahatma Gandhis – hatte sich 1937 fünf Stunden lang vor dem Deutschen geekelt, als dieser auf Presse und Kommunismus schimpfte. Zurück in England behauptete er dennoch, Hitler wolle keinen Krieg. Der britische Botschafter Neville Henderson, der Hitler mehrfach traf und sagte, der Diktator „könne die Schwelle zum Wahnsinn überschritten haben", glaubte, dieser hasse den Krieg wie jeder andere. Politikerfahrung half wenig, Hitler besser einzuschätzen.

Weil zwischen dem Auftreten einiger Menschen und ihren Absichten jede Verbindung fehlt, erkennen wir Populisten nicht allein nach Gefühl. Sie verraten sich weder mit Gesten noch Worten.

Wer auf Hitler hereinfiel, war nicht naiv. Er überschätzte die Transparenz des Diktators. Als dieser Chamberlains britisch-deutsche Friedenserklärung freudig mit „Ja, ja!" begrüßte, deutete nichts auf seine Kriegspläne hin. Wer derart überzeugend lügt, überlistet unser Warnsystem. Im Kampf um Wählerstimmen ein Vorteil.

Dass viele Politiker trotz persönlicher Treffen Hitler verfielen, warnt alle, die Populisten allein anhand ihres Gefühls erkennen wollen: Verfallen mit Beratern und Geheimdienstinfos ausgestatte Profis einem Verrückten, braucht, wer Kandidaten nur aus den Medien kennt, nie zu hoffen, seine Zuneigung oder Abneigung sage etwas über deren Ehrlichkeit aus.

Auch das Gegenbeispiel funktioniert. Ein hilfreicher Politiker, der sich bei Reden vor Nervosität verhaspelt, wirkt unglaubwürdig. Ein Kandidat, der vor Schüchternheit niemandem in die Augen sieht, auch. Gegen überzeugend lügende Populisten verblassen alle Kandidaten.

Die Wahrheit verliert fast jeden Popularitätswettbewerb mit einer guten Lüge.

Unsere Spürsensoren schlagen gerade bei den schlimmsten Lügnern keinen Alarm. Wir brauchen ein besseres Frühwarnsystem. Wie das aussieht, zeigt ein Auftritt Hitlers am Anfang seiner Zeit als Reichskanzler.

Überzeugende Lügen und Tränen der Verfolgten

„Die deutsche Regierung (…) ist (…) überzeugt, dass es heute nur eine große Aufgabe geben kann: den Frieden der Welt zu sichern."

Adolf Hitler

Am 17. Mai 1933 rührt Adolf Hitler in Berlin Menschen zu Tränen, gegen die er bereits Morddrohungen ausgesprochen hat. Vor dem Reichstag hält der Diktator seine erste außenpolitische Regierungserklärung. Die Rede, die als Friedensrede in die Geschichte eingehen wird, soll der Welt das Bild einer friedliebenden Nazi-Bewegung vorspielen.

Hitler plant längst Eroberungen im Osten. Die Macht dazu hat er sich zwei Monate vorher mit dem Ermächtigungsgesetz genommen. Nun entscheidet er alleine, was in Deutschland passiert. Drei Monate vor seiner

Friedensrede hat er der Wehrmacht Kriegsszenarien offenbart.[a] Die Angriffsvorbereitungen laufen.

Doch noch braucht Hitler Zeit: Gegner im Inneren beseitigen, Militär aufrüsten, Industrie auf Krieg umstellen. Diese Zeit will er mit seiner Friedensrede gewinnen. Also preist er so überzeugend den Frieden, dass selbst ärgste Gegner an seinen Kriegsabsichten zweifeln. Sie liefern uns ein Musterbeispiel dafür, wie man nicht mit Populisten umgeht.

Hitler ruft den Reichstagsabgeordneten, neben dem Zitat am Anfang dieses Abschnitts, unter anderem zu:

„Die deutsche Regierung wünscht, sich über alle schwierigen Fragen mit den Nationen friedlich auseinanderzusetzen. Sie weiß, dass jede militärische Aktion in Europa auch bei deren völligem Gelingen, gemessen an den Opfern, in keinem Verhältnis stehen würde zu dem Gewinn."

„Kein neuer europäischer Krieg wäre in der Lage, an Stelle der unbefriedigenden Zustände von heute etwas Besseres zu setzen."

„Indem wir in grenzenloser Liebe und Treue an unserem eigenen Volkstum hängen, respektieren wir die nationalen Rechte auch der anderen Völker aus dieser selben Gesinnung heraus und möchten aus tiefinnerstem Herzen mit ihnen in Frieden und Freundschaft leben."

Als Hitler vom Pult tritt, hat er selbst härteste Kritiker überzeugt. Die Londoner Zeitung „The Times" schreibt am nächsten Tag: „Gestern hat die Welt zum ersten Mal den Staatsmann Hitler gesehen."[19] Der US-amerikanische Historiker William L. Shirer berichtet, Präsident Roosevelt habe die Rede angetan im Radio verfolgt.[20]

Den überzeugendsten Beweis für Hitlers Manipulationstalent erbringt der SPD-Reichstagsabgeordnete und spätere bayerische Ministerpräsident Wilhelm Hoegner. Als er die Rede des Diktators hört, haben ihn die Nationalsozialisten wegen seiner Parteimitgliedschaft gerade aus dem

---

[a] Einige Auszüge des Stichwortprotokolls der Rede Hitlers vor der Reichswehrführung in Berlin am 3. Februar 1933 (Vergleichen Sie diese Aussagen einmal mit Hitlers Friedenrede!): „Ziel der Gesamtpolitik allein: Wiedergewinnung der politischen Macht. (…) Keine Duldung der Betätigung irgendeiner Gesinnung, die dem Ziel entgegensteht (Pazifismus!). Wer sich nicht bekehren lässt, muss gebeugt werden. Ausrottung des Marxismus mit Stumpf und Stiel. Einstellung der Jugend u[nd] des gesamten Volkes auf den Gedanken, dass nur der Kampf uns retten kann und diesem Gedanken gegenüber alles zurückzutreten hat. (…) Aufbau der Wehrmacht wichtigste Voraussetzung für Erreichung des Ziels. (…) Wie soll politische Macht, wenn sie gewonnen ist, gebraucht werden? Jetzt noch nicht zu sagen. Vielleicht Erkämpfung neuer Export-Möglichkeiten, vielleicht – und wohl besser – Eroberung neuen Lebensraums im Osten und dessen rücksichtslose Germanisierung." Quelle: Hans-Adolf-Jacobsen und Werner Jochmann (Hrsg.): Ausgewählte Dokumente zur Geschichte des Nationalsozialismus 1933-1945 (Loseblattsammlung).

Staatsdienst entlassen. Er erhält Morddrohungen, wie viele SPD-Mitglieder. Bald wird er vor Hitler ins Ausland fliehen. Dennoch stimmt Hoegner mit seiner Fraktion aus Überzeugung für die Reichstagserklärung, die Hitler vorlegt. Einige Jahre später erinnert er sich gerührt:

„Da brach ein Beifallssturm der anderen Abgeordneten los. Selbst unser unversöhnlichster Gegner, Adolf Hitler, schien einen Augenblick bewegt. Er erhob sich und klatschte uns Beifall zu. Der Reichstagspräsident Göring aber stand auf und sprach großartig die Worte: ‚Das deutsche Volk ist immer einig, wenn es sein Schicksal gilt.‘ Dann fingen die deutschnationalen Abgeordneten das Deutschlandlied zu singen an. Die meisten in unseren Reihen sangen mit. Manchen liefen die Tränen über die Wangen. Es war, als hätte uns Sozialdemokraten, die man immer als die verlorenen Söhne des Vaterlandes beschimpfte, einen unsterblichen Augenblick lang die gemeinsame Mutter Deutschland ans Herz gedrückt.“

Es ist die letzte Reichstagssitzung, an der die Nationalsozialisten die Sozialdemokraten teilnehmen lassen.

Die SPD im Reichstag, die Times in London und Teddy Roosevelt an seinem Radio begehen an diesem Tag den gleichen Fehler wie Chamberlain fünf Jahre später. Sie glauben an eine Verbindung zwischen dem Auftreten und den Absichten Hitlers, die es nicht gibt. Hitler brachte selbst Menschen, die wussten, wer er war, lange genug zum Zweifeln, um seine Pläne voranzutreiben.

Überzeugende Lügner überlisten Menschen im direkten Gespräch. Populisten überlisten auch eigene Bevölkerung, Gegner und Politiker anderer Staaten. Das macht sie so gefährlich.

Den Ausweg aus diesem Dilemma zeigt uns ein Blick auf Hitlers gesamte Rede. Die Friedensfloskeln bilden Auszüge des zehnseitigen Gesamttexts. Der Rest kündigt die Katastrophe an. Hitler sagt, der Friedensvertrag von Versailles habe „teils aus Unkenntnis, teils aus Leidenschaft und Hass“ Verhältnisse geschaffen, die zu neuen Konflikten führen mussten. Er spricht von „einer Vergewaltigung Deutschlands“ und von der „Disqualifizierung eines großen Volkes zu einer Nation zweiten Ranges“. Er schürt Ängste und Misstrauen, zeichnet das Bild der großen Verschwörung „Alle gegen uns“. Wer so spricht, will keinen Frieden. Hoegner und die SPD-Abgeordneten hätten das erkennen müssen.

Wie deutlich Hitler Feindbilder einsetzt, zeigt das Beispiel Völkerbund. Der Staatenbund, nach dem Ersten Weltkrieg von 32 Nationen gegründet und ein Vorläufer der Vereinten Nationen (UN), sollte durch internationale Zusammenarbeit Frieden sichern. Kompromisse und Verständigung statt

Waffen.

Hitler sind Kompromisse und Verständigung egal. Er will die Auflagen abschütteln, die der Völkerbund Deutschland vorschreibt: höchstens 100.000 Berufssoldaten, keine Luftwaffe, keine Panzer, begrenzte Marine. Also behauptet er, die Sieger des Ersten Weltkriegs sicherten mit dem Völkerbund auf ewig die Unterlegenheit Deutschlands, um es nach Belieben angreifen zu können: „Die einzige Nation, die mit Recht eine Invasion fürchten könnte, ist die deutsche."[a] Deutschland sei erst sicher, wenn es aus dem Völkerbund austritt und aufrüstet. Der Angreifer tut, als müsse er sich verteidigen. Ein beliebter Populismus-Trick, den Jahrzehnte später auch Wladimir Putin anwendet. Ihn den Menschen unterzuschieben, lautet das wahre Ziel von Hitlers Friedensrede.

Populisten verpacken ihre Feindbilder und Verschwörungstheorien in gutklingende hohe Werte. Feindbilder und Verschwörungstheorien zerfressen aber alle Appelle an Frieden und Einigkeit. Wir erreichen Frieden und Einigkeit, indem wir Feindbilder und Verschwörungstheorien überwinden.

Grund zur Vorsicht und immer der gleiche Fehler

„Wer die Vergangenheit vergisst, ist verdammt, sie zu wiederholen."

George Santayana

Sehen wir Hitlers Reden heute im Video, wundern wir uns, wie jemand diesem wild gestikulierenden Irren glauben konnte. Wir meinen, wir hätten ihn als Wahnsinnigen erkannt. Die Analyse Gladwells, die Videos von Nelly und Sally und die Erfahrungen mit modernen Populisten mahnen uns zur Bescheidenheit: Hätten wir Hitlers Friedensrede im Reichstag verfolgt, hätten wahrscheinlich auch wir geweint. Zumindest hätten wir gehofft, es komme alles nicht so schlimm.

Dafür gibt es zwei Gründe: Einerseits sehen wir in Hitler heute sofort den Weltkrieg-Verursacher. Schon deswegen misstrauen wir seiner Friedensbotschaft. Den Zeitgenossen des Diktators fehlte dieser Vorteil. Nach den Schrecken des Ersten Weltkriegs, die Hitler als Soldat aus nächster Nähe erlebt hatte, trauten sie ihm kein neues Morden zu. Also filterten sie aus seinen Kampfparolen die Worte heraus, die Frieden versprachen.

Wie der für viele überraschende Angriff Russlands auf die Ukraine zeigt, begehen wir heute denselben Fehler. In einigen Jahrzehnten werden sich

---

[a] Auch diese Behauptungen wird Wladimir Putin vor dem Ukraine-Überfall fast identisch auf Russland übertragen.

unsere Nachfahren fragen, wieso wir Wladimir Putin so lange gewähren ließen. Für sie wird selbstverständlich wirken, dass im 21. Jahrhundert ein Krieg innerhalb Europas ausbrach. Sie werden nie verstehen, wieso wir die seltenen sanften Aussagen eines Tobsüchtigen in die Überzeugung verwandelten, er wolle keinen Krieg. Wir litten an der gleichen Blindheit wie die Deutschen der 30er-Jahre. Ohne ein System für bessere Entscheidungen, hätten auch wir Hitlers wahres Wesen verkannt.

Populisten nutzen Wunschdenken aus. Wer hofft, Populisten planten trotz aggressiver Aussagen menschenfreundliche Politik, ebnet den Weg zu ähnlichen Überraschungen wie am 24. Februar 2022.

Andererseits sprach Hitler in seiner Rede tatsächliche Probleme an. Der Versailler Vertrag war in dieser Form ein Fehler. Deutschland verlor das industriell wichtige Elsass-Lothringen[a] und Gebiete im Osten, es sollte alle Schäden der Alliierten bezahlen und es musste die alleinige Kriegsschuld auf sich nehmen. Die ersten beiden Punkte waren zu hart, der dritte gelogen.

Die Sieger des Ersten Weltkriegs taten mit dem Alleinschuld-Paragraphen, was Hitler tat. Sie rechtfertigten überharte Maßnahmen mit einem Feindbild: „Die bösen Deutschen verdienen es." Klassischer Populismus.

Die Deutschen litten 1933 noch an den Folgen der Weltwirtschaftskrise von 1929. Sie erinnerten sich deutlich der Hyperinflation des Jahres 1923, zu deren Höhepunkt ein Dollar 4,2 Billionen Mark kostete. Viele Menschen hatten gerade zweimal ihre Existenz verloren. An diese Ängste knüpft Hitler mit seiner Rede an. Viele hofften gerne, mit ihm werde nun alles besser. Die Hoffnung trieb sie in die Arme eines Verrückten.[b]

---

[a] Wichtig zur Einordnung: Elsass-Lothringen gehörte erst seit 1871 zu Deutschland. Das in diesem Jahr neu gegründete Kaiserreich sicherte sich das Gebiet, nachdem Frankreich den Deutsch-Französischen-Krieg von 1870/1871 verlor. Nach dem ersten Weltkrieg stahlen die Franzosen also kein urdeutsches Gebiet, sie holten sich eher zurück, was seit dem 16. Jahrhundert ohnehin zu Frankreich gehört hatte.

[b] Auch die meisten anderen Parteien wollten die Folgen des Versailler Vertrags mildern und hatten dabei bereits wichtige Erfolge erzielt: Die Alliierten hatten bereits 1932 das Ende der Reparationszahlungen mit Deutschland vereinbart. Deutschland war 1926 in den Völkerbund aufgenommen worden. Diplomatie und Verständigung waren dabei, die Probleme zu lösen, die Kriegstreiberei und Nationalismus im Kaiserreich verursacht hatten. Keine Spur von der „Verewigung der Disqualifizierung Deutschlands", wie Hitler wettert.

Dass Populisten Feindbilder und Verschwörungstheorien teils auf tatsächliche Probleme gründen, macht sie nicht zum Retter vor diesen Problemen. Rettungen bedürfen Lösungen ohne Feindbilder und Verschwörungstheorien.

Ähnliche Fehler vermeiden wir, indem wir populistische Versprechen von hilfreichen Lösungsvorschlägen trennen. Dummerweise hindert uns daran ein riesiger Stolperstein.

Vertrauen, Misstrauen und Großer Betrug

„Auch wenn alle einer Meinung sind, können alle unrecht haben."

Bertrand Russell

In seinem zu großem grünem Anzug unterdrückt Harry Markopolos kaum seine Wut, den größten Finanzbetrug der US-Geschichte nur beinahe verhindert zu haben. Es ist der Februar 2009; Markopolos soll dem US-Kongress erklären, warum gerade er, ein unabhängiger Finanzermittler aus dem Niemandsland in New Jersey, sah, was allen verborgen blieb.[21]

Markopolos warnte die Behörden schon im Mai 2000, neun Jahre zuvor, erstmals vor dem Aktienfonds-Manager Bernie Madoff. Damals hatte Madoff wenige Milliarden Dollar veruntreut. Als er Ende 2008 aufflog, waren es 65 Milliarden Dollar. Madoff betrog viele Anleger, darunter gemeinnützige Organisationen, um ihr gesamtes Vermögen. Er behauptete, dank eines sechsten Sinns immer auf die richtigen Aktien zu setzen und abenteuerliche Profite zu erzielen. In Wahrheit handelte er wohl nie eine Aktie. Populismus, nur auf einem anderen Gebiet.

Madoff verteilte das Geld seiner Investoren um: Alten Anlegern schüttete er die Einzahlungen neuer Anleger als angeblichen Gewinn aus und behauptete, die Investitionen aller wachsen. Es war, als umhülle man eine Wasserflasche mit schwarzem Klebeband, kippe sie langsam aus und behaupte, das Wasser in ihr vermehre sich gleichzeitig. Solange genügend Wasser nachfließt, blenden diese sogenannten Schneeballsysteme immer mehr Anleger. Versiegt der Nachfluss, fliegt der Schwindel auf.

Hollywood-Stars und Spitzensportler betrachteten Madoff als Genie. Markopolos rechnete nach und stellte fest: Madoffs Strategie geht nicht auf. Seine angegebenen Käufe und Verkäufe erwirtschaften unmöglich Fabelgewinne. Im Jahr 2000 schickte er seine Beweise erstmals den Behörden. Im Jahr 2005 schrieb er der Börsenaufsicht einen 19-seitigen Bericht mit dem eindeutigen Titel „Der größte Hedgefonds der Welt ist ein Betrug". Die Aufsicht ignorierte ihn.

Madoff flog erst auf, als ihn seine Söhne anzeigten. Jahre nach den ersten Hinweisen Markopolos'. In der Zwischenzeit betrog er Anleger um mehr Geld als alle Kroaten zusammen in einem Jahr erwirtschaften.[a]

Bemerkenswert macht Markopolos weniger, dass er Madoff des Betrugs verdächtigte. Die halbe Wall Street misstraute ihm. Malcom Gladwell berichtet in *Die Kunst nicht aneinander vorbeizureden* von Bankern, die einen großen Bogen um Madoff machten. 2003 warnte Nat Simmons vom Hedgefonds Renaissance Technologies vor Madoff: Dieser nutze den Schwager als Wirtschaftsprüfer, habe den Sohn hoch in der Firma eingestellt. Alles rote Flaggen.

Bemerkenswert macht Markopolos, dass er jahrelang stur nach den roten Flaggen handelte, die er sah. Damit stand er allein.

Die Direktoren bei Renaissance Technologies teilten das Misstrauen des Risikomanagers. Dennoch verkaufte der Hedgefonds nur die Hälfte seiner Madoff-Anteile. Wie viele andere *wusste* Renaissance Technologies, das Madoff betrügt. Aber sie *glaubten* es nicht. Sie vertrauten auf Aufsichtsbehörden und Anleger, die Skandale dieser Größe aufdecken. Doch auch die ließen sich von Madoff einlullen.

Viele Wähler leiden bei Populisten unter dem gleichen Dilemma: Sie wissen, belogen zu werden, glauben es aber nicht. Feindbilder erfinden, Menschen verführen? „Das macht doch niemand. Irgendetwas muss daran stimmen." Unsere Vertrauensseligkeit dient Populisten und Fonds-Betrügern.

Lehrt uns Markopolos, in diesen Situationen die Wahrheit erkennen, vor der alle die Augen verschließen? So einfach ist es nicht. Markopolos wirkt im Fall Madoff wie ein Genie. Im Alltag wirkt er wie ein Nörgler.

Gladwell beschreibt, wie sich Markopolos an der Uni bei seinem Professor beschwert, der ihm eine zu gute Note gab. Wie er seinen ersten Arbeitgeber bei der Börsenaufsicht anschwärzt, weil dieser Aktiengeschäfte nach etwas mehr als den vorgeschriebenen 90 Sekunden meldet. Wie er seinem Arzt Statistiken über Betrug in der Medizin zeigt und ihn warnt, Ähnliches bei ihm gar nicht erst zu versuchen.

Markopolos vertraut nicht darauf, dass Betrug auffällt. Der Sohn griechischer Einwanderer sah seinen Vater im Familienimbiss Besteck klauende Gäste verprügeln. Er beobachtete Angestellte, die kofferraumweise Lebensmittel stahlen. Er lernte, dass Betrug zum Leben gehört und man ihn bekämpfen muss. Das tat er auch bei Madoff.

Der Unterschied zwischen Markopolos und anderen Finanzanalysten liegt in ihrer Einstellung zur Wahrheit: Die Banker bei Renaissance Technologies dachten, die Wahrheit setze sich durch und Schwindler flögen auf. Wie Chamberlain bei Hitler und Wähler von Populisten konnten sie

---

[a] Stand 2022.

nicht glauben, dass jemand, der der Welt ins Gesicht lügt, damit durchkommt. Markopolos erwartet, belogen zu werden. Deswegen entlarvte er Madoff *und* nervt Ärzte. Seine Lebenseinstellung, oft ein Fluch, verwandelt sich bei Börsenbetrug zum Segen.[22]

Da liegt das Problem. Auch wenn jeder von uns gerne das Genie wäre, das in Bernie Madoff einen Verbrecher erkennt, zahlt fast niemand gerne den Preis dafür. Arbeitgeberanschwärzende Störenfriede verärgern. Wer gemocht werden will, denkt wie Renaissance Technologies und nicht wie Markopolos.

Psychologen nennen dieses Denkmuster den *Truth-Default-Bias* oder, zu Deutsch, die *Wahrheitstendenz*: Wir sind genetisch darauf programmiert, anderen zu glauben. Unsere vertrauensvollen Vorfahren integrierten sich leichter in Gruppen als ihre misstrauischen Verwandten. Dadurch gaben sie ihre Gene häufiger weiter als die Markopolos ihrer Zeit.

Über die Jahrtausende hat sich die Vertrauenstendenz in unsere DNA gebrannt: Wir stempeln niemanden beim ersten Verdacht als Lügner ab. Wir glauben anderen, bis wir nicht mehr anders können – bis wir restlos sicher sind, dass sie lügen. Der amerikanische Kommunikationswissenschaftler und Professor Timothy Levine formuliert es so:

> *„Wenn wir davon ausgehen, dass der andere die Wahrheit sagt, dann bringt uns das so viele Vorteile, dass wir das Risiko der Täuschung eingehen können. Wir fallen zwar hin und wieder auf einen Betrug herein, doch dafür kommunizieren wir effektiv und finden uns in sozialen Situationen zurecht. Das sind gewaltige Vorteile zu einem vergleichsweise günstigen Preis. Natürlich werden wir hin und wieder über den Tisch gezogen. Aber das ist der Preis, wenn man Geschäfte macht.“*[23]

Die Wahrheitstendenz erklärt, warum Populisten selbst Menschen überzeugen, die wissen, von ihnen belogen zu werden: Wir glauben immer ein wenig, was wir hören. Predigen Populisten immer die gleichen Feindbilder, baut sich dieser Effekt mit der Zeit auf. Wie steter Tropfen den Stein höhlt, schafft stetige Wiederholung Glaubwürdigkeit. Sie verankert eine Botschaft im Bewusstsein der Zuhörer.

Populismus ist eine Technik der tausend Nadelstiche. Er ist Marathon statt Sprint.

Das Gegenmittel: Umkehren, umkehren, umkehren

„Ich würde gerne wissen, an welchem Ort ich sterbe. Damit ich dort nie hingehe."

Charlie Munger

Im Jahr 1943 löst der junge Charlie Munger eine scheinbar überwältigende Herausforderung des Zweiten Weltkriegs mit dem Trick, der uns Populisten ohne Harry-Markopolos-Genörgel erkennen lässt: Umkehren, umkehren, umkehren.

Munger erstellte für die US Air Force Wettervorhersagen, die die Grundlage für Flugrouten und Piloten-Einsatzpläne bildeten. Der damals 19-Jährige aus dem ländlichen Omaha hatte sein Mathestudium abgebrochen, um sich freiwillig beim Militär zu melden. Meteorologie-Erfahrung fehlte ihm völlig. Trotzdem hingen von seinen Vorhersagen Menschenleben ab.

Wie löste er die Herausforderung? „Ich kehrte das Problem um", erklärt Munger Jahrzehnte später. „Ich fragte mich: Wie töte ich Piloten am einfachsten?" Untypisch, aber hilfreich.

Munger erkannte, Piloten nur auf zwei Wegen umzubringen: Indem er sie in Wetter schickt, das ihre Tragflächen vereist, oder in Gegenden, in denen Unwettern die Landung verhindern. „Ich habe fanatisch darauf geachtet, beide Möglichkeiten zu vermeiden."[24]

Statt ideale Routen zu suchen, schloss Munger zunächst alle schlechten aus. Die übrigbleibenden Lösungen waren zumindest gut genug. Lieber ein Umweg als der Tod.

Munger, heute einer der angesehensten Investoren der Welt, nennt den Umkehr-Trick als wichtigste Denkweise für ein glückliches Leben: Statt auf der Suche nach perfekten Lösungen allerhand Probleme verursachen, zunächst die größten Gefahren ausschließen. Übrig bleiben geniale bis durchschnittliche Optionen. Wer immer aus ihnen wählt, schafft Gutes.

Der Ansatz funktioniert auch in der Politik: Statt in der unerreichbaren Hoffnung auf perfekte Gesellschaften Leid und Zerstörung zu verbreiten, schaffen wir hilfreichere Ergebnisse, indem wir die schlimmsten Gefahren vermeiden. Kein Kampf gegen Feindbilder, kein „Wir-sind-die-Guten-und-alle-anderen-die-Bösen"-Denken. Munger: „Als Politiker würde ich mich als Erstes fragen, was mein Land ruinieren könnte. Das unterlasse ich."

Auf Wähler übertragen heißt das: Statt perfekte Politiker zu suchen, schaffen wir hilfreichere Ergebnisse, indem wir Populisten unsere Stimmen verweigern: Jenen, die im Kampf gegen Erfundenes Bedingungen wie im mexikanischen Nogales schaffen – oder Schlimmeres.

Weil wir Blender unmöglich an Gesten, Auftritten und Worten erkennen, achten wir auf die hinter diesen Oberflächlichkeiten steckende Weltsicht. Verweigern wir uns Kandidaten, die sich zum Vertreter des einzig Guten und *alle* Andersdenkenden zum Feindbild erklären, vermeiden wir die Katastrophe. Übrig bleiben Durchschnittspolitiker bis Genies. Fehlerhaft, wie wir alle, aber gut genug, um Wohlstand und Sicherheit zu schaffen.

Vermeiden wir die größten Dummheiten und schaffen wir eine Umgebung, in der sich die beste Idee durchsetzt, finden Gesellschaften mit Millionen Mitgliedern hilfreiche Lösungen. Je mehr Länder der Welt diese Gesellschaften schaffen, umso mehr Menschen suchen ebenfalls Lösungen. Sucht ein Großteil von über acht Milliarden Wesen der intelligentesten Spezies des bekannten Universums Lösungen, verkümmert selbst der Klimawandel zur machbaren Herausforderung.

Lassen Sie uns zu schlau sein, alles zu wissen. Lassen Sie uns vor allem schlau genug sein, die größten Fehler zu vermeiden.

Mungers Umkehr-Trick hilft uns auch bei der Meinungsbildung: Die schlechtesten Meinungen erklären eine erste Überzeugung zur Wahrheit letztem Schluss und suchen Beispiele zusammen, die sie bestätigen. Wer so denkt, verrennt sich.

Kehren wir den Ansatz um, versuchen wir unsere Überzeugungen zu widerlegen. Wer Gegenbeweise statt Bestätigungen sucht, versteht die vielen Schichten eines Arguments. Er entwickelt eine hilfreichere Meinung als jemand, der nach der ersten Schicht behauptet, jede Nuance zu kennen.

Machen wir uns also daran, professionelle Lügner von hilfreichen Politikern zu unterscheiden. Unser Weg beginnt mit einer wichtigen Einordnung: Nicht alle Politikerlügen sind gleich. Einige schaden kaum. Andere bringen uns um. Den Unterschied erkennen wir im nächsten Kapitel.

Fazit

1. Wir erkennen Populisten kaum, weil wir Lügner kaum erkennen.
2. Menschen, die sich beim Lügen normal verhalten, sind in der Politik im Vorteil. Deswegen streben zu jeder Zeit Populisten nach Macht.
3. Wir erkennen den nächsten Hitler, Putin oder Trump, indem wir Populismus erkennen. Weil uns unsere Intuition dabei in die Irre führt, brauchen wir ein besseres System.

Lesetipps

Malcom Gladwell: Die Kunst, nicht aneinander vorbeizureden.
Viele Beispiele dieses Kapitels stammen aus Gladwells hervorragender Analyse der Schwierigkeiten, andere Menschen richtig einzuschätzen. Er stellt zahlreiche Studien und Experimente in einen größeren Zusammenhang und zieht Verbindungen zwischen ihnen. Hervorragend geschrieben, informativ und hoch unterhaltsam. Eine Empfehlung für jeden, der mehr über unsere Probleme beim Verstehen anderer lernen will.
Link: https://amzn.to/46gKVjf

Timothy Levine: Duped: Truth-Default Theory and the Social Science of Lying and Deception (English)
Levine erfand den Test mit falschem Quiz und anschließender Video-Befragung, aus dem das Beispiel von Nelly und Sally stammt. In Duped analysiert er unsere Vertrauensseligkeit und wieso sie uns anfällig für Lügen macht.
Link: https://amzn.to/48ascaV

Kapitel 3: Warum nicht jeder ein Populist ist

Abgeschriebene Doktorarbeiten und Affären im Weißen Haus

Populismus ist wie Schlaftabletten: Die Dosis tötet.

„Alle Dinge sind Gift, und nichts ist ohne Gift;
allein die Dosis macht, dass ein Ding kein Gift ist."

Paracelsus

Als Bill Clinton am 28. Januar 1998 von einem Pult im Pressesaal des Weißen Hauses in Washington die wohl größte Lüge seines Lebens verkündet, wirkt der US-Präsident erschöpft. Er habe bis spät in die Nacht an seiner Rede zur Lage der Nation gearbeitet, erklärt er Journalisten. Doch für diesen Auftritt bündelt er seine Energie. Seine Präsidentschaft steht auf dem Spiel.

Clinton legt den Kopf auf die Seite, schaut in die Kameras und sagt Sätze, die ihn für immer verfolgen: „Ich will, dass Sie mir zuhören. Ich hatte keine sexuelle Beziehung mit dieser Frau, Miss Lewinsky. Ich habe niemanden angewiesen, zu lügen. Nicht ein einziges Mal. Nie. Diese Anschuldigungen sind falsch. Ich muss mich wieder um die Anliegen der Amerikaner kümmern. Danke." Er geht aus dem Raum. Keine Fragen.

Rund ein halbes Jahr später gesteht Clinton vor Gericht, doch mit Monica Lewinsky, der damals 22-jährigen Praktikantin im Weißen Haus, geschlafen zu haben.

Menschen bewerten Lügen wie diese unterschiedlich. 24 Jahre nach Clintons denkwürdigem Auftritt lasse ich Zuhörer bei einem Vortrag in Erfurt die Aussage des US-Präsidenten auf einer Skala von null (problemlos) bis zehn (Katastrophe) einordnen. Eine Frau ruft sofort: „Zehn." Ein Mann schüttelt den Kopf: „Privatsache. Politik ist mir wichtiger." Die Reaktionen teilen sich in zwei Lager: schlimm und egal.

Um den Konflikt aufzulösen, zeige ich einen Ausschnitt aus einem Spiegel-Artikel des Jahres 2011. Karl-Theodor zu Guttenberg, damals Verteidigungsminister und CDU-Zukunftshoffnung, sagt: „Der Vorwurf, meine Doktorarbeit sei ein Plagiat, ist abstrus."[25]

Guttenberg verteidigt sich gegen Vorwürfe, an acht Stellen seiner

Doktorarbeit Quellen unsauber zitiert zu haben.[26] Er beteuert eine Arbeit nach bestem Wissen und Gewissen. In den nächsten Wochen findet die Online-Plattform GuttenPlag Wiki[27] auf 324 von 393 Seiten der Dissertation abgeschriebene Stellen.[a] „Abstrus" waren die Vorwürfe also nicht.

Wieder lasse ich die Gäste meines Erfurter Vortrags die Lüge einordnen. „Auch zehn", sagt die Frau. „Für mich eine fünf", sagt der Mann. Andere geben eine Null. Sie interessiere Guttenbergs Politik, nicht sein Studium.

Ich wiederhole den Test mit Horst Seehofer (CSU), der als bayerischer Ministerpräsident einer Illustrierten eine heile Familienwelt vorgaukelte, während in Berlin eine Bundestagsmitarbeiterin ein uneheliches Kind von ihm großzog. Wieder vergeben einige im Raum eine zehn. Andere setzen niedriger an.

Jetzt komme ich zur Botschaft des Tests. Ich zeige ein Video des ehemaligen DDR-Staatschefs Walter Ulbricht. In der Aufnahme vom 15. Juni 1961 fragt eine Journalistin auf einer Pressekonferenz in Ost-Berlin: „Herr Vorsitzender, bedeutet die Bildung einer freien Stadt [Berlin] Ihrer Meinung nach, dass die Staatsgrenze am Brandenburger Tor errichtet wird? Und sind Sie entschlossen, dieser Tatsache mit allen Konsequenzen Rechnung zu tragen?" Ulbricht wischt sich durchs Gesicht. Dann sagt er seinen berühmtesten Satz:

> *„Ich verstehe Ihre Frage so, dass es Menschen in Westdeutschland gibt, die wünschen, dass wir die Bauarbeiter der Hauptstadt der DDR mobilisieren, um eine Mauer aufzurichten, ja? Mir ist nicht bekannt, dass solche Absicht besteht, da sich die Bauarbeiter in der Hauptstadt hauptsächlich mit Wohnungsbau beschäftigen, und ihre Arbeitskraft dafür voll ausgenutzt wird, voll eingesetzt wird. Niemand hat die Absicht, eine Mauer zu errichten!"[28]*

Eine eiskalte Lüge. Die Mauer-Baupläne liegen in Ulbrichts Schublade, der Starttermin steht. Seine Antwort soll verhindern, dass viele Ostdeutsche die letzte Fluchtgelegenheit nutzen.

Nach diesem Video sind sich die Zuhörer meines Vortrags einiger. „Das ist eine zehn!", ruft der Mann. „Da hat er recht", sagt die Frau. Auch der Rest des Saals vergibt hohe Wertungen.

Ich schalte zur nächsten Folie. Sie zeigt drei Bilder: Adolf Hitler, das zerstörte Berlin im Mai 1945 und dürre, ausgehungerte Menschen im Konzentrationslager Auschwitz. Wie schlimm waren die Lügen, die dazu führten? „Zehn", sagen die Gäste. Höchstnote. Einstimmig.

Die Zuhörer erkennen: Nicht alle politischen Lügen sind gleich. Staaten, in denen Politiker über Affären und Doktorarbeiten flunkern, eröffnen ihren

---

[a] Sicher wollen einige dort aktive Sucher Guttenberg auch möglichst viel anhängen und entscheiden sich im Zweifel für die härtere Auslegung. Doch die Masse ihrer Funde zeigt: Hohen wissenschaftlichen Standards genügt das Werk des ehemaligen Verteidigungsministers eher nicht.

Bürgern dennoch erfüllte Leben. Staaten, die ihre Bevölkerung einmauern oder Weltkriege vom Zaun brechen, tun dies nicht. So sehr wir uns über Guttenberg ärgern, es darf uns nicht verleiten, Hitler zu wählen.

Politische Lügen erstrecken sich auf einer breiten Bandbreite. Populisten bilden das Extrem.

Gefährliche Lügen und harmlose Flunkereien

*„Obwohl Psychopathen Gewissen und Mitgefühl fehlen,
überlisten sie Menschen besser als alle anderen."*

Anna Salter

Die Zuhörer des Vortrags spalten sich an diesem Tag in die gleichen drei Gruppen, die ich bei allen meiner Vorträge erlebe. Einige vergeben von Anfang an bei allen Lügen eine zehn. Sie haben sich geärgert. Sie wollen nicht belogen werden. Verständlich. Die Beispiele Hitlers und Ulbrichts zeigen ihnen, damit voreilig zu handeln: Die meisten von uns wären froh, hätten beide nur über Doktorarbeiten oder Affären gelogen. Diese Zuhörer brauchen ein Werkzeug, das sie daran erinnert.

Andere richten Bewertungen nach Parteizugehörigkeit oder Geschlecht. Seehofers Affäre erzürnt sie, John F. Kennedys Lotterleben nehmen sie hin. Sie lassen Sozialdemokraten Flunkereien durchgehen, Unionspolitikern nicht - oder umgekehrt. Sie brauchen ein Werkzeug für sachlichere Entscheidungen.

Die dritte Gruppe ordnet von Anfang an ein. Für Affären und falsche Doktorarbeiten vergeben sie höchstens eine fünf. Die zehn halten sie instinktiv für Hitler zurück. Sie brauchen ein Werkzeug, das ihre Intuition erklärt und sicher anwendbar macht.

Dieses Buch hilft allen drei Gruppen. Es macht politische Aussagen objektiv vergleichbar, unabhängig von Parteizugehörigkeit, Geschlecht und Sympathie. Es zeigt, welche Lügen Länder zerstören und welche nicht. Es erklärt, wie wir hilfreiche Politik durchsetzen. Das wichtigste Werkzeug: Populismus verstehen.

Einschränkend sei gesagt: Wer Populismus versteht, erkennt viele, aber nicht alle politischen Lügen. Als Bill Clinton behauptet, er habe nie mit Monica Lewinski geschlafen, schätzen Wähler unmöglich allein anhand seiner Aussage ein, ob er die Wahrheit sagt. Verkünden Politiker vorbereitete Aussagen zu abgegrenzten Themen, weiß niemand, wer lügt. Auch ob Karl-Theodor zu Guttenberg bei seiner Doktorarbeit betrog, verraten nicht seine

Aussagen im Spiegel. Das mussten Experten herausfinden.

Das taten sie auch. Polizisten, Akademiker und Journalisten entlarven kleinere politische Lügen seit Jahrhunderten. Diese Unwahrheiten ärgern uns. Doch die Welt meistert sie. Ein falscher Doktortitel löst keinen Weltkrieg aus.

Gleiches gilt für innerparteiliche Streitigkeiten. Stärkt ein Kanzler seinem angeschlagenen Minister den Rücken, erkennen Wähler kaum, ob er sich auf dessen Absetzung vorbereitet. Sie müssen es aber auch nicht: Sie erfahren die Wahrheit innerhalb weniger Wochen. Ähnliches geschieht in jedem Büro.

Schlimmere Folgen schaffen Lügen, die weder Polizei noch Experten endgültig aufklären. Als Hitler behauptete, die Welt blute Deutschland aus, mussten Wähler seine Worte selbst einschätzen, ohne Hilfe. Weil sie das falsch taten, starben Millionen Menschen. Von Putins Bedrohungserfindungen bis Verschwörungstheorien um Corona-Impfungen: Populismus gefährdet Leben. Vermeiden wir ihn, bleiben nur bewältigbare Politikerlügen.

Wer Populismus versteht, erkennt nicht alle Politikerlügen. Aber er erkennt die, die er erkennen muss.

Das Gegenmittel: Lebenserwartung statt OP-Reinigung

"Gute Menschen begegnen der Welt mit Offenheit.
Sie vertrauen auch unsicheren Dingen außerhalb ihrer Kontrolle."

Martha Nussbaum

Beim Einordnen von Politikerlügen hilft uns der Vergleich zur Medizin. Wer täglich brav Vollkornbrot isst, verlängert sein Leben um Minuten oder Tage. Wer Zigaretten, Alkohol und Übergewicht vermeidet, verlängert es um Jahre. Wer aus Ärger über kleine Lügen Populisten wählt, verhält sich ähnlich unklug, wie jemand, der, vom ständigen Vollkornbrot gelangweilt, raucht und trinkt.[a]

Erfolgreiche Gesellschaften entstehen wie gesunde Leben: Große Risiken vermeiden, der Rest ergibt sich. Populismus bildet das größte Risiko. Solange wir ihn weitgehend aus der Politik verbannen, entscheiden wir zwischen Vollkorn- und Mischbrot. Populismus ist die Heroinsucht.

---

[a] Vollkornbrot bringt viele Gesundheitsvorteile, die nicht direkt die Lebenserwartung steigern und die ich nicht infrage stellen will: bessere Verdauung, längere Sättigung und daher oft niedrige Kalorienaufnahme. Zur Verdeutlichung begrenze ich das Beispiel nur auf die Lebenserwartung. Ich rate davon unabhängig jedem zum Vollkornbrot.

Einige Wähler verfallen Populisten, weil sie über Politik nachdenken, wie über die Säuberung eines OP-Saals: „Jeder Dreck muss raus." Populisten versprechen diese Grundreinigung nach Lügen wie denen Guttenbergs oder Clintons. Einige Menschen überzeugt das.

In Wahrheit verbreiten diese Populisten die größte Unehrlichkeit von allen: Unehrlichkeit auszulöschen. Das kann niemand. Wo Menschen arbeiten, entstehen Dreck und Lügen. In jedem OP-Saal verbleiben Keime. In allen Staaten arbeiten einige lügende Politiker. Das beweist nicht die generelle Verlogenheit ihrer Systeme.

Funktioniert ein politisches System nur mit perfekten Menschen, funktioniert es nie. Hilfreiche Staaten dienen ihren Menschen nicht wegen der moralischen Reinheit ihrer Politiker, sondern trotz deren Schwächen.

Hilfreiche Staaten spielen die Schwächen ihrer Politiker gegeneinander aus. Sie teilen die Macht auf, schaffen Kontrollmechanismen und lassen Bürger ihre Rechte einklagen. Erfolgshungrige Politiker kommen nur voran, indem sie andere erfolgshungrige Politiker hinterfragen, überprüfen und bessere Ideen vorlegen. Unabhängige Medien schauen Machthabern auf die Finger. Gerichte ahnden Verstöße. Das klappt nie perfekt. Klappt es aber gut genug, schafft es eine Umgebung wie im amerikanischen Nogales.

Auch in Demokratien lügen Politiker, bilden Seilschaften und tun Verbotenes. Dank der Kontrolle durch Opposition, Gerichte und Medien kommen diese Verfehlungen aber eher ans Licht als in anderen Systemen. Deswegen bleiben sie seltener. Populisten wollen Kontrollen ausschalten. Dadurch erheben sie Lügen, Seilschaften und schlechte Entscheidungen zum Grundprinzip. Eher das mexikanische Nogales als das amerikanische.

Charlie Munger – beim Erscheinen dieses Buchs 99 Jahre alt –, sagt gerne, wir erliegen der Versuchung, Politiker für viel unfähiger zu halten als ihre Vorgänger: „Dabei vergessen wir, wie unfähig Politiker früher waren." Dem stimme ich zu. In dieser Hinsicht ist die Politik wie der eigene Beruf: Wer hofft, andere lieferten perfekte Arbeit nach höchsten moralischen Ansprüchen, frustriert sich und seine Chefs. Wer menschliche Schwächen einplant, schafft keine Perfektion, aber die beste aller möglichen Lösungen. Über Jahrzehnte schafft er deutlich mehr Wohlstand als jemand, der ständig an unrealistischen Erwartungen scheitert. Lieber erflunkerte Doktorarbeiten als Weltkrieg und Mauerbau.

Populisten behaupten, weil alle Politiker gelegentlich lügen, seien ihre eigenen Erfindungen nichts Besonderes. Das stimmt nicht. Populisten vernichten Wohlstand und zerstören die Gesellschaft statt Fußnoten auszulassen. Zu hilfreichen Politikern verhalten sie sich wie Psychopathen zu Durchschnittsbürgern: Jeder lügt gelegentlich. Psychopathen und Populisten schaden anderen rücksichtslos.

Mit dieser Erkenntnis ordnen wir die Selbstverharmlosungen von Populisten besser ein. Widmen wir uns also den schädlichsten Formen politischer Lügen. Im nächsten Kapitel erkennen wir den Trick, der die Grundlage jedes Populismus bildet.

Fazit

1. Alle Politiker lügen gelegentlich – wie alle Menschen.
2. Die Bandbreite politischer Lügen ist groß. Viele bleiben unbedeutend. Andere führen in die Katastrophe.
3. Wähler erreichen ihre Ziele, indem sie gefährliche Lügen erkennen und vermeiden. Sie erreichen sie nicht, wenn sie aus Ärger über einen kleinen Flunkerer große Lügner wählen.

Lesetipps

Walter Ötsch und Nina Horaczek: Populismus für Anfänger: Anleitung zur Volksverführung
Eine unterhaltsame Anleitung zu den Techniken, mit denen Populisten die Welt in *wir* und *die Anderen* spalten. Das ideale Buch für alle, die mehr über die Techniken besonders schädlicher Politiker erfahren wollen.
Link: https://amzn.to/3PwQ2VD

Kapitel 4: Warum Populisten allen schaden

Endsieg, Weltrevolution und gewinnen bis zum Umfallen

Populismus ist wie Drogensucht:
Er lockt uns mit kurzfristigen Versprechen ins Verderben.

„Wir glauben, so fortschrittlich zu sein. Folterungen von Ketzern, Hexenverbrennungen halten wir für Geschichte. Und dann, bevor man sich versieht, droht plötzlich alles wieder von vorne anzufangen.“

Jean-Luc Picard

Donald Trump ist nach St. Charles im US-Bundesstaat Missouri gekommen, um den Menschen zu verweigern, was er angeblich für ihren größten Wunsch hält. Es ist Ende November 2017. Hinter dem Präsidenten kündigen vier Weihnachtsbäume die Feiertage an. Vor seinem Podium jubeln hunderte Anhänger. Trump ist kein Jahr Präsident, aber schon wieder im Wahlkampfmodus. Er setzt auf Populismus in Reinkultur.

Trump hebt die rechte Hand und grinst. Zählen Sie, wie oft er in dem, was er dann sagt, vom Gewinnen spricht:

„Wenn wir wollen, dass Amerika im 21. Jahrhundert gedeiht, müssen wir aufhören, vor den Wettbewerbern wegzurennen. Stattdessen müssen wir anfangen total zu gewinnen und zu gewinnen und wieder zu gewinnen. Wissen Sie noch, als ich gesagt habe: ‚Wir werden so viel gewinnen, wir werden gewinnen, dass die Menschen in Missouri zu ihrem Gouverneur gehen werden, und sie werden sagen: ‚Gouverneur, bitte gehen Sie zum Präsidenten. Wir halten es nicht mehr aus, so viel zu gewinnen.‘ Wissen Sie noch? Das habe ich immer gesagt. Stimmt's? Ich habe das immer gesagt, und das ist, was passiert. Das ist was passiert. Und dann wird der Gouverneur in dieses schöne, historische Oval Office kommen und er wird zu mir sagen: ‚Mister Präsident, die Menschen in Missouri halten das viele Gewinnen nicht aus. Sie wollen nicht so viel gewinnen. Sie lieben die alte Art, wo sie schlechte Jobzahlen, schlechte Wirtschaftszahlen, schlechtes Alles hatten. Das haben sie geliebt. Bitte Mister Präsident, bitte nicht.‘ Und ich werde sagen: ‚Es ist mir egal, was sie in Missouri

sagen. Wir werden weiter gewinnen und gewinnen und gewinnen und gewinnen.' Wisst ihr noch?"[29]

Trump verwendet das Populismus-Grundmuster in Reinform: Wo Hitler vom Endsieg sprach, Stalin von der Weltrevolution und Putin vom Sieg über den Westen, zwängt auch Trump die Welt ins Gewinnen-oder-Verlieren-Schema.

Trump kritisiert sein Feindbild – die Demokraten und Amtsvorgänger Barack Obama – nicht wegen konkreter Maßnahmen. Er sagt nicht: „Hättet ihr vor fünf Jahren die Mehrwertsteuer gesenkt, ginge es der Autoindustrie besser." Oder: „Hättet ihr vor vier Jahren mehr für Infrastruktur ausgegeben, sparten wir uns heute Milliarden für Brückensanierungen."

Trump beschimpft Obama und die Demokraten als „alte Art", die nicht gewinnen will. Andere Populisten äußern diesen Vorwurf selten so deutlich wie er. Dennoch bildet er den Kern jedes Populismus.

Für Trump besteht die Welt aus Gewinnern und Verlierern. Die USA sollten alles tun, Gewinner zu sein. Dass Obama und die Demokraten nicht in diesem Schema denken, beweise ihre Schwäche. Sie seien zu feige und korrupt, um für Amerika gewinnen zu wollen.

Seinen Zuhörern verspricht Trump, zu gewinnen, bis sie ihn anbetteln, mit dem Gewinnen aufzuhören. Denn, so die Botschaft, wenn das Land endlich gewinnt, wird alles besser – Wirtschaft, Arbeitsplätze, Lebensglück.

So einfach ist es leider nicht.

Was Trump in Missouri sagt und in ähnlicher Form ständig wiederholt, trifft eine politische Kernfrage: Sehen wir die Welt eher als Kampf jeder gegen jeden, in dem nur einer gewinnt und wir alles tun müssen, dieser eine zu sein? Oder sehen wir die Welt eher als Ort der Zusammenarbeit, in dem alle gemeinsam gewinnen oder verlieren?

Unsere Antwort entscheidet, wie wir uns politisch verhalten. Denken Sie an Mahatma Gandhi, Martin Luther King Jr. und Nelson Mandela auf der einen Seite, Adolf Hitler, Wladimir Putin und Mao Zedong auf der anderen. Die erste Gruppe veränderte die Welt und verbesserte die Leben von Millionen Menschen. Die zweite schuf Leid, das wir seitdem ausbessern. Warum?

Den ersten Erklärungsschritt kennen wir: Populisten predigen Feindbilder und im Kampf gegen Feindbilder geschieht Schreckliches. Doch gehen wir einen Schritt tiefer: Warum predigen Populisten Feindbilder? Wieso braucht das Denken von Hitler, Putin und Trump Bedrohungen, während Bürgerrechtler wie Gandhi und King ihren Anhängern Feindbilder ausreden?

Die Antworten auf diese Fragen entspringen unserer Politikeinstellung:

- Sehen wir die Welt als Kampf jeder gegen jeden, sehen wir Feinde, die wir vernichten wollen. Das Ergebnis ist Nullsummen-Denken: Der Gewinn des einen ist der Verlust des anderen. Die Frage lautet: Wen besiegen wir? Die Antwort erfordert ein Feindbild.

- Sehen wir die Welt als gemeinsamen Sieg oder Niederlage, streben wir nach Einigung und Lösungen für alle. Die Frage lautet, wie wir den Kuchen vergrößern statt uns ein größeres Stück sichern. Die Antwort funktioniert nur ohne Feindbilder und Nullsummen-Denken.

Gandhi und King verabscheuten Feindbilder, weil sie nach Einigungen und Lösungen für alle suchten. Populisten bauen Feindbilder auf, um ihren Anhängern die Welt als Kampf einzureden, in der der Gewinn des Einen der Verlust des Anderen ist. Nullsummendenken nimmt nur als Vorteil wahr, was anderen schadet. Gemeinsamen Nutzen und Schaden schließt es aus.

Die Probleme von Nullsummendenken zeigen gescheiterte Diktatoren: Wer andere besiegen will, trifft auf Gegenwehr. Dieser Streit schmälert den Kuchen für alle – Stichwort DDR – oder vernichtet ihn – Stichwort Deutschland 1945.

Populisten stellen die Welt als Nullsummenspiel dar, in der der eine nur gewinnen kann, was der andere verliert. Feindbilder liefern ihnen dafür die Rechtfertigung.

Bleibt die Frage, warum Populisten Nullsummendenken trotz dieser Probleme predigen. Warum nicht auf anderen Wegen inhaltlos Beliebtheit zu erschleichen. Die Antwort beginnt mit zwei Beispielen aus dem Sport.

Die Nationalelf, Chad Fleischer und volles Risiko

"Sie rechtfertigen Grausamkeiten nicht, indem sie behaupten, sie dienten einem großen Ziel."

Jean-Luc Picard

Im letzten Vorrundenspiel der deutschen Fußball-Nationalmannschaft bei der Weltmeisterschaft 2018 in Russland setzt Manuel Neuer in der 93. Minute alles auf eine Karte. Für den Einzug ins Achtelfinale braucht die Elf von Jogi Löw gegen Südkorea einen Sieg. Soeben hat Kim Young-Gwon den Ball ins Tor der Deutschen gedroschen. 1:0 für Südkorea. „Das war's", hat Béla Réthy für die Fernseherzuschauer kommentiert.

Dann zieht Réthy die Folgerung, die auch Neuer in die Offensive treibt: Deutschland hat nichts zu verlieren. „Egal, ob du das 2:0 oder 3:0 kriegst – alle Mann nach vorne."

Neuer rückt auf. Weit in der Hälfte der Südkoreaner verliert er den Ball. Sein Gegenspieler schlägt ihn nach vorne, Son Heung-Min sprintet hinterher und schiebt ihn ins leere Tor. 2:0. Deutschland scheidet aus, erstmals in einer WM-Vorrunde. Eine Tragödie für den DFB, besiegelt durch den Sturmlauf seines Torhüters.

Trotzdem macht niemand Neuer Vorwürfe. Sportler, die kurz vor Spielende zurückliegen, müssen alles riskieren. Eishockeymannschaften tauschen Torhüter gegen Feldspieler, Basketballer versuchen Körbe übers halbe Spielfeld. Hätte Neuer in der 93. Minute nicht alles auf eine Karte gesetzt, Deutschland hätte ihm vorgeworfen, die Grundlagen nicht verstanden zu haben. So wie Trump es Obama und den Demokraten vorwirft.

Wer die Gewinnen-um-jeden-Preis-Taktik vom Sport kennt, versteht Trumps Vorwurf. Auch die Beförderung auf der Arbeit oder das Werben um unseren Traumpartner wollen wir lieber gewinnen als verlieren. Wir lernen: Gewinnen ist gut, Nullsummendenken ist richtig. Also sollten wir auch in der Politik gewinnen, richtig?

Dieser naheliegende Schluss bildet den Kern jedes Populismus. Und er verurteilt ihn zum Scheitern. Warum erklärt ein fürchterlicher Ski-Unfall.

Als der Fahrtwind bei 140 Stundenkilometern unter Chad Fleischers Skier greift, erkennt der Amerikaner, womöglich gleich zu sterben. Es ist der 13. Januar 1995, ein Freitag. Der zweifache amerikanische Meister im Abfahrtslauf hat sich gerade die Streif in Kitzbühel hinabgestürzt, einer der gefährlichsten Abfahrten der Welt. Er ist 23 Jahre alt, hat Talent. Im Weltcup fehlt ihm aber ein Platz auf dem Podium zum Durchbruch. Bis vor wenigen Augenblicken glaubte er, heute ändere er das.

„Ich war in allen Trainingsläufen schnell", erinnert sich Fleischer später in einem Interview.[30] „Als ich mich aus dem Starthäuschen drückte, wusste ich, dass ich das Rennen gewinne."

Lange behält Fleischer auf seinem Streif-Ritt recht: Er prescht den steilsten Starthang im Weltcup hinab, fliegt gut 50 Meter weit in die Mausefalle. Er schießt durch 85-Prozent-Gefälle, hält in der Kompression das Zehnfache seines Körpergewichts aus. 3000 Meter lang macht der Amerikaner auf einer der schwersten Strecken der Welt alles richtig.

Seinen größten Trick hebt sich Fleischer für den Zielsprung auf. Nach Zielschuss und kurzem Anstieg fliegen die Fahrer hier 80 Meter weit.

Für Fleischer zu langsam. Er will nicht sekundenlang segeln und Geschwindigkeit verlieren. Er will vor der Kante abheben, dahinter aufsetzen und sofort ins Tal beschleunigen. Später sagt er: „Das hatte noch niemand gemacht. Mit gutem Grund."

Als Fleischer den Anstieg vor dem Sprung hinaufrast, kennt er das Risiko. Für den Sieg setzt er alles auf eine Karte.

Bei rund 140 Stundenkilometern springt Fleischer hoch. Als seine Skier einige Zentimeter abheben, dreht der Fahrtwind den Amerikaner auf den Rücken. Der Hang fällt, Fleischer schießt mit Höchstgeschwindigkeit geradeaus. Gut fünf Meter über dem Boden denkt er: „Mist. Du wirst dir das Genick brechen." Einen Sekundenbruchteil später schlägt er auf dem harten Schnee auf.

Fleischer hat Glück: Sein Rücken landet flach und gerade. Die Energie verteilt sich, er bleibt unverletzt. Rutscht er ruhig weiter, steht er wohl beim nächsten Rennen am Start.

Dazu kommt es nicht. Als Fleischer mit noch immer gut 100 Stundenkilometern den Hang hinabschlittert, merkt er, wie die Reste seines linken Skis noch an seinem Fuß hängen. Der rechte ist aus der Bindung geflogen. Doch die Regeln fordern nur einen Ski für den Zieleinlauf.

Wieder riskiert Fleischer alles. Er versucht aufzustehen und weiterzufahren. Vielleicht, hofft er, reicht die Zeit für den Sieg.

Fleischer setzt den linken Fuß auf den Boden. Der Rest des Skis fällt ab. Die Bindung bleibt am Fuß, gräbt sich in den Schnee und hält Fleischers Bein fest. Sein Oberkörper schlittert weiter.

Die Spannung zerreißt die Bänder in Fleischers Knie, rammt seinen Oberschenkelknochen ins Becken.

Einige Meter später kommt er zum Stillstand, steht auf und verbeugt sich. „Es war der Lauf aller Läufe", sagt er später mit einem Lächeln. „Im Abfahrtslauf wird man für zwei Dinge bekannt: große Siege oder große Stürze. Das war einer der großen Stürze. Das ist okay für mich."

Ein großer Sieg wäre ihm wohl lieber gewesen. Da liegt das Problem.

Volles Risiko und unausgesprochene Einschränkungen

"Lass kurzfristige Versuchungen nicht den Weg zu langfristigen Zielen verstellen."

Curtis Martin

Die Geschichte Fleischers gleicht auf den ersten Blick der Geschichte der Nationalelf. Als der Gestürzte die Streif hinabschlittert, hat er verloren. Schlimmer kann es nicht kommen. Also riskiert er alles. Wie Manuel Neuer, als er zum Angriff übergeht.

In beiden Fällen scheitert der Versuch: Die Nationalelf verliert höher. Fleischer kommt nicht auf die Beine. Am Ergebnis des Tages änderte das nichts.

Hier enden die Gemeinsamkeiten.

Am Tag nach ihrer Niederlage hören die deutschen Spieler viel Spott. Die Nation ist enttäuscht, die Fans entsetzt, die Experten haben es gewusst. Doch dann beginnt die neue Saison. Manuel Neuer gewinnt mit dem FC Bayern die

Meisterschaft. Mittelfeld-Motor Marco Reus schießt für Borussia Dortmund 17 Tore. Neue Erfolge verdrängen alte Blamagen.

Fleischer erwarten nach seinem Sturz Pause, Reha, Fitnessrückstand. Als er wieder auf Skier steigt, ist er außer Form. Er gewinnt nie ein Weltcup-Rennen. Statt den großen Durchbruch bringt ihm die Streif den Karriereknick.

Ob Fleischer ohne Horrorcrash ein Rennen gewonnen hätte, weiß niemand. Klar ist: Sein Sprung kostete ihn mehr als diesen einen Sieg. Die Niederlage bestand in den Bändern und Knochen seines Körpers fort, nicht nur in den Köpfen seiner Fans. Daher überwand er sie nie.

Hier liegt der Unterschied: Die Nationalmannschaft wagte ein weiteres Gegentor und ein leicht schlechteres Ergebnis in einem ohnehin verlorenen Spiel. Fleischer riskierte sein Leben.

„Alles für den Sieg wagen" bedeutet häufig völlig verschiedene Dinge. Nur riskieren, was wir in diesem Spiel verlieren können, oder auch Dinge die darüber hinausgehen – Gesundheit, Freundschaften, Vertrauen?

Diese Erkenntnis verbessert unser Populismus-Verständnis, weil wir diese Unterschiede im Alltag ausblenden. Weist ein Jugendtrainer seine Spieler an, alles für den Sieg zu wagen, erwartet er von ihnen, weder ihre Leben noch das der Gegner zu riskieren. Befiehlt ein General im Krieg, um jeden Preis einen Hügel zu erobern, spricht auch er von „vollem Risiko", meint aber etwas anderes. Keiner von beiden erklärt die Grenzen seiner Aufforderung. Soldaten und Spieler verstehen sie dennoch.

Weil wir die Barrieren unseres Gewinneifers meist unausgesprochen kennen, vergessen wir, dass es sie gibt. Meist leitet uns unser Gefühl richtig. Manchmal treffen wir schlechte Entscheidungen. Wie Fleischer auf der Streif, verrennen wir uns in kurzfristige Erfolge und übersehen langfristig größere Niederlagen. Wer schon einmal für fünf Minuten Zeitersparnis einen Autounfall riskiert hat oder für den Sieg in einem Streit die Zukunft einer Beziehung, kennt den Denkfehler.

Als Donald Trump in Missouri gebetsmühlenartig vom Gewinnen spricht, will er seine Anhänger zum gleichen Fehler verleiten. Warum, erklärt ein Yale-Professor, der Studenten in einem heimtückischen Spiel gegeneinander antreten lässt.

Weil wir die Grenzen unseres Gewinnstrebens im Alltag ausblenden, übersehen wir sie auch in der Politik. Wir übersehen, wie weit Populisten bereit sind zu gehen. Wir meinen, sie beachten die Grenzen eines Jugendtrainers, doch sie handeln wie ein General. Meist erkennen wir unseren Fehler erst beim nächsten Mauerbau, Holocaust oder Kapitol-Sturm.

New York, New Jersey und ein fieses Spiel

„Nur Idioten führen Kämpfe, von denen sie wissen, dass sie sie verlieren."

Unbekannt

Ben Polak läuft durch die Gänge seines Hörsaals und freut sich über das Drama, das er ausgelöst hat. Der Wirtschaftsprofessor der amerikanischen Yale-Universität hat zwei Studenten gefunden, die sich ohne Rücksicht auf Verluste bekämpfen. „Puh", schnauft er. „An der Ostküste findet man die Draufgänger."[31]

Polak hat Kirsten aus New Jersey und Andy aus New York in ein Spiel gelockt, indem sich beide unkluger verhalten als Chad Fleischer auf der Streif. Die Regeln: Polak fragt in jeder Runde: „Wollt ihr weiterspielen oder aussteigen?" Spielen beide, verlieren beide 75 Cent. Spielt nur einer, gewinnt er einen Dollar. Aussteigen kostet nichts. Steigen beide aus, endet das Spiel.

Wer jetzt denkt „Sinnlose Regeln!", erkennt Polaks Botschaft. Das Spiel ist langweilig. Teilnehmer können nur verlieren. Schon nach der zweiten Runde übersteigt der Einsatz (zweimal 0,75 Dollar, also 1,50 Dollar) den möglichen Gewinn (ein Dollar). Vor Kirsten und Andy ließ sich darauf vernünftigerweise kein Student ein.

Kirsten und Andy denken aber nicht vernünftig. Sie wollen unbedingt gewinnen.

Kirstens Heimat New Jersey und Andys Heimat New York sind Nachbarn und Erzrivalen, wie Borussia Dortmund und Schalke 04. Die New Yorker lachen über die angeblich prolligen Hinterwäldler aus New Jersey. Die Einwohner von New Jersey reißen Witze über die angeblich arroganten New Yorker. Bei einem Eishockey-Spiel der New York Rangers gegen die New Jersey Devils prügelten sich die Spieler sofort nach dem Anpfiff, bis Blutspuren das Eis überzogen. Treten New Jersey und New York gegeneinander an, geht es immer um *mehr*. Auch für Kirsten und Andy.

Polak beginnt das Spiel. Runde eins: beide spielen. Runde zwei: beide spielen. Runde drei: beide spielen. Vor Runde vier haben beide 2,25 Dollar verloren und gewinnen höchstens einen Dollar. Trotzdem spielen sie weiter.

„Ich kann New Jersey nicht gewinnen lassen", sagt Andy. „Es ist einfach New Yorker Stolz." Kirsten lacht und sagt: „Ich werde weiterkämpfen. Du gibst besser auf." Polak startet Runde fünf. Wieder spielen beide. Der Professor beendet das Duell.

Die Erkenntnis: Einige Studenten treffen in Polaks Spiel die offensichtlich richtige Entscheidung und steigen früh aus. Andere häufen Verluste an.

Warum? Wieso schaden sich intelligente Menschen freudig selbst? Die Antwort auf diese Frage erklärt, wieso Populisten wie Trump ihre Anhänger aufs Gewinnen einschwören.

Polak beschreibt es so: Kirsten und Andy blenden den Preis des Spiels aus. Ob sie für den Sieg einen oder eine Million Dollar erhalten, ändert nichts an ihrem Verhalten. Sie ignorieren Prämie und Risiko. Für sie geht es ums Gewinnen an sich.

Fast jeder kennt das Sprichwort: „Wer kämpft kann verlieren. Wer nicht kämpft, hat schon verloren." Das mag auf die letzten Minuten eines Fußballspiels zutreffen. Das Leben kennt jedoch auch viele Situationen, in denen jeder, der kämpft, verliert, weil er kämpft. Unerreichbare Partner, unerreichbare Jobs, unerreichbare Hoffnungen. In solchen Fällen gewinnt, wer seine Energie für klügere Ziele spart.

Kirsten und Andy handeln, als hätten sie keine Zukunft. Wie Fleischer denken sie, hier und jetzt gewinnen zu müssen.

Das verstellt ihnen den Blick aufs Offensichtliche: Entscheidet ein Hörsaal-Spiel den Kampf New Jersey gegen New York? Entscheidet ihn überhaupt jemand?[a] Ist er wichtig?

Die Antwort lautet in allen Fällen: „*Nein*". Der Kampf New York gegen New Jersey ist so alt wie die Bundesstaaten. Selbst wenn jemand heute New Jersey als „besser" beweist, bliebe das eine Momentaufnahme. In zehn oder 20 Jahren sieht alles anders aus.

Der Kampf New Jersey gegen New York ist weder Schachspiel noch Monopoly. Ihm fehlen klare Regeln und Ziele. Niemand wird ihn je gewinnen. Er bleibt endlos.

Weil Kirsten und Andy in einem ungewinnbaren Kampf alles für einen Sieg riskieren, verlieren beide. Sie opfern langfristige Ziele leeren Versprechen.

Das Spiel zeigt, was außerhalb des Hörsaals täglich passiert: Menschen opfern für unüberlegtes Gewinnstreben mehr, als sie je gewinnen können. Sportler zerstören für scheinbar einmalige Gelegenheiten ihre Gesundheit. Unglücklich Verliebte ruinieren für vermeintlich ideale Partner ihre Leben. Wähler unterstützen Populisten, als löse deren Wahlsieg alle Probleme. Der

---

[a] Im Scherz würde ich an dieser Stelle anfügen: Sollte der Kampf New Jersey gegen New York zu entscheiden sein, hat ihn die Tatsache, dass Bruce Springsteen aus New Jersey stammt, längst entschieden. Besser geht's nicht.

Glauben an unerreichbare Endsiege verleitet uns ständig zu schlechten Entscheidungen.

Verständlich. Unsicherheiten in wichtigen Lebensbereichen wie Liebe, Karriere und Politik belasten uns. Wir wollen sie abschütteln. „Her mit dem Traumpartner! Danach Party und Sonnenschein." Dieser Denkfehler unterläuft fast jedem. Fast jeder lernt auf dem harten Weg das Gegenteil.

In der Politik kostet der harte Weg Menschenleben. Wir sollten ihn nicht wiederholen.

Wer sich zu stark auf kurzfristige Erfolge konzentriert, übersieht langfristige Folgen. Dadurch verliert er jetzt oft mehr, als er je gewinnen kann – falls er überhaupt gewinnen kann.

Professoren wie Ben Polak helfen uns, hilfreicher über Politik nachzudenken.

Die Zukunft, der Weg dorthin und endlose Spiele

„Wir sind jetzt verantwortlich für das, was in der Zukunft geschieht."

Karl Popper

Polak erklärt den Unterschied zwischen Populisten und hilfreichen Politikern mit einem einzigen Satz: „Es gibt endliche und unendliche Spiele." Dieser Satz – einer der wichtigsten Sätze, die Menschen verstehen können – erklärt Populismus und viele Alltagsfehler. Entpacken wir ihn.

Spieltheoretiker[a] wie Polak beschrieben den Unterschied zwischen einem Fußballspiel und einer Karriere, zwischen einem Skirennen und dem Kampf New York gegen New Jersey, indem sie diese in *endliche* und *unendliche* Spiele unterteilen.

Fußballspiele und Skirennen sind *endliche Spiele*; Schach und Monopoly auch. Endliche Spiele…

- legen eindeutige Regeln und Mitspieler fest,
- besitzen klaren Anfang und klares Ende (deswegen der Name „endlich"), und
- schaffen klare Sieger und Verlierer.

---

[a] Die Spieltheorie ist einer der einflussreichsten Bereiche unserer Zeit: Kennen Sie Jogging-Apps fürs Handy, in denen Nutzer mit ihren Freunden um die meisten gelaufenen Kilometer wetteifern? Diese Funktionen sind ebenso eine Folge der Spieltheorie wie Bilder teerschwarzer Lungen auf Zigarettenpackungen und Nährwert-Ampeln auf Lebensmitteln.

Endliche Spiele sind, was wir umgangssprachlich unter Spielen verstehen.

Professoren wie Polak denken aber auch über Karrieren, Wirtschaft und Liebesbeziehungen im Sinne eines Spiels nach. Jeder Schachspieler weiß, bei der Eröffnung die Feldmitte besetzen zu müssen. Spieltheoretiker entschlüsseln für alle Lebenslagen ähnlich hilfreiche Ratschläge.

Dazu bezeichnen sie Politik, Beziehungen und Wirtschaft als *unendliche Spiele*. Unendlichen Spielen fehlen klare Regeln und klar festgelegte Mitspieler, klarer Anfang und klares Ende. Deswegen kann sie niemand gewinnen.

- Niemand gewinnt die Wirtschaft endgültig. Egal wie unangreifbar die Marktposition eines Unternehmens scheint, irgendwann übernimmt sie ein Konkurrent.
- Nichts sichert Liebe ewig. Beziehungen erfordern täglichen Einsatz.
- Niemand kann die Politik gewinnen. Es entstehen ständig neue Probleme. Die Dampfmaschine entriss die Menschheit der Armut, legte aber den Grundstein für den Klimawandel. Weil das niemand absehen konnte, konnte es kein politisches System und kein Politiker verhindern. Wir können nur die Folgen lösen. Ähnlich werden immer neue Probleme auftreten. Ein Sieg bleibt unmöglich.

In unendlichen Spielen können Gegenspieler nur selbst aufgeben – zum Beispiel, indem sich ein Unternehmen aus einem Markt zurückzieht. Gleichzeitig steigen stetig neue Spieler ein, indem andere Firmen in den Markt drängen. Ein endgültiger Gewinner steht *nie* fest.

Lebensbereiche, die keinen Schlusspfiff kennen, kennen auch keine Sieger. Wer sie dennoch gewinnen will, jagt Unerreichbares.

Weil sich endliche und unendliche Spiele stark unterscheiden, erfordern sie unterschiedliche Strategien. Wer eine Beziehung wie eine Partie Monopoly angeht, scheitert.

Endliche Spiele sind Nullsummenspiele: Gewinnt ein Spieler oder eine Mannschaft, verlieren die anderen. Nullsummenspiele erfordern kurzfristige Strategien: Hier und jetzt gewinnen. Gute Spieler verstehen, wie lange ein Spiel dauert, und verbessern ständig ihre Siegchancen. Notfalls schicken Fußballmannschaften den Torhüter zum Angriff.

Unendliche Spiele laufen anders. Am Ende des Ersten Weltkriegs ging es allen beteiligten Ländern schlechter als vorher. Am Ende des Zweiten Weltkriegs genauso; nach dem Ukraine-Krieg wird es ebenfalls so sein. Ein Atomkrieg könnte die Menschheit vernichten. Während am Ende eines Bundesliga- oder Monopoly-Spiels immer jemand gewinnt, können in unendlichen Spielen wie der Politik alle verlieren.[a]

In unendlichen Spielen können auch alle gewinnen: Verbietet eine Gesellschaft Stehlen und Morden, verbessert sie das Leben aller Mitglieder. Befriedet die EU Europa, nutzt das allen.

In unendlichen Spielen quälen uns die Folgen schlechter Entscheidungen mitunter auf Jahrzehnte. Ohne Neustart-Option müssen wir Suppen, die wir uns einbrocken, auslöffeln, so schmerzhaft es sein mag. Das macht gute Entscheidungen so wichtig.

In der Politik geht es nicht darum, jemanden zu besiegen. Es geht darum, Lösungen zu finden, von denen alle profitieren. Am Ende gewinnen alle oder keiner. Immer.

Diese Denkweise erfordert langfristige Strategien statt kurzfristiges Siegstreben. Dauerthemen verwalten, so gut es geht, statt gewinnen wollen. Was heute passiert, bleibt morgen wichtig. Gutes wirkt nach, Schlechtes belastet.[b]

In unendlichen Spielen verkommen Siegversprechen zum Trugschluss. Vertrauen, Liebe, Mitgefühl – was wir verspielen, ist weg. Wer alles riskiert, kann alles verlieren. Im Gegensatz zum Monopoly sind die Folgen morgen nicht vergessen. Sie bestehen schlimmstenfalls ewig. Siegstreben verleitet uns zu schlechten Entscheidungen.

Missachten wir diese Lehren und behandeln die Politik wie ein endliches Spiel, schaffen wir Probleme wie Fleischer, Kirsten und Andy. Polak würde sagen, wie spielen die falsche Strategie. Das misslingt wie die falsche Strategie beim Fußball:

- Wer in einem endlichen Spiel eine unendliche Strategie anwendet, riskiert zu wenig für den Sieg. Die deutsche Nationalelf hätte mit einer endlosen Strategie gegen Südkorea auf das Torverhältnis geachtet und wäre wehrlos in die Niederlage gesteuert.
- Wer in einem unendlichen Spiel eine endliche Strategie anwendet, riskiert zu viel für kurzfristige Erfolge. Ein Unternehmen, das alles in den Sieg über einen Konkurrenten investiert, steuert in die Pleite. Selbst wenn das

---

[a] Solange sich die Menschheit nicht auslöscht, bleibt keine Niederlage endgültig. Die Deutschen haben ihr Land wieder aufgebaut. Trotzdem ginge es ihnen besser, hätten sie nie einen Weltkrieg ausgelöst.
[b] Beispiel Familie: Eine glückliche Familie kennt weder klare Ziele noch Regeln. Es kommen stetig neue Mitspieler dazu – Freunde, Angehörige, Kinder –, andere gehen. Glückliche Familien finden für diese verschachtelten Beziehungen hilfreiche Ergebnisse. Aus jeder Situation das Beste machen. Alle Familienmitglieder jeden Tag überzeugen, im Spiel zu bleiben. Mehr geht nicht.

Vorhaben gelingt, fehlt der Firma das Geld, sich gegen andere Konkurrenten zu wehren.

Wer die falsche Strategie einsetzt, verliert. Scheinbar offensichtlich.

Das Beispiel Chad Fleischer zeigt, wie das Leben die Strategiewahl verkompliziert, indem es endliche und unendliche Spiele vermischt. Als Fleischer die Streif hinabrast, befindet er sich in einem Rennen, einem endlichen Spiel. Aus dieser Sicht muss er alles riskieren. Der Amerikaner befindet sich aber gleichzeitig in vielen unendlichen Spielen – Leben, Karriere, Beziehungen. Dafür braucht er Gesundheit und langfristige Strategien.

Fleischer muss, wie jeder von uns, mehrere Strategien sinnvoll vereinen. Viel wagen, aber niemals sein Leben riskieren, zum Beispiel. Weil er daran scheitert, stürzt er sich fast in den Tod.

Auch in Politik und anderen Lebensbereichen spielen Menschen falsche Strategien meist, weil sie gleichzeitige Ziele schlecht vereinen. Populisten wissen das. Mit Feindbildern verführen sie uns zu Fehlern, die ihnen dienen. Warum sie das tun, erklärt wieder das Beispiel Donald Trump.

Populisten nutzen Siegschema und Nullsummendenken, um uns langfristige Ziele vergessen zu lassen.

Gewinner, Verlierer und Fanatiker

„Schurken, die ihre Schnurrbärte zwirbeln, sind leicht zu erkennen. Diejenigen aber, die sich in gute Taten kleiden, sind hervorragend getarnt.“

Jean-Luc Picard

Gehen wir zurück zu Donald Trumps Wahlkampfauftritt in Missouri. Er steht auf der Bühne, hinter ihm wehen US-Fahnen, vor ihm jubeln Anhänger. Er sagt, die USA müssten „anfangen total zu gewinnen und zu gewinnen und wieder zu gewinnen". Nach allem, was wir nun wissen, ein sinnloser Satz. Niemand kann die Politik gewinnen.

Die Erklärung, warum Trump den Satz trotzdem sagt, beginnt mit dem Grunddilemma jeder Demokratie:

- Die Politik ist ein unendliches Spiel: Ressourcen sinnvoll verwalten, langfristige Ziele.
- Eine Wahl ist ein endliches Spiel: klare Regeln, klare Sieger, kurzfristige Ziele.

Wähler und Politiker vereinen bei Wahlen endliche und unendliche Ziele. Tun sie das sinnvoll, setzen sie sich bei jeder Abstimmung für ihren Favoriten ein. Sie vermeiden aber Gewalt, feinden niemanden an, stürmen kein Kapitol. Politiker bleiben für sie Werkzeuge, um Ziele durchsetzen. Mehr nicht.

Politiker sehen die Welt anders. Ein Wahlsieg bringt ihnen Ansehen, Altersvorsorge, Einfluss. Eine Niederlage zwingt sie zum Neuanfang. Ihnen bedeutet ein Wahlsieg mehr als den Wählern.

Hilfreiche Politiker akzeptieren dieses Berufsdilemma. Sie gestehen Niederlagen ein und unterwerfen sich dem Wählerwillen.

Trump fehlt diese Größe. Er will kein Werkzeug sein, kein Mittel zum Zweck. Er will zum einzigen Ziel aufsteigen, für das seine Anhänger kämpfen.

Anhänger, die denken wie Manuel Neuer, helfen ihm nicht. Sie sehen eine Wahlniederlage nicht als Ende aller Tage. Trump braucht Anhänger, die denken wie Chad Fleischer: keine Rücksicht auf Verluste, alles für den Sieg. Notfalls ein Staatsstreich.

Mit Sieg-Gerede erheben sich Populisten wie Trump vom Werkzeug zum Ziel: Sie verwandeln die Politik in etwas, das scheinbar hier und jetzt ein für alle Mal gewonnen werden kann. Überzeugen sie ihre Anhänger, mit ihrer Wahl sämtliche Probleme zu lösen, zwängen sie diese in ein endliches Denkmuster. Ihnen scheint jedes Mittel Recht und kein Risiko zu groß. Siegversprechen schaffen Fanatiker.[a]

Damit lösen wir das Rätsel um Trumps überladene Gewinn-Rhetorik: Er spricht bis zur Lächerlichkeit vom Siegen, weil er die Politik in den Augen seiner Wähler in ein ausschließlich endliches Spiel verwandeln will. Gelingt ihm das, kontrolliert er sie und gewinnt die Wahl, die er unbedingt gewinnen will.

Mit Gewinngerede überzeugen Populisten ihre Anhänger, wie in der 90. Minute

---

[a] Trumps Sieg-Rhetorik soll auch die Lügen maskieren, die er den Menschen unterschiebt. Ein Beispiel: Trump behauptet, die Anhänger der Demokraten „lieben die alte Art, wo sie schlechte Jobzahlen, schlechte Wirtschaftszahlen, schlechtes Alles hatten." Trump bettet diesen Satz in seine Gewinn-Orgie, wie einen unwichtigen Nebengedanken. In Wirklichkeit bildet er eine Kernaussage.

Zu diesem Zeitpunkt seiner Rede hat Trump seine Zuhörer überzeugt, ein Gewinner zu sein, der auch in der Politik immer gewinnen wird. Um sich von anderen Kandidaten abzuheben, muss er diese nun als Verlierer darstellen. Deswegen spricht er von der „alten Art", bei der alles schlecht war.

Nur: Obama, 2008 zum US-Präsidenten gewählt, hatte das Land aus der Finanzkrise in den Aufschwung geführt. Er verwandelte eine der schwersten Wirtschaftskrisen der zurückliegenden 100 Jahre in den längsten Boom, den das Land je erlebte. Trump muss ihn deswegen nicht lieben. Der Vorwurf, die „alte Art" hätte „schlechte Jobzahlen, schlechte Wirtschaftszahlen, schlechtes Alles" gehabt, ist aber eine glatte Lüge. Trump spricht von neuen Gewinnern und alten Verlieren, um den Menschen die Errungenschaften der Demokraten in Vergessenheit zu reden. Halten seine Anhänger die Demokraten für Verlierer, kann er ihnen alles Schlechte andichten.

beim Fußball, alles für sie zu riskieren. So schaffen sie Fanatiker, denen der Wahlsieg des Populisten so wichtig wird wie dem Populisten selbst.

Das Sieg-Muster erklärt die Unterschiede lügender Politiker, die wir im vergangenen Kapitel erkannt haben. Bill Clinton und Karl-Theodor zu Guttenberg stellten die Vorwürfe gegen sie zwar als zu überwindende Belastung für ihre Länder dar. Streng genommen bemühten sie damit ein Gewinn-Muster. Verglichen mit Hitler, Trump und Putin bleibt es aber ein Gewinn-Müsterchen.

Wer Clinton und Guttenberg sonst zuhörte, wer Reden von Angela Merkel, Gerhard Schröder und Barack Obama liest, findet fast ausschließlich Sätze, die die Komplexität der Themen anerkennen. Natürlich versprechen sie gute Lösungen. Aber das Sieg-Muster bildet nicht ihr grundsätzliches Weltbild.

Jeder Mensch glaubt, seine Meinungen verbessern die Welt. Diskutieren Freunde über die Höchstgeschwindigkeit auf Autobahnen, meinen alle, die Umsetzung ihrer Ansichten entspreche einem kleinen Sieg.

Politiker bilden keine Ausnahme. Wer eine Steuerreform als gerecht preist, verspricht aber nicht, damit alle Probleme ein für alle Mal zu lösen. Er verspricht, *ein* Problem zu *mindern*.

Populisten gründen ihr gesamtes Weltbild auf Sieg-Versprechen. Hitler sprach vom Kampf gegen das Judentum, Stalin und Mao vom Klassenkampf, Putin vom Kampf gegen den Westen. Die Namen wechseln, das Muster bleibt: *Wir*, die Guten, müssen *die*, die Bösen, besiegen. Themen und Argumente verkommen zu Nebensächlichkeiten des Musters.

Das Grundmuster des Populismus lautet: *Wir*, die Guten, müssen die, *die* Bösen, um jeden Preis besiegen.

Das Sieg-Muster bildet das Grundübel aller politischen Probleme. Wer es glaubt, fürchtet den Sieg des Bösen als größtmögliche Gefahr. Zu dessen Bekämpfung erscheinen ihm selbst Weltkriege, Menschenrechtsverletzungen und Millionen Verhungerte als hinnehmbare Opfer.

Um nicht auf den gleichen Trick hereinzufallen, schauen wir uns nun an, wie wir uns vor ihm schützen. Dazu reisen wir in eine Zeit nach dem Ersten Weltkrieg, in der Adolf Hitler mit der Hoffnung auf ewigen Frieden den Krieg heraufbeschwört.

Hitler, Endsieg, Untergang

*„Ich behaupte, dass die Lehre, dass nicht die Vernunft, sondern die Liebe herrschen
solle, denen Tür und Tor öffnet, die durch Hass regieren."*

Karl Popper

Am 10. Dezember 1926 liefert die Nobelstiftung mit der Verleihung des
Friedensnobelpreises Adolf Hitler Munition für den Krieg. Die Stiftung ehrt
in Oslo den deutschen Außenminister Gustav Stresemann und seinen
französischen Amtskollegen Aristide Briand für ihre Entspannungspolitik in
Europa. Stresemann, Liberaler im Anzug, und Briand, Sozialist mit
Schnauzer, hatten ihre Länder trotz der Wunden des Ersten Weltkriegs
einander angenähert. Sie hatten Vertrauen geschaffen und in Verträge
gegossen. Sie haben die Politik als das behandelt, was sie ist: Ein endloser
Ablauf, in dem wir alle miteinander auskommen müssen, so gut es geht.

In den Verträgen von Locarno verzichten Deutschland, Frankreich und
Belgien auf die Veränderung der deutschen Westgrenzen und auf die
gewaltsame Veränderung der deutschen Ostgrenzen. Kein Leid für Land –
für die Nachkriegszeit der 1920er-Jahre eine Revolution. Viele glauben die
Kriegsgefahr in Europa damit für immer gebannt. Weil dies auch das
Nobelpreiskomitee glaubt, ehrt es die Architekten des scheinbar ewigen
Friedens.

Adolf Hitler plant anders. Entspannungspolitik nutzt nur friedliebenden
An-die-Zukunft-Denkern. Er will Macht, hier und jetzt.

Hitler hilft, dass auch viele deutsche Nationalisten kurzfristige Ziele
verfolgen. Frankreich besiegen, Wiedergutmachung für die Niederlage im
Ersten Weltkrieg, verlorene Gebiete zurückholen. Stresemanns Grenzen-
Vereinbarung vereitelt diese Ziele.

Hitler verschmilzt sein Streben nach Macht mit den kurzfristigen Zielen
deutscher Nationalisten. Er hebt kurzfristige Ziele (Gebiete zurückerobern)
hervor und blendet langfristige Ziele (Frieden) aus. So verlagert er das
Augenmerk vom unendlichen Ablauf der Politik aufs Endliche. Aufs
Gewinnen. Stresemann zeichnet er als Verlierer, der das Wohl seines Landes
dem Nobelpreis opfert. Trump würde sagen: Als die alte Art.[a]

Hitler und Stresemann trennt der gleiche Unterschied wie Manuel Neuer
und Chad Fleischer: Stresemann denkt an die Zukunft. Deswegen opfert er
notfalls kurzfristige Erfolge langfristigen Siegen – lieber Frieden als Gebiete

---

[a] Im zweiten Band seines Manifests „Mein Kampf" schreibt der Diktator, in Deutschland wechselten
„Entwaffnungs- und Versklavungsedikte, politische Wehrlosmachung und wirtschaftliche
Ausplünderung einander ab, um endlich moralisch jenen Geist zu erzeugen, der im Dawes-Plan ein
Glück und im Vertrag von Locarno einen Erfolg zu sehen vermag". Die Manifeste heutiger Populisten
strotzen vor ähnlichen Verurteilungen langfristiger Ziele.

im Westen. Der Diktator will hier und jetzt gewinnen. Langfristige Erfolge, verspricht er, kämen dann von selbst.

Hitler handelt aus Überlegung. Die Masse der Menschen, schreibt er in *Mein Kampf*, sei ein Stück der Natur. Sie verstehe nicht den Händedruck von Personen, die Gegensätzliches wollen. „Was sie wünscht, ist der Sieg der Stärkeren und die Vernichtung des Schwachen oder seine bedingungslose Unterwerfung." Vom Gruß „Sieg Heil" bis zum Endsieg-Versprechen redet er daher fast immer im Gewinn-Muster. Nationalsozialismus, NSDAP und sich selbst erhebt er zu Synonymen des größtmöglichen Siegs.

Alle Populisten nutzen Sieg-Versprechen. Um Anhänger zu gewinnen oder aus Überzeugung. Die Probleme, die sie schaffen, bleiben gleich: Sie schaden Land und Wählern. Wer kurzfristig immer gewinnen will, geht langfristig unter.

Das bedingungslose Siegstreben Hitlers führte Deutschland 1945 in den bedingungslosen Untergang: Die Nationalsozialisten hinterließen das Land lieber in Trümmern, als die Niederlage einzugestehen. Stalin verkaufte den Terror der Sowjetunion als notwendiges Übel für den Sieg von Kommunismus und Gerechtigkeit. Maos Unterstützer ließen für Versprechen wie „Drei Jahre harte Arbeit und Entbehrungen, dann Tausend Jahre Wohlstand" während des Großen Sprungs nach vorn Millionen Menschen verhungern. Im Glauben, die Politik ein für alle Mal zu gewinnen, riskierten sie zu viel für unerreichbare Siege.[a]

Das gleiche Schicksal ereilt auch Nicht-Diktatoren, die sich populistischer Argumente bedienen.

Irak, Afghanistan, falsches Siegstreben

„Es ist meine Verantwortung, den US-Bürgern den weiteren Weg ehrlich zu erklären: (…) Absolut, wir gewinnen."

George W. Bush über den Irak-Krieg

Als US-Präsident George Bush im Mai 2003 auf einem Flugzeugträger den Sieg im Irak-Krieg verkündet, besiegelt er den Fehler, der den Aufstieg der Terrororganisation Islamischer Staat (ISIS) vorzeichnet. „Mission accomplished" (Mission erfolgreich) steht hinter der Bühne, von der Bush den Irak für demokratisiert erklärt.[32] Wunschdenken: Das Land rutscht

---

[a] Interessanterweise entwickelte sich ernster Widerstand gegen Mao erst, als dieser sein Siegversprechen nicht einzuhalten drohte. Vorher waren die meisten seiner Weggefährten bereit, für den Schritt zum Sieg viele Opfer in Kauf zu nehmen. Mao, überzeugt von seiner Argumentation, war es sowieso.

bereits zu diesem Zeitpunkt in einen verworrenen Krieg. An der Seite von Al-Qaida kämpfend, erobert ISIS im Irak und Syrien ein Gebiet so groß wie Großbritannien. Spätestens als das selbsterklärte Kalifat massenhaft Hinrichtungsvideos veröffentlicht, verstehen alle: Die Mission ist nicht abgeschlossen. Der Billionen-Dollar-Krieg machte die Welt unsicherer statt sicherer.

Gleiches gilt für den Afghanistan-Krieg: Als die US-Truppen im September 2021 hastig aus dem Land abrücken, erobern die zwei Jahrzehnte zuvor von der Macht vertriebenen Taliban das Land binnen Wochen zurück. Auch dieser Krieg erreicht seine Ziele nicht.

Dass die USA es besser können, bewiesen sie in Deutschland. Nachdem sie und ihre Verbündeten das Dritte Reich im Zweiten Weltkrieg niedergerungen hatten, lieferten sie ein Musterbeispiel für den Erfolg unendlicher Politik-Strategien. Sie besetzten das Land und blieben so lange wie nötig, um eine funktionierende Demokratie zu schaffen. Entnazifizierung, Fördergelder und Zusammenarbeit statt Enddatum und schneller Abzug. Amerikaner, Briten und Franzosen dienten ihren Werten und sicherten langfristige Ressourcen wie Vertrauen. Das kam an: In Deutschland bevorzugten die meisten Menschen den American Way of Life statt den russischen.

In Afghanistan und im Irak lieferten die westlichen Verbündeten erneut ein Musterbeispiel für die Bedeutung unendlicher Politik-Strategien, allerdings unfreiwillig: Sie wollten gewinnen und gehen. Eine endliche Strategie – klarer Gegner, klares Ziel, klare Siegchance – in einem unendlichen Spiel. Scheitern mit Ansage. Bushs Versprechen „Mission abgeschlossen" verdeutlicht diesen Denkfehler.

Im Streben nach kurzfristigen Siegen verletzten die USA in beiden Kriegen Menschenrechte, zum Beispiel im amerikanischen Foltergefängnis Guantanamo Bay. Statt die Welt vom American Way of Life zu überzeugen, verspielten sie Ansehen und Vertrauen. Irgendwann gaben sie aus Ressourcenknappheit auf. Das logische Ergebnis bei einer endlichen Strategie in einem unendlichen Spiel.

Taliban, Al-Qaida und ISIS spielten unendliche Strategien: Überleben, Macht verteidigen, immer neue Bedrohungen abwehren. Keine Chance auf einen endgültigen Sieg, kein Grund für volles Risiko. Eine unendliche Strategie in einem unendlichen Spiel. Das funktionierte.

Auch im Krieg Russland-Afghanistan und im Vietnam-Krieg vertrieben kleine Gruppen dank unendlicher Strategien übermächtige Feinde mit endlichen Zielen. In der Politik schlägt die richtige Strategie Feuerkraft.

Diese Erkenntnis hilft uns auch im Frieden. „Raus aus der Nato und die Welt wird ein sicherer Ort", „Harte Strafen für Minderjährige verhindern Kriminalität" oder „An der Grenze auf Migranten schießen" – wie Bush versprechen Populisten ständig schnelle Siege mittels Feuerkraft. Die Kriege der vergangenen 100 Jahre lehren uns die Sinnlosigkeit dieses Ansatzes. Internationale Konflikte, Verbrechen und Migration werden die Politik immer beschäftigen. Wer viel opfert, um sie ein für alle Mal zu beenden, opfert Gutes einem Wunschtraum.[a]

Das Ziel einer perfekten Welt ist ehrenwert, aber unerreichbar. Es entstehen immer neue Probleme. Um für diese Probleme gerüstet zu sein, erfordert politischer Erfolg unendliche Strategien, langfristiges Denken und intakte Werte. Wer diese Grundfesten langfristigen Erfolgs kurzfristigen Zielen opfert, zerstört das Fundament seiner Gesellschaft und wird selbst zur Bedrohung.

Wie wir diese Erkenntnis im Alltag anwenden, zeigt uns ein schelmischer Italiener. Er hätte wohl gesagt: Die USA handelten im Irak einfach dumm. Glücklicherweise zeigte er uns auch den Weg zu klügeren Entscheidungen.

Das Gegenmittel, Teil 1: Klugheit und Dummheit verstehen

„Ein dummer Mensch fügt einer anderen Person oder Gruppe Schaden zu, zieht daraus aber keinen Vorteil oder schadet sich womöglich sogar selbst.“

Carlo Cipolla

Im Jahr 1970 entwirft der italienische Wirtschaftshistoriker Carlo Cipolla ein Verständnis von Klugheit und Dummheit, das uns ein Werkzeug gegen Sieg-Gerede liefert. Kluge Personen, schreibt Cipolla in seinem Buch *Die Prinzipien der menschlichen Dummheit*, erkennen wir nicht an blitzschnellen Rechenfähigkeiten oder wohlklingenden Sätzen. Auch Reichtum und Ansehen verraten wenig über die Schläue ihrer Besitzer. Cipolla verurteilt alle herkömmlichen Intelligenz-Maßstäbe als bedeutungslos.

Cipolla beurteilt Menschen danach, ob sie sich und anderen mit ihrem Handeln helfen oder schaden. Kluge Entscheidungen dienen nach seiner Sicht uns selbst *und* anderen. Intelligente Personen verbessern ihr eigenes Leben und das anderer. Sie bauen Beziehungen auf, die beide Partner glücklich machen, verkaufen Produkte, die ihren Kunden helfen, und bedenken bei Entscheidungen deren Auswirkungen auf alle Beteiligten. Sie verhalten sich so, dass alle gewinnen.

Dumme Menschen tun nach Cipolla das Gegenteil: Sie schaden sich selbst *und* anderen. Absichtlich oder unabsichtlich schaffen sie Beziehungen, die

---

[a] Wichtige Einschränkung: Greifen Populisten die internationale Ordnung an – wie Putin in der Ukraine oder Adolf Hitler im Zweiten Weltkrieg – muss die Welt sie eingrenzen. Doch dazu mehr im letzten Kapitel.

beide Partner enttäuschen, verkaufen, was niemand braucht, und verhalten sich so, dass alle verlieren.

Cipollas Ansatz ordnet unser Verständnis von Intelligenz neu: Für ihn können selbst Nobelpreisträger dumm sein. Die weltbesten Physiker, Mediziner und Wirtschaftsexperten lösen Schwieriges. Doch das sagt nichts über die Folgen aus, die sie mit dieser Fähigkeit für sich und andere schaffen. Verkauft die Physikerin ihre Erfindung einem Diktator, entlarvt sie sich nach Cipolla als Dummkopf. Lässt der Mediziner seine Mutter im Altersheim vereinsamen, offenbart auch er seine Dummheit. Hilft ein Analphabet einem alten Mann über die Straße, handelt er für Cipolla klüger als beide.[a]

Cipollas Ansatz vereint eine leistungsorientierte Intelligenz-Sicht mit Moral. Ein Gehirn mit der Rechenkraft eines Computers macht seinen Besitzer nur klug, wenn er es zum Guten für sich und andere einsetzt. Ergebnisse und Folgen statt blankem Potenzial – ein sinnvoller Ansatz. Auch Fußballstürmer messen wir an ihren Toren, nicht ihrem Talent.

Mit Cipollas Modell bewerten wir politische Entwicklungen genauer. Wladimir Putin mag schwere Zusammenhänge schnell verstehen. Weil er seine Werkzeuge zum Schaden aller einsetzt, liefert er nach Cipolla dennoch ein Musterbeispiel der Dummheit. Gleiches gilt für Adolf Hitler.

So weit, so gut.

Bleibt die Frage: Cipolla nennt Menschen, die hilfreiche Ergebnisse für sich *und* andere schaffen, klug. Menschen, die für sich *und* andere schädliche Ergebnisse schaffen, nennt er dumm. Was ist mit Menschen, die für sich gute Ergebnisse schaffen und für andere schlechte oder umgekehrt? Wie bewertet der Italiener die Mischformen?

Auch diese Möglichkeiten hat Cipolla bedacht. Personen, die zwar Vorteile für andere schaffen, sich dabei aber selbst schaden, nennt Cipolla hilflose Menschen. Personen, die anderen schaden, um selbst Vorteile zu erlangen, nennt er Ausnutzer.[b]

Aus Liebesbeziehungen kennen wir Beispiele für kluge, dumme, ausnutzende und hilflose Partner:

- Kluge Paare unterstützen sich über Jahrzehnte gegenseitig, das Beste aus ihrem Leben zu machen.
- Hilflose Partner opfern sich für die Beziehung, ohne etwas

---

[a] Cipolla schrieb seinen Aufsatz mit einem Augenzwinkern. So, dass er behaupten könnte, nur gescherzt zu haben. Seine Zeilen verraten aber: Er meint es ernst. Als Beispiel der erste Satz: „Zugegeben, die Menschheit befindet sich in einem erbärmlichen Zustand. Das ist nicht neu. Die Menschheit befand sich schon immer in einem erbärmlichen Zustand." Wer so einsteigt, verkauft ein ernstes Thema mit Humor, aber es bleibt ein ernstes Thema.

[b] Wörtlich übersetzt nennt Cipolla Menschen, die für sich gute und für andere schlechte Ergebnisse schaffen *Banditen*. Ich habe sie mit *Ausnutzern* übersetzt, weil das Wort eher unserem Verständnis einseitiger Beziehungen entspricht. Banditen stehlen Geld oder Gegenstände, Ausnutzer auch Zeit, Vertrauen und Lebensmut. Das passt eher zu Cipollas Anliegen.

zurückzubekommen.
- Ausnutzer lassen ihre Partner für die Beziehung arbeiten, ohne selbst etwas zu investieren.
- Dumme Paare schaden sich gegenseitig.

Übertragen auf die Politik, erklärt Cipolla das Problem mit Populismus. Weil Populisten nach dem Siegschema denken, schaffen sie nie Situationen, die allen dienen. In ihrer Welt muss jemand verlieren, damit sie gewinnen. Ihr Ansatz schließt kluge Lösungen aus.

Populisten verbreiten dumme, hilflose oder ausnutzende Ideen, weil ihr Grundansatz klugen Lösungen widerspricht.

Cipollas Ansatz löst weitere Probleme unseres herkömmlichen Intelligenz-Verständnisses: Brüstet sich Donald Trump seines Genies, weil er in einem goldenen Apartment lebt und kaum Steuern zahlt, schütteln viele Menschen den Kopf. Trumps Weltbild scheint ihnen einseitig. Sie finden aber nur schwer Erklärungen, warum. Andere halten Trump tatsächlich für clever.

Cipolla ordnet Trumps Protzerei ein: Der Italiener hätte wohl kein Problem mit Millionären, die goldene Apartments bauen, solange sie ihre Handwerker gut bezahlen. Trump rühmt sich als Genie, weil sein Verhalten nur ihm selbst nützt. Er übersieht die Hälfte der Intelligenz-Gleichung. Sein Horizont endet damit, ein Ausnutzer zu bleiben.

Dieses Weltbild überträgt Trump auf die Politik. Statt kluge, für alle hilfreiche Lösungen zu suchen, würdigt er die USA zum Ausnutzer herab. Er lässt das mächtigste Land der Welt dümmer handeln. Eine Drohung, kein Heilsversprechen. Wie jeder Populismus.

Unser-Land-Zuerst-Versprechen liefern den dümmstmöglichen Ansatz, über Politik nachzudenken. Gleiches gilt für Ideen nach dem Unsere-Gruppe-Zuerst-Muster.

Das zweite Problem unseres herkömmlichen Intelligenzverständnisses löst Cipolla, indem er den Gegenentwurf zu Trump entkräftet. Angeekelt durch Beispiele wie den selbstverliebten Immobilien-Unternehmer, rühmen sich einige Menschen und Staaten, wenig zu besitzen. Die DDR-Führung lobte Ende der 1980er-Jahre ihre Bevölkerung, keine BMWs und Mercedes zu brauchen wie der angeblich dekadente Westen. DDR-Bürger bewiesen ihre vermeintliche moralische Überlegenheit mit lebensgefährlich veralteten Trabants.

Cipolla entlarvt diese Argumentation als weitere Form unkluger

Entscheidungen: Die DDR-Führung redete ihrer Bevölkerung Hilflosigkeit ein. Die Bürger sollten misstrauen, was ihnen dient und dumme Entscheidungen treffen. Gilt selbstdienliches Handeln als verpönt, wirkt Kritik wie Selbstsucht: „Du meckerst nur, weil dir dein Egoismus wichtiger ist als das große Ganze." Populisten sichern ihre Macht, indem sie Menschen überzeugen, im Namen angeblich größerer Ideale nie nach sich selbst fragen zu dürfen.[a]

Wer dumme und ausnutzende Entscheidungen vermeidet, vermeidet Populismus. Wer hilflose Entscheidungen umgeht, verhindert, sich von Populismus unterdrücken zu lassen.

Wer in politischen Entscheidungen nach guten Lösungen für alle strebt, findet bessere Ansätze als jemand, der andere besiegen will oder sich selbst verleugnet. Es gewinnen alle oder keiner.

Dieser Grundsatz bringt uns zur dritten Erkenntnis, die wir von Cipolla auf die Politik übertragen: Egomanen können nur Beziehungen mit hilflosen oder dummen Menschen führen. Treffen sie auf andere Egomanen oder intelligente Personen, entstehen Konflikte. Diese Gruppen widersetzen sich für sie schlechten Entscheidungen.

Auch Populisten schaffen Konflikte, wenn sie auf andere Egomanen oder intelligente Personen treffen. Gewinnen Populisten in einer Gesellschaft Einfluss, erzeugen sie im Innern Streit und nach außen Spannungen, schlimmstenfalls Krieg. Hilfreiche Politiker, die nach intelligenten, für alle hilfreichen Entscheidungen streben, schaffen für eine Gesellschaft immer bessere Ergebnisse.

Wieso, erklärt eines der einflussreichsten Denk-Experimente unserer Zeit: das Gefangenendilemma, mit dem der amerikanische Mathematiker Albert W. Tucker unser Verständnis menschlicher Entscheidung revolutioniert hat.

---

[a] Populisten reißen diesen Satz gerne aus dem Zusammenhang: Sie verkaufen Promille-Grenzen für Autofahrer als Populismus, weil Menschen damit angeblich ihre persönliche Freiheit einer erfundenen größeren Sache opfern. Ähnlich argumentieren sie bei Umwelt-, Klima- und Heizgesetzen. Warum dieser Vorwurf in diesen Fällen meist nicht zutrifft, erkläre ich in folgendem Youtube-Video: *Grüne Verbote: Die Grundidee hinter Umweltregeln*, https://youtu.be/Wl5hUVePXi4.

Das Gegenmittel, Teil 2: Misstrauen und dumme Entscheidungen

„Man hat nur die Wahl zwischen Vernunft und Gewalt.“

Karl Popper

Stellen Sie sich folgende Situation vor: Die Polizei verhaftet zwei Bankräuber, einen Deutschen und einen Italiener. Den Ermittlern fehlen aber Beweise. Um die Verbrecher zu überführen, spielen sie diese mit dem gleichen Trick gegeneinander aus, mit dem Populisten Gesellschaften gegeneinander ausspielen.

Die Beamten bieten die Gefangenen in getrennten Räumen einen Handel an. Die Höchststrafe des Verbrechens beträgt sechs Jahre Gefängnis. Helfen die Verbrecher den Beamten, indem sie Beweise für die Schuld des jeweils anderen liefern, verringern sie ihre Strafe auf ein Jahr auf Bewährung.

Das Problem: Verraten beide den anderen, liefern sie der Polizei genügend Beweise, um beide einzusperren. Weil sie kooperieren, kommen die Gefangenen mit vier statt sechs Jahren Gefängnis davon. Sie sitzen aber deutlich länger ein, als wenn beide schweigen.

Die Berufsgauner durchschauen den Trick der Ermittler. Sie erkennen, dass den Beamten Beweise fehlen, und wissen: Schweigen beide, weist ihnen das Gericht kaum etwas nach. Sie werden wegen geringerer Delikte verurteilt und müssen nur ein Jahr ins Gefängnis.

Die Entscheidung wirkt eindeutig: Beide Gefangene sollten schweigen. Verrät keiner den anderen, erhalten beide geringe Strafen. Cipolla würde sagen: Schweigen beide, handeln sie klug. Sie helfen sich und ihrem Partner. In allen anderen Fällen handeln sie entweder dumm, hilflos oder ausnutzend.

Jetzt beginnen die Schwierigkeiten. Während die Gefangenen in ihren Zellen sitzen, schreiben sie auf, was die Angebote der Polizei für sie bedeuten. Beide entwerfen diese Tabelle:

	Italiener schweigt	**Italiener liefert Beweise**
Deutscher schweigt	Deutscher: 1 Jahr Gefängnis, Italiener: 1 Jahr Gefängnis.	Deutscher: 6 Jahre Gefängnis, Italiener: 1 Jahr Bewährung.
Deutscher liefert Beweise	Deutscher: 1 Jahr Bewährung, Italiener: 6 Jahre Gefängnis.	Deutscher: 4 Jahre Gefängnis, Italiener: 4 Jahre Gefängnis

Versetzen wir uns in die Lage des Deutschen. Was soll er tun?

- Schweigt der Italiener, mindert der Deutsche seine Strafe, indem er Beweise liefert.
- Liefert der Italiener Beweise, mindert der Deutsche seine Strafe, indem er ebenfalls Beweise liefert.

Egal was der Italiener tut, der Deutsche verkürzt seine Strafe, indem er den Italiener verrät. Weil der Italiener zur gleichen Einsicht gelangt, werden sich beide Gefangenen beschuldigen und vier Jahre ins Gefängnis wandern. Obwohl beide tun, wovon sie sich Vorteile erhoffen, erzeugen sie Nachteile für alle. Cipolla würde sagen: Sie handeln nachvollziehbar, aber dumm.

Für alle Beteiligten nachvollziehbare Entscheidungen führen manchmal zu für alle schädlichen Ergebnissen. Das gilt für Gefangene wie für Gesellschaften.

Die wichtigste Erkenntnis: Die Hoffnung, nur zu einem Jahr auf Bewährung verurteilt zu werden, trügt. Selten verrät nur ein Gefangener den anderen. Vertrauen sich beide, schweigen beide; misstrauen sich beide, verraten sich beide. In Wahrheit entscheiden die Gefangenen zwischen einem und vier Jahren Gefängnis. Die Bewährungs-Verlockung soll dumme Entscheidung fördern – wie die Heilsversprechen von Populisten.

Vergessen wir nun, dass die Verbrecher gerechte Strafen verdienen und versuchen wir, ihr Dilemma zu lösen: Wie verhindern wir, dass sich beide gegenseitig verraten?

Wir müssen sie der Zusammenarbeit des anderen versichern. Wissen beide, dass sie der andere nie verrät, liefern sie keine Beweise. Sicherheit schafft Vertrauen, Vertrauen schafft Zusammenarbeit und Zusammenarbeit schafft bestmögliche Ergebnisse. Fehlendes Vertrauen schadet beiden.

Ähnliche Dilemmata kennen wir aus Beziehungen, Arbeitsleben und Alltag: Zweifeln Menschen an der Zusammenarbeit anderer, akzeptieren sie Nachteile für alle. Manchmal tun sie das zurecht. Oft schaffen sie aus generellem Misstrauen unnötige Probleme. Wie betrogene Liebhaber, die neue Beziehungen zerstören, um Enttäuschungen zu vermeiden, verleitet sie grundsätzliches Misstrauen zu dummen Entscheidungen.

Das Gefangenendilemma zeigt uns den Ausweg aus diesem Dilemma: Verbrechersyndikate erzwingen Vertrauen, indem sie ihren Mitgliedern durch einen Ehrenkodex oder den Druck des Bandenchefs das Schweigen anderer Gefangener garantieren. Niemand packt aus. Mit dieser Sicherheit liefern selbst misstrauische Einbrecher keine Beweise.

Auch Beziehungen brauchen Sicherheit: Vertrauen Mitglieder allen anderen Mitgliedern in Beziehungen, ehrlich zu handeln, verhalten sich auch alle selbst ehrlich. Vertraut niemand den anderen, verhalten sich alle unehrlich. Weil die Wahrheit immer irgendwo dazwischen liegt, entsteht ein Kipppunkt:

- Vertraut die Mehrheit ihren Partnern, macht es für jeden Einzelnen Sinn, aufrichtige Beziehungen zu führen.
- Betrügt die Mehrheit ihre Partner, macht es für jeden Einzelnen Sinn, seinen Partner auch zu hintergehen.

Auf die gleiche Weise rutschen ganze Gesellschaften in dumme Entscheidungen ab, obwohl alle Mitglieder aus ihrer Sicht sinnvoll handeln: Fehlt uns der Glaube an die Kooperation anderer, nehmen wir Nachteile in Kauf, um die Folgen eines möglichen Verrats zu mindern. Müssen wir uns zwischen fressen und gefressen werden entscheiden, fressen wir lieber – verständlich, aber eine tödliche Gesellschaftsgrundlage.

Diese Einsicht erklärt die Ergebnisse von Acemoglu und Robinson in *Warum Nationen scheitern*[a]. Versichern Staaten durch gerechte Gesetze, eine unbestechliche Polizei und unparteiische Gerichte allen Bürgern die Zusammenarbeit ihrer Mitbürger, schaffen sie Vertrauen. Dadurch treffen Menschen größtenteils kluge Entscheidungen, von denen alle profitieren. Eine Welle des Wohlstands schwappt übers Land.

Schaffen Staaten durch Gesetzeslücken, bestechliche Polizisten und ungerechte Richter aber Korruption und Vetternwirtschaft, zerstören sie Vertrauen. Die Bürger treffen nach Cipolla dumme, hilflose oder eigennützige Entscheidungen und schaffen eine Gesellschaft mit schlechteren Ergebnissen für alle. Staatliche Strukturen schaffen oder zerstören Vertrauen.

Zumindest teils. Manchmal handeln wir trotz vertrauenswerter Strukturen unklug. Denken wir zurück ans Beziehungsbeispiel: Jeder weiß, wie unterschiedlich Menschen in Beziehungen vertrauen. Erfahrungen, Gene und das Vorbild der Eltern wecken in manchen von uns tiefen Glauben an ehrliche Liebe. Andere treffen die gleichen möglichen Partner, vertrauen aber niemandem.

Beziehungsbilder entstehen nicht nur durch die tatsächliche Vertrauenswürdigkeit des Durchschnittspartners. Sie entstehen durch unsere *Einschätzung* dieser Vertrauenswürdigkeit. Die Einschätzung bildet die Welt mal genauer, mal ungenauer ab. Einige Liebende handeln trotz vertrauenswürdiger Strukturen unklug.

Auch Bürger richten ihr Verhalten nicht am Zustand der Gesellschaft aus, sondern an ihrer Wahrnehmung dieses Zustands. Manchmal entspricht die

---

[a] Denken Sie zurück an Kapitel eins.

Wahrnehmung der Wahrheit, manchmal liegt sie weit davon entfernt.

Indem Populisten Wählern einreden, einen Gegner besiegen zu müssen, bevor sie Gesellschaft und Staat vertrauen können, schmälern sie den Glauben an die Zusammenarbeit aller. Ihre Anhänger verweigern die Kooperation, was mehr Menschen die Kooperation verweigern lässt. So zerfrisst Populismus sensibles wohlstandschaffendes Vertrauen. Populisten verdummen Länder. Dadurch schaden sie allen.[a]

Populisten verführen Gesellschaften zu dummen Entscheidungen, indem sie das Vertrauen der Menschen in die Zusammenarbeit der anderen zerstören.

So weit, so gut. Wir haben geklärt, warum Populisten viel vom Gewinnen sprechen und welche Probleme das schafft. Nun bliebt die Frage, wie Populisten Gegner erfinden, die sie besiegen wollen. Erst wenn wir diesen Trick verstehen, können wir Herausforderungen einordnen: Warum sollen wir den Klimawandel bekämpfen, Geflüchtete und Reiche aber nicht? Den Unterschied zwischen diesen Themen klären wir im nächsten Kapitel.

Fazit

1. Populisten versprechen ihren Anhängern, die Politik zu gewinnen: Sobald sie im Amt sind oder wenn sie im Amt bleiben, wird angeblich alles besser – schlicht, weil sie Amt sind.
2. Wer in der Politik kurzfristig immer gewinnen will, verliert langfristig alles.
3. Populismus lenkt unsere Aufmerksamkeit auf kurzfristige Ziele und lässt uns langfristige vergessen. Für Populisten ist das hilfreich, für die Menschen gefährlich: Sie opfern mehr, als sie je bekommen.

Lesetipps

Carlo Cipolla: Die Prinzipien der menschlichen Dummheit
Cipollas humorvolle und lehrreiche Sicht auf Klugheit, Dummheit, Hilflosigkeit und Ausnutzer. 64 Seiten, die uns allen zu besseren Entscheidungen verhelfen.
Link: https://amzn.to/3EDAOsL

---

[a] Genauer genommen: fast allen. Sich selbst nur langfristig.

Stefan Winter: Grundzüge der Spieltheorie
Eine gute Einführung für alle, die mehr über die Spieltheorie und ihre Erkenntnisse über unser Verhalten erfahren wollen.
Link: *https://amzn.to/46bhtef*

Kapitel 5: Wieso Populisten Feindbilder brauchen

Eliten und die Vertreter des einfachen Mannes

Populismus ist wie ein Märchen:
Ein Held bekämpft eine böse Bedrohung.

---

*„Der Versuch, den Himmel auf Erden einzurichten, erzeugt stets die Hölle.
Dieser Versuch führt zu Intoleranz, zu religiösen Kriegen und
zur Rettung der Seelen durch die Inquisition."*

Karl Popper

Wüsste Donald Trump, dass ihn das Feindbild, das er gerade aufbaut, in einigen Monaten zum US-Präsidenten macht, er reckte seine Brust wohl noch stolzgeschwellter in die Kameras. „Sie können ein manipuliertes System nie mit den Leuten reparieren, die es manipuliert haben", sagt der damalige Präsidentschaftskandidat bei einer Rede in einem seiner New Yorker Hotels im Juni 2016. Niemand kenne das System besser als er. „Deshalb kann nur ich es reparieren."[33]

Mit diesem klassischen Populismus-Widerspruch – der Außenseiter kennt das System besser als jeder andere – wirbt Trump um eine ihm spinnefeinde Wählergruppe. Einige Wochen vor dieser Rede gewann Hillary Clinton die Vorwahlen der Demokraten. Sie liegt uneinholbar vor ihrem härtesten Konkurrenten Bernie Sanders und tritt in der Präsidentschaftswahl gegen Trump an. Doch Sanders, der linke Senator aus Vermont, hat eine Gruppe loyaler Anhänger um sich geschart. Sie müssen sich entscheiden: Unterstützen sie Clinton oder Trump? Trump will, dass sie ihn wählen.

Eine schwere Aufgabe. Sanders bezeichnet sich als Sozialist, fährt ein kleines Auto und redet leise. Trump lebt in einem goldenen Apartment, protzt mit seinem Reichtum und tönt laut. Sanders will Millionen illegalen Einwanderern die Staatsbürgerschaft anbieten. Trump will sie mit einer Schutzmauer aussperren. Beide Politiker hassen sich. Wer Sanders liebt, muss vor Trump schaudern. Eigentlich.

Trumps Rettung heißt Hillary Clinton. Clinton steht Sanders politisch und charakterlich um Welten näher als Trump. Doch der linke Senator hat einen populistischen Wahlkampf gegen sie geführt. Selbst als Clinton die Nominierung der Demokraten schon gewonnen hatte, reiste Sanders weiter durchs Land und erzählte den Menschen, Clinton sei Teil einer korrupten Elite, die Amerika ruiniere.

Damit öffnet Sanders Trump die Tür. Wählern, die Clintons Präsidentschaft unbedingt verhindern wollen, hilft Sanders seit seiner Vorwahlniederlage nicht mehr. Trump schon.

Auch Trump hat Clinton bereits als korrupt, verrückt und verlogen beschimpft. Er hat wie Sanders behauptet, sie gehöre zu einer Elite, die das Land unter sich aufteile. Mit dem gemeinsamen Feindbild ködert der Milliardär[34] die Unterstützer des Sozialisten: „Die Eliten haben die Regeln des Spiels so geschrieben, damit sie an der Macht und im Geld bleiben. Deswegen bitte ich die Anhänger von Bernie Sanders, sich unserer Bewegung anzuschließen. Damit wir das System für alle Amerikaner reparieren können – so wichtig."

Wie erfolgreich dieser Appell sein wird, ahnt Trump wohl selbst kaum: Rund zehn Prozent der Sanders-Unterstützer setzen bei der Wahl ihr Kreuz bei Trump.[35] In einer knappen Abstimmung sichern sie ihm die Stimmen, mit denen er Hillary Clinton um Haaresbreite schlägt.

Ein bemerkenswerter Vorgang. Obwohl Sanders seine Anhänger vor der Wahl anfleht, Clinton zu unterstützen, ignoriert ein großer Teil diese Bitte nicht nur, indem er der Wahl fernbleibt und nicht für Clinton stimmt. Er stimmt gegen sie und macht Trump zum Präsidenten.

Menschen sollen in einer Demokratie wählen, wen sie wollen. Wechseln aber viele Wähler vom Kandidaten ganz links zum Kandidaten ganz rechts, läuft etwas falsch. Gleichgültig, welche Ziele Sanders' Unterstützer ursprünglich verfolgten, mit einer Stimme für Trump verraten sie sie.

Wer weiß, dass Populisten Feindbilder verwenden, versteht wie Trump Sanders' Anhänger dennoch von sich überzeugte: Er hetzte gegen die gleiche vermeintliche Bedrohung. Der US-Wahlkampf des Jahres 2016 zeigt, wie erschreckend zuverlässig diese Taktik funktioniert.

Wer als Retter gefeiert werden will, braucht einen Gegner, vor dem er die Welt beschützt. Ob diese Bedrohung echt oder erfunden ist, spielt keine Rolle. Glauben die Menschen an die Bedrohung, unterstützen sie den Populisten, der vorgibt, gegen sie zu kämpfen. Es geht um Wirkung, nicht um Wahrheit.

Schauen wir uns also an, wieso so viele Wähler immer wieder auf so einen einfachen Trick hereinfallen.

Austauschbare Antworten und gleiche Feinde

„Die Feinde der Freiheit bezichtigten ihre Verteidiger stets umstürzlerischer Absichten. Fast immer glückte es ihnen, die Arglosen und Wohlmeinenden zu überreden."

Karl Popper

Sanders-Unterstützer, die für Donald Trump stimmten, mussten sich nach der Wahl 2016 oft Dummheit vorwerfen lassen. Halbwegs intelligente Leute, meinten viele, lassen sich nicht so leicht verschaukeln.

Wer so denkt, tut diesen Menschen unrecht. Um zu zeigen, wie verlockend der Wechsel von weit links nach weit rechts in diesem Fall schien, machen wir ein Experiment. Ich nenne Ihnen ein Zitat und Sie sagen mir, von wem es stammt – Donald Trump oder Bernie Sanders. Klaffen zwischen beiden riesige Unterschiede, eine einfache Aufgabe, richtig? Versuchen Sie es. Notieren Sie Ihre Antworten, die Auflösung folgt.

1. „Hillary Clinton steht für die Elite. Ich stehe, hoffe ich, für normale Amerikaner. Und die, ganz nebenbei, mögen die Elite nicht besonders."

   a. Donald Trump

   b. Bernie Sanders

2. „Hillary Clinton scheint nervös zu werden. (…) Sie hat gesagt, dass ich nicht qualifiziert bin, Präsident zu sein. Lassen Sie mich sagen: Ich denke nicht, dass sie qualifiziert ist, weil sie dutzende Millionen an Lobbygeldern annimmt."

   (Anmerkung: Hillary Clinton hatte zu diesem Zeitpunkt nie behauptet, dieser Politiker sei unqualifiziert Präsident zu sein.)

   a. Donald Trump

   b. Bernie Sanders

3. „Weil es um ihre Kontrolle über unsere Regierung geht, um Milliarden Dollar, will die Clinton-Maschinerie unsere Kampagne zerstören. Das wird nicht klappen."

   a. Donald Trump

   b. Bernie Sanders

4. „Es gibt Millionen Menschen, die genug haben von der herrschenden Elite, genug von der Gier der Unternehmen. Millionen Menschen, die einen Kandidaten wollen, der eine Massenbewegung anführen kann. Die Menschen sagen: ‚Genug ist genug.'"

  a. Donald Trump

  b. Bernie Sanders

5. „Unsere Bewegung will eine gescheiterte und korrupte – und wenn ich sage korrupte, meine ich total korrupte – herrschende politische Elite, mit einer neuen Regierung ersetzen, die von euch, dem amerikanischen Volk, regiert wird. "

  a. Donald Trump

  b. Bernie Sanders

6. „Eine weltweite Macht ist für die wirtschaftlichen Entscheidungen verantwortlich, die unsere Arbeiterklasse bestohlen, unser Land seines Wohlstands beraubt und das Geld in die Taschen einer Hand voll großer Unternehmen und politischer Einheiten gespült hat."

  a. Donald Trump

  b. Bernie Sanders

Auflösung:

1. Bernie Sanders,[36]
2. Bernie Sanders,[37]
3. Donald Trump,[38]
4. Donald Trump,[39]
5. Donald Trump,[40]
6. Donald Trump.[41]

Wie viele Antworten haben Sie richtig? Haben Sie die 50 Prozent deutlich überboten, die Ihnen der Zufall gebracht hätte? Oder mussten Sie raten? Der Sprachstil verrät den Zitaturheber etwas. Sanders redet komplexer als Trump. Inhaltlich zeigen die Beispiele aber, dass beide gleiche Feindbilder beschwören. Angesichts derart deckungsgleicher Aussagen überrascht kaum, dass einige Sanders-Anhänger zu Trump überliefen.

Linke und rechte Populisten schimpfen oft auf gleiche Feindbilder.

Falls Sie nun denken, wir Deutsche seien viel klüger als die Amerikaner, rate ich zur Vorsicht. Hierzulande passiert das gleiche wie in den USA.

AfD, Linke und unerklärliche Wählerwanderungen

*„Die, die eine Handvoll Herrscher alle Menschen kontrollieren lassen wollen,
nennen dies eine neue Ordnung. Es ist weder neu, noch ist es eine Ordnung."*

Franklin D. Roosevelt

Die Feindbild-Übertragung funktioniert in allen Ländern, auch in
Deutschland. Sie glauben mir nicht? Wiederholen wir das Experiment in der
Bundesrepublik: Ich nenne Ihnen wieder ein Zitat und Sie sagen mir, von
wem es stammt. Wieder gebe ich nur zwei Antworten vor. Dieses Mal
stammen alle Aussagen entweder von der AfD oder der Linken sowie ihren
Vorgängerparteien PDS und Linkspartei. Die AfD rangiert weit rechts im
politischen Spektrum, die Linke weit links – die Aussagen zeigen also
eindeutig den Verfasser an, richtig?[a] Probieren wir es aus.
Notieren Sie Ihre Antworten, die Auflösung folgt.

1. „SPD, Grüne, CDU/CSU und FDP bieten nicht die Möglichkeit,
   zwischen verschiedenen politischen Richtungen zu wählen. Sie
   vertreten lediglich unterschiedliche Varianten einer Politik."

   a. AfD

   b. Die Linke oder Vorgängerparteien

2. „Wir sehen nicht nur die Krisen dieses Landes und das Versagen der
   herrschenden Politik. Wir schätzen den geistigen, kulturellen und
   ethischen Reichtum der Menschen, die in Deutschland leben. Wir
   wissen um die wirtschaftliche, finanzielle und politische Macht und
   die großen Möglichkeiten der Bundesrepublik Deutschland."

   a. AfD

   a. Die Linke oder Vorgängerparteien

3. „Die Allmacht der Parteien und deren Ausbeutung des Staates
   gefährden unsere Demokratie. Diese Allmacht ist auch Ursache der
   verbreiteten Politikverdrossenheit."

   a. AfD

   b. Die Linke oder Vorgängerparteien

4. „Heimlicher Souverän ist eine kleine, machtvolle politische
   Führungsgruppe innerhalb der Parteien. Sie hat die
   Fehlentwicklungen der letzten Jahrzehnte zu verantworten. Es hat
   sich eine politische Klasse von Berufspolitikern herausgebildet,

---

[a] Die Aussagen stammen alle aus den Programmen zu Bundestags- oder Europawahlen. Sie können also
nicht als Irrungen eines fehlgeleiteten Landesverbands abgetan werden. Sie sind offizielle Aussagen, auf
die sich die Parteien deutschlandweit an ihren prominentesten Stellen geeinigt haben.

deren vordringliches Interesse ihrer Macht, ihrem Status und ihrem materiellen Wohlergehen gilt."

    a.   AfD

    b.   Die Linke oder Vorgängerparteien

Die Auflösung:

1.   Die Linke,[42]
2.   Die Linke,[43]
3.   AfD,[44]
4.   AfD.[45]

Hat Ihnen der Heimvorteil geholfen? Die Menschen, mit denen ich diesen Test versuche, beantworteten im Durchschnitt zwei Fragen richtig. Bei zwei Antwortmöglichkeiten entspricht ihre Treffgenauigkeit den 50 Prozent, die ihnen der Zufall beschert.

Die Situation in Deutschland gleicht der in Amerika. Zwei politische Kräfte, weit an gegensätzlichen Rändern des Spektrums und mit vorgeblich gegensätzlichen Zielen, verbreiten die Botschaften, die alle Populisten einen: „Die anderen sind alle gleich." „Die herrschende Elite ist korrupt." „Wir sind die einzige Alternative."[a]

Die politischen Ränder ähneln sich in Demokratien stärker als alles dazwischen.

Prüfen wir diese Feststellung mit einem Blick auf Wählerwanderungen in Deutschland. Gleicht die Lage der in Amerika, müssten viele Wähler von der Linken zur AfD gewechselt sein. Wie bei Sanders und Trump müsste das gemeinsame Feindbild vorgeblich gegensätzliche politische Ziele überschreiben.

Das passiert tatsächlich. Von den 3,8 Millionen Menschen, die bei der Bundestagswahl 2013 die Linke gewählt hatten, setzten bei der Wahl vier Jahre später laut dem Umfrageinstitut Infratest dimap rund 430.000 ihr Kreuz bei der AfD – mehr als jeder Zehnter.[46] Fast eine halbe Million Wähler wechselte von weit links nach weit rechts.

---

[a] Das Feindbild-Denken von Populismus-Anhängern schafft Überraschungspotenzial: Im Glauben, Bedrohungen zu bekämpfen, gehen Anhänger von Populisten fast immer wählen. Überzeugen Populisten fünf Prozent der Bevölkerung, sichern sie sich bei einer Wahlbeteiligung von rund der Hälfte zehn Prozent der Stimmen. Überzeugen Populisten 20 Prozent der Menschen, sichern sie sich mit 40 Prozent Stimmanteil den Wahlsieg. Wie beim Wahlerfolg Donald Trumps und der Abstimmung für den Brexit unterschätzen wir die Bedrohung durch Populisten, weil ihr Stimmpotenzial bei der nächsten Wahl die Verbreitung ihrer Anhänger im Alltag übersteigt. Eine Minderheit kann unsere Gesellschaft zum Kampf gegen eingebildete Probleme verurteilen.

Insgesamt verlor die Linke rund 600.000 Wähler an andere Parteien — unter anderem 70.000 an die FDP, 70.000 an Kleinparteien und 430.000 an die AfD. Von Grünen, SPD und CDU gewann die Linke mehr Wähler, als sie abgab.[a] Die Wanderung von der Linken zur AfD machte zwei Drittel aller Abgänge aus, die überwältigende Mehrheit.

Ähnlich wie bei Trump und Sanders ist diese Entscheidung in einer Demokratie völlig legitim. Bürger sollen wählen, wen sie wollen. Allerdings drehten kaum 430.000 Menschen ihre Meinungen in vier Jahren derart, dass sie erst zu Multikulti-Werbung passten, dann zu Multikulti-Verteufelung. Eher gab das gemeinsame Feindbild den Ausschlag.

Schon bei der Bundestagswahl 2013 stimmte im Osten rund jeder fünfte Wähler, der der AfD seine Zweitstimme schenkte, mit seiner Erststimme für die Linke. Wie in Amerika leisteten in Deutschland weit linke Populisten mit ihren Feindbildern die Vorarbeit für weit rechte Populisten. Sie hetzten sogar gegen ähnliche Gruppen.

Eine interessante, aber überraschende Erkenntnis: Wieso setzen Populisten weltweit auf gleiche Feindbilder? Welchen Vorteil bringt es ihnen, alle Probleme den gleichen Leuten anzuhängen? Die Antwort liefert eine Rede von Gregor Gysi, in der er seine Meinung um 180 Grad dreht, um die gleiche Bedrohung herbeizureden wie immer.

Hohe Zinsen, niedrige Zinsen: Beides böse!

„Verschwörungstheoretiker glauben an Verschwörungen, weil es angenehmer ist. In Wahrheit ist die Welt chaotisch. In Wahrheit stecken hinter Problemen weder Illuminaten, noch jüdische Banker, noch graue Aliens. Die Wahrheit ist viel beängstigender: Niemand steckt hinter Problemen. Niemand kontrolliert die Welt.“

Alan Moore[b]

Es ist ein Mittwoch im September 2014, als Gregor Gysi den Deutschen vermeintlich offenbart, wie die Politik sie für Fehler anderer bluten lässt. „Die Europäische Zentralbank hat nun den Leitzins auf den niedrigsten Stand der Geschichte gesetzt“, sagt der damalige Fraktionsvorsitzende der Linken im Bundestag in die Mikrofone des Rednerpults. „Die Sparer, auch die kleinen und mittleren, bekommen keine Zinsen. Da wir aber eine Inflationsrate haben, weil jedes Jahr alle Dienstleistungen und Waren teurer werden, verlieren die Sparguthaben jedes Jahr an Wert. Das heißt, die Sparerinnen

---

[a] Diese Zahl zeigt die Netto-Wählerwanderung. Wechseln 500.000 Wähler von Partei A zu Partei B und 100.000 Wähler in die Gegenrichtung, bleibt eine Netto-Wanderung von 400.000 Wählern von A zu B.
[b] Ich würde anfügen: Wir alle kontrollieren die Welt. Jeder zu einem verschwindend geringen Teil. Aber jeder von uns hat Einfluss. Diese Erkenntnis überträgt uns die Freiheit und die Pflicht, unseren Einfluss sinnvoll zu nutzen statt ihn mit Verschwörungstheorien zu verschwenden.

und Sparer bezahlen die Krise."

Wenige Tage zuvor hat die EZB als Reaktionen auf die Finanz- und Eurokrise den Leitzins der Eurozone auf fast Null gesenkt. Gysi behauptet wie viele Linken-Politiker dieser Zeit, niedrige Zinsen schaden dem kleinen Mann. Klingt folgerichtig? Abwarten.[47]

Lange schienen Linke-Politiker, die höhere Zinserträge fordern, ähnlich unwahrscheinlich wie Katzen, die ihre Leben für Mäuse opfern. Die Linke baut Banken, Zinsen und „die da oben" seit Jahrzehnten als Feindbilder auf. Selten haben Gysi, Wagenknecht und Kollegen diese Feindbilder derart wagemutig aktuellen Entwicklungen aufgezwungen wie im Fall Niedrigzinsen.

Im August 2013 beschreibt der französische Ökonom Thomas Piketty in seinem Bestseller *Das Kapital im 21. Jahrhundert* hohe Zinsen als eine Hauptursache von Ungleichheit: Erwirtschaften Bankguthaben jährlich fünf Prozent Zinsen, während die Gesamtwirtschaft nur zwei Prozent wächst, vergrößern sich die Vermögen von Anlegern schneller als der Wohlstand der Gesellschaft, so Piketty. Ihr Stück vom Kuchen wachse schneller als der gesamte Kuchen. Folglich schrumpfe das Stück der übrigen Bevölkerung, allen voran der arbeitenden. Übersteigen die Zinsen das Wirtschaftswachstum, steige also die Ungleichheit. Wer reich erbt, könne sich bei hohen Zinsen sein Leben lang zurücklehnen.

Die Wahrheit bleibt schwammiger, als Piketty es annimmt. Die Menschheit teilt sich nicht in „Vermögende" und „Unvermögende", die gegensätzlich denken und handeln. Sie besteht aus Menschen, die sich alle ähneln. Wer Geld besitzt, lehnt sich deswegen nicht zurück. Selbst Millionenerben verbrutzeln nicht ihr Leben lang in der Côte-d'Azur-Sonne. Sie gründen Unternehmen, engagieren sich sozial und tun alles Mögliche. Die, die ihr Vermögen erhalten, setzen es sinnvoll und produktiv ein. Andere verprassen es ähnlich schnell wie Lotto-Millionäre, die wenige Jahren nach ihrem Gewinn Sozialhilfe beantragen. Wäre Vermögen so selbsterhaltend wie Piketty meint, dürfte das nie passieren.[a]

Die Wahrheit lautet wohl: Übersteigen die Zinsen das Wirtschaftswachstum, *könnten* äußerst Vermögende von Zinserträgen leben. Die wenigsten tun es aber. Statt sich wirtschaftlichen Überlegungen zu unterwerfen, verfolgen sie Wünsche und Träume wie wir alle. Freier Wille zerstört Zins-Verteufelung. Die Vermögen fauler Millionäre wachsen daher

---

[a] Ein weiterer wichtiger Kritikpunkt, den Ökonom Matt Rognlie feststellte: Piketty hat in seiner Berechnung die Abschreibungen vergessen. Wer zum Beispiel eine Fabrik baut, kann daraus nicht unbegrenzt Geld ziehen. Er muss sie regelmäßig erneuern und sanieren. Berechne man diese Kosten mit ein, wachse Einkommen aus Vermögen langsamer als aus Arbeit, folgert Rognlie. Der Kuchen wachse schneller als das Stück vermögender Menschen. Details hin oder her: Die Zinshöhe im Vergleich zum Wirtschaftswachstum allein verurteilt kein Land zur Ungleichheit. Piketty wies auf die Möglichkeit hin – darum ging es ihm hauptsächlich. Aber er schrieb kein Gesetz nieder.

im Durchschnitt langsamer als die Gesamtwirtschaft. Zinsen hin oder her.[a]

Unabhängig davon fand Pikettys Buch Erfolg. Seine Botschaft passt zum linken Denken: Für Karl Marx verwandelte das Ausbeutungswerkzeug Zinseszins Unterbezahlung der Arbeiter in Gewinne der Unternehmer. Jahrhundertlang kritisierten Linke, vermögende Menschen ließen ihr Geld dank hoher Zinsen für sich arbeiten, während andere in immer größerer Armut an Fließbändern schuften.

Eigentlich hätten Gysi und andere Linke bei Nullzinsen also frohlocken müssen: Erben, Milliardäre und Co. verdienten mit risikofreien Bankeinlagen keinen Cent mehr. Gesamtwirtschaft und Brutto-Einkommen wuchsen weiter – nach Piketty ideal im Kampf gegen Ungleichheit. Wer sein Stück vom Kuchen vergrößern wollte, musste gleichzeitig den gesamten Kuchen vergrößern, indem er zum Beispiel in Unternehmen investierte. Einige Investoren schufen Arbeitsplätze, andere verloren ihr Geld. So oder so, das Bild vom faulen Privatier zerplatzte.

Doch jubelten Gysi, Wagenknecht und andere Linke über den Niedrigzins? Nein. Sie erklärten ihn zum Feind des einfachen Sparers und zur Enteignung der Mittelschicht. Dass auch Vermögende weniger Erträge abstaubten, blendeten sie aus.

Betrachten wir das Verhalten von Gysi und Wagenknecht durch die Populismuslinse, erkennen wir ihr Ziel: Sie hatten jahrzehntelang auf Banken, Politiker und Zinsen geschimpft. Nun taten ihre Feindbilder, was die Linke zu verlangen vorgab. Für Populisten eine Katastrophe. Um weiter die große Verschwörung herbeizureden, behielten sie ihre Feindbilder bei und tauschten die Begründung aus. Was nicht passt, wird passend gemacht.

In Wahrheit dienen weder hohe noch niedrige Zinsen irgendjemandem. Wie Sommer und Winter bieten beide Vorteile und Nachteile. Zahlt das Tagesgeld fünf Prozent Zinsen, sollten die meisten Menschen ihr Geld sicher auf die Bank legen und Schulden vermeiden. Bei niedrigen Zinsen sollten sie eher von der Miete ins Eigenheim wechseln und die Zinsen langfristig festschreiben. Wer mit Zinsen sinnvoll umgeht, profitiert bei jedem Zinssatz.

Politiker können Wählern auf die Gewinner-Seite helfen: „Die Lage erfordert niedrige Zinsen. Das hilft dem Land, schadet aber Festzinssparern. Beraten Sie mit einem Fachmann Alternativen."

Viele Politiker vermitteln hilfreiche Aussagen wie diese. Weil einige Wähler aber in Feindbildern denken, besetzen Populisten die Verschwörungsnische. Sie werfen dem Winter vor, den Badeurlaub zu zerstören, und dem Sommer, die Skisaison zu vermasseln.

---

[a] Interessanterweise spiegelt die Kritik an vermögenden Menschen die Kritik an armen Menschen: Beim Thema Kinderarmut behaupten viele, mehr Geld für die Familien helfe den Kindern nicht. Die Eltern verprassten es für Bier, Zigaretten und anderen Schnickschnack. Studien widerlegen diese Ansicht zweifellos: Das Geld hilft den Kindern. Geht es ums Geld, gehen wir aber scheinbar immer vom Schlechtesten im Menschen aus.

Wähler, die diesen Populisten glauben, stehen immer auf der falschen Seite. In ihrer Enttäuschung wächst ihre Empfänglichkeit für weitere Verschwörungstheorien. Ein Teufelskreis.

Der Erfolg einer Gesellschaft hängt davon ab, inwieweit Wähler diesen Teufelskreis erkennen und Verschwörungstheoretikern ihre Stimmen verweigern. Gesellschaften, die immer über die Zinshöhe klagen, verschwenden Zeit und Aufmerksamkeit. Dadurch verlieren sie ohne Vorteil wichtige Themen aus dem Blick.

Populismus ist Sprachstil und Denkweise. Wie der ständig schimpfende Nachbar über alles meckert, zwängen Populisten jedes Thema in ihr Weltbild. Tatsächliche Lösungen interessieren sie nicht.

Bleibt die Frage, wieso Feindbilder derart attraktiv auf uns wirken, dass wir die offensichtlichen Widersprüche übersehen, mit denen Populisten diese aufbauen. Warum entgeht uns, wenn Politiker heute Entwicklungen verteufeln, die sie gestern als Ideal priesen?

Zwei Denkfehler beantworten diese Frage: Den ersten nennen Psychologen den False Consensus Effect (dt. Falsche-Einigkeit-Effekt): Wir überschätzen die Verbreitung unserer Meinungen. Wir glauben, die meisten Menschen denken und handeln wie wir. Auch, wenn sie es offensichtlich nicht tun.

Der zweite ist der Self-Serving Bias (dt. Selbstwertdienliche Überschätzung): Wir bewerten über, was wir mit uns verbinden. Zusammen schaffen beide Denkfehler den Nährboden für Feindbilder. Schauen wir uns beide Denkfehler und ihre Auswirkungen genauer an.

Lieblingssnacks und lauter Gleichgesinnte

„Man verdirbt einen Jüngling am sichersten, wenn man ihn verleitet, den Gleichdenkenden höher zu achten als den Andersdenkenden."

Friedrich Nietzsche

Stellen Sie sich Folgendes vor: Als Sie den Supermarkt Ihrer Nachbarschaft verlassen, fragt Sie ein Mann, wie Ihnen der Markt gefällt. Sie antworten ehrlich, dort gerne einzukaufen. Sie mögen das Angebot, die vernünftigen Preise. Daraufhin verrät Ihnen der Mann, dass ein Kamera-Team Ihre Aussage gefilmt hat. Der Supermarkt würde sie gerne unbearbeitet für einen Werbespot verwenden. Unterschreiben Sie die Einverständniserklärung, die dem Markt das erlaubt?

Psychologen der Stanford Universität in Amerika fragten Studenten im Jahr 1976, wie sie in diesem und ähnlichen Szenarien reagieren.[48] Unterschreiben sie die Einverständniserklärung? Gehen sie in einem anderen Beispiel gerichtlich gegen einen berechtigten Strafzettel vor, der Wetter und Uhrzeit falsch nennt? Oder zahlen sie die Strafe?

Im zweiten Schritt ließen die Psychologen die Studenten schätzen, welcher Teil ihrer Kommilitonen die gleiche Antwort wählt. Außerdem sollten sie die Charaktereigenschaften beschreiben, die Teilnehmer zu den Optionen bewegen.

Der Test brachte interessante Ergebnisse:

1. Die Studenten überschätzten, wie viele ihrer Teilnehmer wie sie denken. Bei der Supermarkt-Story gaben zwei Drittel an, die Einverständniserklärung zu unterschreiben. Die, die es taten, dachten, drei Viertel aller Studenten tun es ebenfalls. Die, die nicht unterschrieben, dachten, nur etwas mehr als die Hälfte unterschreibt. Beide Gruppen überschätzten die Verbreitung ihrer Meinung und unterschätzten die Verbreitung der Gegenseite. Die anderen Szenarien brachten ähnliche Ergebnisse.
2. Die Studenten wiesen Andersdenkenden schlechtere Charaktereigenschaften zu als Gleichgesinnten. Die, die den Strafzettel anfochten, hielten ihre Gruppe eher für selbstbewusst und klug. Die, die ihn akzeptieren, hielten Anfechter eher für knausrig und streitlustig.

Nietzsches Aussage, nichts verderbe Menschen mehr, als sie Gleichdenkende höher schätzen zu lehren als Andersdenke, fügen wir hinzu: Wir müssen Menschen diese Denkweise nicht lehren. Unser Gehirn übernimmt die Aufgabe von allein. Steuern wir nicht gegen, verderben wir uns selbst.

Vor allem in Politikfragen. In einem weiteren Teil des Tests ließen die Psychologen die Studenten die Verbreitung ihrer Charaktereigenschaften abschätzen. Wieder überschätzten die Teilnehmer, wie viele Leute ihnen ähneln. Schüchterne Studenten dachten, rund die Hälfte ihrer Kommilitonen sei ebenfalls schüchtern. Leutselige Teilnehmer hielten nur ein Drittel der Studenten für schüchtern.

Der Effekt wuchs bei politischen Themen: Studenten, die glaubten, in den nächsten zehn Jahren werde eine Frau Richterin am Obersten Gerichtshof der USA, dachten, knapp zwei Drittel ihrer Mitstudenten stimmten ihnen zu. Die, die an einer Oberste Richterin zweifelten, hielten sich ebenfalls mit knapp zwei Dritteln für die Mehrheit. Ähnlich alle anderen politischen Themen: Nimmt die Armut in den nächsten 20 Jahren ab? Setzt ein Staat Nuklearwaffen ein? Entdeckt die Menschheit außerirdisches Leben? Bei jeder Frage meinten die Studenten, die Mehrheit ihrer Kommilitonen teile ihr Weltbild.

Wir leben in einer Welt, in der jeder glaubt, die Mehrheit der Menschen denke in politischen Themen wie er. Oft sitzen wir damit einem Irrglauben auf.

Eine Erklärung, warum der Falsche-Einigkeit-Effekt gerade bei politischen Themen stark auftritt, liefert ein anderes Experiment. Amerikanische Psychologen ließen Studenten die Lieblingssnacks von Unbekannten erraten. Zunächst geschah, was Sie inzwischen wohl erwarten: Teilnehmer überschätzten die Beliebtheit ihrer Lieblingssnacks.[49]

Die Studenten ordneten ihre Schätzungen aber mit ihrem Wissen über Snack-Vorlieben ein. Sie wussten: Die meisten Personen naschen lieber Schokolade als Grünkohl, lieber Snickers als eine No-Name-Marke. Diese Grundlage verringerte ihre Abweichungen: Fans unbekannter Snacks überschätzten zwar, wie viele Menschen diese Snacks mögen. Sie stuften No-Name-Naschereien aber nicht als beliebter ein als Snickers.

Bei politischen Themen klafft unsere Wissenslücke über die Verbreitung von Meinungen weit. Mit den meisten Menschen reden wir nie über Politik. Die, mit denen wir es tun, denken oft ähnlich: Freunde, Verwandte, Internet-Gruppen-Mitglieder. Die verzerrte Auswahl verstärkt unser Gefühl, unsere Meinung sei weit verbreitet.

Für diese Erklärung spricht ein weiteres Ergebnis im Stanford-Versuch: Im Teil, in dem Teilnehmer ihre Charaktereigenschaften und deren Verbreitung einschätzten, wuchs die Ungenauigkeit bei Themen, über die wir selten reden. Bei Fragen wie „Denken Sie oft an den Tod?" oder „Fällt es Ihnen schwer, Ihr Temperament zu kontrollieren?" wichen die Einschätzungen über die Verbreitung der eigenen Ansichten stärker von den Tatsachen ab als bei zugänglichen Themen wie dem Anteil von Männern im Raum oder Personen mit braunen Augen.

Je weniger wir über eine Verteilung wissen, umso mehr schätzen wir. Je mehr wir schätzen, umso mehr überschätzen wir die Verbreitung unserer eigenen Meinungen und Eigenschaften. Weil wir bei politischen Themen die genaue Meinungsverteilung selten kennen, schätzen wir besonders schlecht.

In einer Demokratie schaffen diese Fehleinschätzungen ein Dilemma: Die Mehrheit bestimmt die Richtung. Weil alle ihre Meinungen für die der Mehrheit halten, erwartet jeder – selbst deutliche Minderheiten –, dass seine Vorstellungen umgesetzt werden. Passiert das nicht, denken einige, Politiker treten die Mehrheit mit Füßen.

Das öffnet Populisten die Tür. Sie behaupten, eine herrschende Elite ignoriere die Wünsche des Volkes. Sie stellen sich als Retter dar, die dem

Volk ihr Land zurückholen, und fangen bei jedem Thema ein paar Enttäuschte ab, indem sie alle Entscheidungen in ihre Verschwörungstheorie einbinden. Trump und Sanders, die AfD, die Linke und Sahra Wagenknecht: So unterschiedlich sie auf den ersten Blick wirken mögen, sie argumentieren nach dem gleichen Muster und nutzen den gleichen Denkfehler.

Der Falsche-Einigkeits-Effekt hindert uns daran, zu erkennen, wie viele Menschen anders denken als wir.

Diese Erkenntnis stellt uns vor das nächste Rätsel: Selbst wenn wir fälschlicherweise glauben, Politiker folgen dem Willen einer Minderheit, warum stört uns dies derart reflexartig? Bevor wir uns aufregen, könnten wir zumindest prüfen, ob sie guten Gründen folgen. Wer politische Debatten verfolgt, weiß aber: Diesen Schritt überspringen viele Teilnehmer: Auf „Nicht meine Meinung" folgt „Verrat an der stillen Mehrheit". Warum?

Das erklärt ein weiterer Denkfehler: Wir überschätzen uns und unsere Meinungen systematisch.

Autofahrer, Selbstüberschätzung und zehn Stühle

„Wir wissen nichts, das ist das Erste. Deshalb sollten wir sehr bescheiden sein, das ist das Zweite. Dass wir nicht behaupten zu wissen, wenn wir nicht wissen, das ist das Dritte."

Karl Popper

Seien Sie ehrlich: Wie gut fahren Sie Auto? Besser als der Durchschnittsfahrer? Schlechter? Genauso gut?

Denken Sie wie fast alle Menschen, sind Sie überzeugt, besser als der Durchschnittsbürger zu fahren. Sie meinen auch, überdurchschnittliche gute Musik zu hören, überdurchschnittlich rechtschaffend zu sein und auf der Arbeit überdurchschnittlich gute Leistungen abzuliefern. Denken Sie wie fast alle Menschen, glauben Sie, in fast allen alltäglichen Dingen, besser, ehrlicher und reiner als der Durchschnittsbürger zu handeln.[a] Wie fast alle Menschen liegen Sie damit falsch.

---

[a] Wichtig: in alltäglichen Dingen. Bei besonders schwierigen Aufgaben haben Forscher eher den gegenteiligen Effekt festgestellt: Unsere Befähigung als Astronauten, U-Boot-Seefahrer oder jemand, der in Vertretung kranker Piloten ein Flugzeug landet, schätzen sich die meistens von uns als unterdurchschnittlich ein. Auch damit liegen sie falsch. Eine Erklärung könnte sein: Evolutionär waren Menschen im Vorteil, die ihre Aufgaben selbstbewusst ausübten und nach etwas mehr strebten. Hätten aber alle Anführer sein wollen, wäre die Gruppe in Streit zerfallen. Unsere Wahrnehmung scheint so verzerrt, dass wir uns langsam immer weiter verbessern und aufsteigen wollen. Für eine Gruppe ideal.

In einer schwedischen Studie gab rund ein Viertel der Teilnehmer an, zu den besten zehn Prozent aller Autofahrer zu gehören. Rund ein Drittel verordnete sich in den nächsten zehn Prozent, ein Viertel im nächsten. Mehr als 80 Prozent der Autofahrer glaubten, zu den besten 30 Prozent zu gehören – deutlich zu viele. Weniger als 20 Prozent zählten sich zu den verbleibenden 70 Prozent – deutlich zu wenige.[50] Es ist, als trauten sich fast alle Amateurfußballer die Bundesliga zu.[a]

Ein großer Teil der Menschen überschätzt seine Fähigkeiten. Oft deutlich.

Andere Forschungen bestätigten unsere systematische Selbstüberschätzung:

- In einer australischen Studie schätzte die Mehrheit der Teilnehmer ihre Fähigkeiten in 38 von 40 Kategorien als überdurchschnittlich ein.
- In einer Studie mit Ringern nach dem ersten Kampf der Saison sahen die Sieger die Gründe für den Ausgang vor allem bei sich: gute Vorbereitung, neue Technik, viel Einsatz. Die Verlierer schrieben die Niederlage äußeren Umständen zu – Krankheiten, Verletzungen, Pech. Beide Gruppen verzerrten die Ergebnisursachen zu ihren Gunsten.
- Wir bevorzugen Aktien, Marken und Städte, die unseren Namen ähneln. Wer Chris heißt, trinkt häufiger Coca-Cola als die Durchschnittsperson. Wer Peter heißt trinkt eher Pepsi. Manfreds finden München intuitiv anziehender als Berlin; Bernds denken umgekehrt.

Psychologen nennen diesen Effekt die *Selbstwertdienliche Verzerrung*. Wir verzerren die Welt zu unseren Gunsten. Eine oft hilfreiche Denkweise: Im Überlebenskampf der Natur mussten unsere Vorfahren an sich glauben. Wer nach ein paar Abfuhren das andere Geschlecht als unerreichbar abschrieb, nahm seine Gene mit ins Grab. Wer sein Scheitern auf äußere Umstände schob, versuchte es weiter und fand vielleicht einen Partner.

Als Nachfahren von Selbstüberschätzern stärken unsere Gehirne lieber unser Selbstwertgefühl als die Welt realistisch wahrzunehmen. Richtet uns das nach Rückschlägen wieder auf, gibt es dagegen nichts einzuwenden.

Die Denkweise schafft aber auch Probleme. Halten sich fast alle Autofahrer für makellos, suchen sie die Schuld an Konflikten bei anderen. Geraten zwei Selbstüberschätzer aneinander, entsteht Streit. Weil beide zudem meinen, rücksichtsvoller und einsichtiger zu sein, versuchen sie gar nicht erst, den Argumenten des Gegenübers zu folgen. Der Streit eskaliert.

In der Politik verleitet uns die Selbstwertdienliche Verzerrung, alles nach unserem Willen haben zu wollen. Stellen Sie sich vor, zehn Stühle stehen in

---

[a] Was viele auch tun.

einer Reihe. Zehn Personen wollen sich auf je einen Stuhl setzen. Klingt einfach. Ein Stuhl pro Person, was soll schiefgehen?

Nehmen wir nun aber an, der erste Stuhl sei der beste, der zweite der zweitbeste und so weiter. Handeln diese Menschen wie in der Politik oder beim Autofahren, verwandeln ihre Selbstwertdienlichen Verzerrungen die einfache Aufgabe in unlösbaren Streit. Acht Menschen glauben, die besten drei Stühle zu verdienen. Verweigert ihnen jemand ihren Willen, beschuldigen sie die anderen, die Ahnungslosen.

Dieses Beispiel liegt näher am echten Leben, als Sie denken. Studien zeigen, dass wir Dinge überbewerten, nur weil sie uns gehören: Psychologen ließen Testteilnehmer den Preis einfacher Gegenstände schätzen. Stift, Radiergummi, Spitzer. Anderen Teilnehmern schenkten sie eines der Objekte, bevor diese deren Wert beurteilten. Die zweite Gruppe schätzte Gegenstände, die ihr gehörten, deutlich teurer ein als die erste. Die übrigen Gegenstände schätzte sie gleich. Was uns gehört, erscheint uns wertvoller. Jeder, der einmal sein Auto verkauft hat, kennt den Effekt: Meist überrascht uns, wie wenig Interessenten für unseren geliebten Wagen bieten.

Übertragen auf das Stuhl-Beispiel heißt das: Die zehn Teilnehmer streiten auch um vollständig identische Stühle. Alleine der Entschluss, uns auf den dritten Stuhl von links zu setzen, lässt diesen Stuhl besonders erstrebenswert erscheinen. Will jemand dort sitzen, meinen wir, er stiehlt, was uns zusteht. Schauen Sie in einen Kindergarten oder eine Grundschule, sehen Sie diesen Konflikt allerorten. Wahrscheinlich haben Sie – wie ich auch – früher selbst um Stühle gestritten, die objektiv betrachtet so gut waren wie alle anderen. Die meisten Erwachsenen lernen irgendwann, wie wenig diese Streitereien bringen. In politischen Debatten fehlt uns diese Einsicht.

Menschen mit gleichwertigen Meinungen streiten sich, weil sie den Wert der eigenen Überzeugung überschätzen und Andersdenkende besiegen wollen. Das Ergebnis ähnelt einem Kindergarten-Streit um den „besten" Stuhl.

Die Guten, die Bösen und die Verschwörung

„[Der Mensch hat] einen grundlegenden Drang, die Dinge in zwei Gruppen einzuordnen, zwischen denen es nur einen leeren Raum geben kann. (…) Gut gegen Böse. Helden gegen Schurken. Mein Land gegen alle anderen."

Hans Rosling

Zusammen erklären die Selbstwertdienliche Verzerrung und der Falsche-Einigkeits-Effekt, wie politische Meinungsverschiedenheiten erbitterten

Streit schaffen. Entscheiden Politiker, was unseren Vorstellungen widerspricht, glauben wir ehrlich, sie ignorierten offensichtlich bessere Lösungen. Also vermuten wir hinter ihren Entscheidungen Dummheit oder böse Mächte. Gelichzeitig meinen wir, jeder lehne die Entscheidungen genauso ab, selbst wenn wir mit dieser Ansicht fast alleine dastehen. Fertig ist der Nährboden für Verschwörungstheorien.[a]

Populisten nutzen die Einfallstüren Selbstwertdienliche Verzerrung und Falsche-Einigkeit-Fehler, indem sie von einer Verschwörung gegen den einfachen Mann predigen und von einer Elite, die das Land unter sich aufteilt.

Mit dieser Erkenntnis knüpfen wir an das vorangegangene Kapitel an. Darin hatten wir festgestellt: Populisten bevorzugen fanatische Anhänger. Jetzt wissen wir: Wer seine Anhänger zu Fanatikern aufpeitschen will, muss sie überzeugen, jeder normal Denkende stimme dem Populisten zu. Fällt diesen Anhängern dann auf, wie viele Wähler dem Populisten widersprechen, stempeln sie diese Andersdenkenden als dumm, böse oder Teil einer Verschwörung ab. Sie sehen die Wahl des Politikers nicht länger als Werkzeug, um ihre politischen Ziele durchzusetzen. Um die Bedrohung zu besiegen, erheben sie seine Wahl zum eigentlichen Ziel. Sie werden seine Werkzeuge.

Dieser Spirale der Radikalisierung läuft in fünf Schritten ab:

---

[a] Die Folgen dieser Effekte zeigt Donald Trumps Behauptung, er habe die US-Präsidentschaftswahl 2020 gewonnen, obwohl ihn Auszählungen und Gerichte einstimmig zum Verlierer erklärten. Trump dachte womöglich wirklich, er habe die Wahl entweder ehrlich gewonnen oder durch Wahlbetrug verloren. Wegen der Selbstwertdienlichen Verzerrung, die bei ihm besonders ausgeprägt scheint, glaubte er, seine Präsidentschaft sei besser als alle anderen. Wegen dem Falsche-Einigkeits-Fehler dachte er, die Mehrheit der Amerikaner stimme ihm zu. Aus seiner Sicht mussten Wahlzettel, die dem widersprechen, gefälscht sein.
Wie leicht wir in derartiges Verschwörungsdenken abrutschen, warnt uns, Einzelpersonen nie mit zu viel Macht auszustatten. Wie leicht Millionen Amerikaner Trump glaubten, mahnt uns, unsere eigenen Überzeugungen stets zu hinterfragen und nie zu ernst zu nehmen.

	Feststellung	Folgerung
Schritt 1	„Ich habe recht."	„Die meisten Menschen denken wie ich."
Schritt 2	„Viele Menschen denken anders als ich."	„Sie haben nicht alle Informationen. Sonst würden sie denken wie ich."
Schritt 3	„Sie haben alle Informationen, denken aber trotzdem anders."	„Sie sind zu dumm, die Informationen zu verstehen."
Schritt 4	„Sie sind nicht dumm."	„Dann müssen sie böse sein."
Schritt 5	„*Wir* sind die Guten, *die* die Bösen."	„*Wir* müssen *die* um jeden Preis besiegen."

Am einfachsten verstehen wir politische Themen, indem wir die Position Andersdenkender erklären lernen, ohne ihnen Uninformiertheit, Dummheit oder Bösartigkeit zu unterstellen. Nur wenn wir dies absolut nicht schaffen, weil sich diese Menschen Erfundenem oder Verschwörungstheorien bedienen, können wir ihre Sicht ausblenden. Meist erkennen wir jedoch nachvollziehbare Absichten, die wir vielleicht nicht teilen, aber zumindest akzeptieren. Nur wer dieses Ziel bei den meisten Themen erreicht, darf sich einer ausgewogenen Meinung rühmen. Er wird dann aber ausreichend Vertrauen in die ehrlichen Absichten seiner Mitbürger erlangen, um sich seiner Meinung nicht länger rühmen zu müssen.

Populisten inszenieren sich als Anführer einer Bewegung der Guten gegen das Böse, weil sie sich so die bedingungslose Unterstützung ihrer Anhänger sichern. Mittels Falsche-Einigkeits-Effekt und Selbstwertdienlicher Verzerrung schaffen sie fanatische Anhänger.

Damit haben wir fast entschlüsselt, wie und warum sich Populisten als Retter vor Bedrohungen inszenieren. Bleibt noch ein Rätsel: Wir haben gezeigt, warum Populisten Feindbilder einsetzen. Warum verwenden sie aber immer die gleichen Feindbilder? Indem Populisten alles Schlechte auf die immer selben Bedrohungen zurückführen, schaffen sie auf den ersten Blick anfällige Botschaften. Laut Nationalsozialisten steckten Juden hinter amerikanischem Kapitalismus *und* sowjetischen Kommunismus. Offensichtlicher Unsinn. Ihren Anhängern musste eigentlich auffallen, dass eine Gruppe unmöglich derart gegensätzliche Wirtschaftssysteme schafft. Warum hielt Hitler dennoch jahrzehntelang am gleichen Feindbild fest? Warum machte er nicht eine Gruppe für den Kommunismus und eine andere für den Kapitalismus verantwortlich? Warum wechselt Gregor Gysi in der Niedrigzinsphase nicht das Feindbild?

Diese Fragen beantwortet ein Populismus-Grundsatz, den Hitler in den 1920er-Jahren niederschrieb, den aber alle Populisten der Geschichte anwenden.

Wiederholung, Wiederholung, Wiederholung

„Jede Abwechslung darf nie den Inhalt des durch die Propaganda zu Bringenden verändern, sondern muss stets zum Schluss das Gleiche sagen."

Adolf Hitler

Als Adolf Hitler während seiner Haft in Landsberg am Lech in seinem Hetzwerk *Mein Kampf* seine spätere Herrschaft entwirft, schreibt er Grundsätze nieder, die, bewusst oder unbewusst, alle Populisten der Geschichte anwenden. Einer der wichtigsten lautet: „Gerade darin liegt die Kunst der Propaganda, dass sie, die gefühlsmäßige Vorstellungswelt der großen Masse begreifend, in psychologisch richtiger Form den Weg zur Aufmerksamkeit und weiter zum Herzen der breiten Masse findet."[51] Propaganda habe sich „auf wenig zu beschränken und dieses ewig zu wiederholen. Die Beharrlichkeit ist hier (...) die erste und wichtigste Voraussetzung zum Erfolg. (...) Jede Abwechslung darf nie den Inhalt des durch die Propaganda zu Bringenden verändern, sondern muss stets zum Schluss das Gleiche sagen."[52] Wiederholung, Wiederholung, Wiederholung.

Deswegen verwenden Populisten immer gleiche Feindbilder. Ausländer, Bundesregierung, Reiche: Am Ende führen sie die Fäden aller Probleme zu den immer gleichen Schuldigen.

Dabei hilft der *Mere-Exposure-Effekt*, was zu Deutsch so viel bedeutet wie *Effekt des bloßen Kontakts*: Alleine, weil wir eine Botschaft immer wieder hören, mögen wir sie. In einem Experiment ließen Psychologen auf Titelseiten amerikanischer Studentenzeitungen über Wochen ohne Erklärung erfundene Worte wie „biwonjni" abdrucken. Danach schrieben Studenten in Umfragen häufig abgedruckten Worten bessere Bedeutungen zu als seltener gedruckten. Nur weil sie diese Worte kannten, verbanden sie mit ihnen Gutes. Ähnliche Versuche mit Gesichtern, Formen und chinesischen Schriftzeichen bestätigten: Erfahren wir häufig einen Eindruck, gefällt uns dieser besser als Eindrücke, die wir seltener erfahren.[53]

Auch diese Verzerrung entspringt der Evolution: Unsere Vorfahren überlebten eher, indem sie Neuem misstrauten. Wer jedes unbekannte Tier streichelte, endete als Hauptspeise.

Wiederkehrende Eindrücke versprachen Sicherheit: Eine Tierart, die unsere Vorfahren zehn Mal ignorierte, zerfleischte sie kaum bei der elften Begegnung. Ein Schlafplatz, der unsere Ahnen jahrelang vor Wetter und Angreifern schützte, verhieß auch für die kommende Nacht besseren

Unterschlupf als ein ungeprüfter Ort. Die Denkweise „Was ich kenne, ist sicher" liefert in der Natur eine kluge Überlebensstrategie.

Wiederkehrende Eindrückende verwandeln für uns auch heute noch Furcht in Sicherheit.[54] Wir schätzen unsere Heimat, weil wir Bräuche, Dialekt und Eigenheiten kennen. Wir mögen Personen, deren Charaktere uns an wichtige Jugendeinflüsse erinnern. Wir verklären die Vergangenheit, weil sie uns vertrauter erscheint als die Zukunft. Alles nicht schlimm.

Populisten nutzen diese Denkweise, indem sie die Schuld für Probleme immer gleichen Gruppen zuschieben. Ob weit links oder weit rechts, ob Kommunist oder Faschist: Das Prinzip bleibt gleich.

Wie in einer mathematischen Formel setzen Populisten ihre Feindbilder für Platzhalter in die immer gleiche Struktur ein: „Die X sind an allen Problemen der Welt schuld. Das jüngste Ereignis Y beweist es. Die Regierung verheimlicht das, weil sie von X gelenkt wird." Ob Sie für X das „Linksgrün-versiffte Milieu" der AfD, die „Banken" und „Superreichen" der Linken oder die Juden Hitlers und die Bourgeoisie Marx' einsetzen – die Formel stimmt. Gleiche Lüge, unterschiedliche Variablen.

Wie der stete Tropfen den Stein höhlt, hämmern Populisten Wählern immer gleiche Botschaften in die Köpfe. Davon bleiben bei jedem Einschlag nur Bruchstücke hängen. Doch einige Wähler entwickeln aus diesen Stücken mit der Zeit felsenfeste Überzeugungen. „Diese Botschaft scheint so viel zu erklären, sie muss einfach stimmen" – das ist der Trugschluss, den Populisten erreichen wollen. Dafür brauchen sie gleichbleibende Feindbilder.

Im Vergleich zu mit Fakten argumentierenden Politikern, verschaffen sich Populisten mit dieser Technik einen Vorteil: Wer sein Weltbild auf Fakten aufbaut, muss es anpassen, sobald sich Fakten ändern. Nur Erfundenes lässt sich beliebig wiederholen.

Immer gleiche Feindbilder liefern Populisten einen ihrer größten Vorteile.

Beispiel Polit-Talkshow: Experten, die Themen in ihrer Vielschichtigkeit erklären, bleiben gegenüber Populisten oft im Nachteil. Die Experten haben zwar meist recht. Weil sie Kriege, Flüchtlingsströme und Pandemien aber unterschiedlichen Ursachen zuordnen, verankern sich ihre Antworten schlechter in den Köpfen vieler Zuhörer als Verschwörungstheorien, die alle Probleme der Welt Reichen, Ausländern oder Eliten zuschieben. Letztere wirken logischer, allgemeingültiger, kraftvoller.

Populisten beklagen immer eine Hetzjagd gegen sie. Niemand bezichtigt aber beispielsweise die AfD der Schuld an Corona-Pandemie, Wirtschaftsflaute und Ukrainekrieg. Die AfD macht ihre Feindbilder für all diese Ereignisse verantwortlich sowie für Flüchtlingsströme, Kriminalität und den Abstieg des Dieselmotors. So sieht eine Hetzjagd aus. Das Selbstmitleid der AfD ist das typische Gejammer von Populisten, die klare Trennlinien zwischen sich und andere Parteien ziehen wollen.

Damit haben wir die Frage des letzten Abschnitts teils beantwortet: Populisten können heute hohe Zinsen verteufeln und morgen niedrige, heute strenge Corona-Maßnahmen fordern und sie morgen als Faschismus abstempeln, weil sie nur den aktuellen Bezug ihrer Aussage ändern. Ihr Feindbild behalten sie. Darauf kommt es ihnen an.

Bleibt die Frage, was wir dagegen tun können. Wie verhindern wir, selbst auf Wiederholung, Selbstwertdienliche Verzerrung und Falsche-Einigkeits-Effekt hereinzufallen? Die Antwort liefert ein wissbegieriger Zuhörer bei einem meiner Vorträge.

Das Gegenmittel: Bandbreiten oder Richtig-Falsch-Denken?

„Was die Philosophie beseitigen muss, ist die Gewissheit, sei es nun die des Wissens oder des Nichtwissens."

Bertrand Russell

Wie dringend wir ein Werkzeug zum Vermeiden populistischer Feindbilder brauchen, zeigt das Beispiel eines Zuhörers, mit dem ich nach einem Vortrag über Populismus in der Corona-Pandemie in Nordhausen (Thüringen) redete. Der nette, interessierte Rentner erzählte mir, er schätze eine neue Lokalzeitung, die „beide Seiten der Debatte" darstellt.

Jenes AfD-nahe Blatt druckte die Verschwörungstheorien, die ich in meinem Vortrag zu entkräften versucht hatte. Es berichtete Aussagen, die Corona-Impfung könne Gespritzte mit dem Virus anstecken, Frauen unfruchtbar machen, und unsere Gene verändern. Statt dringend nötiger Einordnungen druckte es dazu Einzelfälle, die die Verschwörungstheorien scheinbar belegten. Das Blatt sollte Falschnachrichten durch Wiederholung einen ernstzunehmenden Anstrich verleihen. Beim Zuhörer funktionierte der Trick.

Schade. Weil sich der Mann bemühte, alle Seiten zu verstehen, rutschte er in ein populistisch verengtes Weltbild ab: die Sichtweise der Populisten auf einer Seite, alle anderen auf der anderen. Die von ihm angesprochenen „zwei Sichtweisen" entsprangen einem AfD-Trick.

Die Corona-Pandemie kannte in dieser Phase eher hunderte Sichtweisen als zwei. Sollen sich Impfungen auf Impfzentren konzentrieren oder sollen Hausärzte, Apotheken und Krankenhäuser mitspritzen? Soll sich jeder regelmäßig gegen Corona testen lassen oder nur Ungeimpfte oder niemand? Sollen Kunden in Geschäften Masken tragen?

Populisten konnten in diesen vielschichtigen, schwer greifbaren Diskussionen weder Alleinstellungsmerkmale noch Feindbilder aufbauen. Also behaupteten sie, Corona sei so ungefährlich wie eine Grippe und die Pandemie eine Verschwörung zum Errichten einer Diktatur – obwohl die damalige Kanzlerin Angela Merkel bereits ihren Politikrückzug angekündigt hatte, statt an einer Diktatur zu basteln.

Die Aussage des Zuhörers verdeutlicht das Problem, vor dem viele von uns im Umgang mit derartigen Vorwürfen stehen: Von Kind auf lernen wir, anderen zuzuhören und Kompromisse zu suchen. Wie kann dieser Ansatz bei Populismus falsch sein? Verweigern wir uns ihren verdrehten Konfliktlinien, klagen Populisten über Schwarz-Weiß-Denken. Haben sie damit recht? Sollten wir ihre Feindbilder nach dem Mehrere-Seiten-Vereinen-Muster durchdiskutieren?

Jein. Die Wahrheit trägt meist die Mehrere-Seiten-Vereinen-Brille und manchmal die Richtig-Falsch-Brille. Die Kunst besteht darin, zu jeder Debatte die richtige Brille aufsetzen.

Was schwierig klingt, entspricht unseren Alltagsgewohnheiten: Suchen wir mit unseren Partnern das nächste Urlaubsziel, streben wir nach Kompromissen, die für alle funktionieren. Meinungsdebatten lösen wir durch die Mehrere-Seiten-Vereinen-Brille.

Löst ein Erstklässler die Rechenaufgabe zwei plus zwei mit fünf, bieten wir ihm aber nicht als Kompromiss die Antwort 4,5 an. Die Lösung lautet vier. Ende. Fakten erfordern Richtig-Falsch-Denken statt Kompromisse.

Im Alltag wissen wir intuitiv, welche Denkweise zu einer Situation passt. In der Politik wissen wir es nicht. Populisten nutzen das, indem sie Richtig-Falsch-Situationen in Bandbreiten-Debatten verzerren und Bandbreiten-Debatten in Richtig-Falsch-Situationen. Sie diskutieren Fakten wie den Klimawandel, sprechen aber bei Themen mit mehreren berechtigten Sichtweisen wie Coronaeinschränkungen von eindeutigem Richtig und Falsch – „Corona-Diktatur" oder Freiheit.

In den meisten gesellschaftlichen Debatten blenden Populisten die guten Argumente mehrerer Lösungsansätze aus. Beispiel Strafrecht: Härtere Strafen schrecken mehr Menschen ab und verhindern Verbrechen; aber nur bis zu einem bestimmten Punkt. Wer 18-Jährige wegen Dummheiten jahrelang wegsperrt, nimmt ihnen die Chance auf normale Leben. Kommen sie aus dem Gefängnis frei, finden sie keinen Job und ernähren sich nur mittels Verbrecherkarriere. Zu harte Strafen führen daher eher zu mehr Kriminalität als zu weniger.

Harte und leichte Strafen besitzen jeweils Vor- und Nachteile. Es gibt kein eindeutig richtiges Strafmaß, sondern eine Bandbreite an Optionen. Niemand weiß sicher, welcher Punkt der Bandbreite die Vorteile dieser Optionen am sinnvollsten vereint und ihre Nachteile am ehesten vermeidet. Die sich verändernde Welt verschiebt den idealen Punkt außerdem ständig. Wir wissen nur: Je weiter wir uns in Richtung der Extreme bewegen, umso deutlicher spüren wir deren Nachteile.

Stellen wir alle unsere idealen Strafgesetzbücher auf, führen uns unsere unterschiedlichen Erfahrungen alle zu anderen Punkten auf der Bandbreite; einige weiter an ein Ende, andere weiter ans andere.

Eine Debatte mit Millionen unterschiedlichen Ansichten verurteilt die Suche nach einer richtigen Meinung zur Sinnlosigkeit. Tragfähige Lösungen entstehen als Schnittmengen, als Punkte der Bandbreite, die so viele Menschen wie möglich einigermaßen unterstützen. Das gilt fürs Strafrecht wie für Steuern.

Suchen Gesellschaften in Bandbreitendebatten Schnittmengen, finden sie Wohlstand: Sie vereinen die unterschiedlichen Erfahrungen der Wähler, statt einige auszublenden. Statt die Ansicht eines Stadtbürgers durchzusetzen oder den Willen eines Landbürgers, schaffen sie Lösungen, die für alle funktionieren. Das Ergebnis ist mehr als die Summe seiner Teile.

Personen mit ausgewogener Meinung suchen in Debatten mehrheitsfähige Punkte auf dieser Bandbreite. Sie besprechen die Relevanz und die Gewichtung von Argumenten. Sie diskutieren, welche Punkte ein Thema betreffen und wie wir diese abwägen. Weil sie wissen, dass wir am Ende alle das gleiche Ziel verfolgen – eine gemeinsame gute Lösung – führen sie Gespräche konstruktiv und entgegenkommend.

Populisten polarisieren Bandbreiten-Debatten, indem sie alle Argumente auf eine Seite schieben. Sie fordern harte Strafen selbst für 14-Jährige, weil das fast alle Verbrechen verhindere, höhere oder niedrigere Steuern, als wenn diese alle Probleme des Landes lösen, und das sofortige Ende aller angeblich ach so bösen Corona-Maßnahmen. Sie blenden Gegenargumente aus und verunglimpfen alle als dumm oder böse, die ihrer Meinung widersprechen.

So erzeugen Populisten Alleinstellungsmerkmale. Weil hilfreiche Politiker Bandbreiten anerkennen, fordern nur Populisten Extremes. Wer sich davon tatsächlich die Lösung aller Probleme erhofft, muss die Populisten wählen.

Das Gegenteil tun Populisten in Debatten mit klar richtigen Eckpunkten. Die Erde ist rund und das Klima erwärmt sich vor allem durch menschliche Einflüsse. Wir wissen, was Politiker vor einem Jahr gesagt haben und wie viele Verbrechen einzelne Bevölkerungsgruppen begehen. Fakten und wissenschaftliche Erkenntnisse setzen einigen Debatten Grenzen. Wir können den Umgang mit dem Klimawandel diskutieren. Wer ihn leugnet, rutscht ins Märchenland.

Populisten nehmen das in Kauf. Mit alternativen Fakten verwandeln sie Eindeutiges in scheinbare Bandbreiten. Sie diskutieren über den

Klimawandel und die Gefährlichkeit von Corona-Impfungen. Auch dadurch besetzen sie einzigartige Positionen, die Anhänger binden.

Populismus schafft Glaubwürdigkeit, indem er die Linie von Diskussionen verschiebt. Von der Bandbreite zu Richtig-Falsch-Debatten und von eindeutigen Fakten zu Bandbreiten.

Indem wir über Fakten Richtig-Falsch-Debatten führen und über Meinungen Bandbreitendebatten, vermeiden wir Populismus, ohne andere Meinungen zu unterdrücken. Wir blenden lediglich Falschnachrichten und Propaganda aus.

Populisten erzählen Erfundenes, berufen sich danach auf Meinungsfreiheit und bezichtigen Kritiker der Meinungsdiktatur. In der Regel wollen Kritiker Populisten aber nicht den Mund verbieten, sie widerlegen nur ihre Falschaussagen. Das hat nichts mit Verstößen gegen die Meinungsfreiheit zu tun. Die Kritiker nutzen nur ebenfalls ihre Meinungsfreiheit, um die Gesellschaft weiter über Wahres statt Erfundenes reden zu lassen.

Meinungsfreiheit bedeutet nicht die Freiheit, Falsches als wahr anerkannt zu bekommen. Populisten dürfen ihre Ansichten vertreten. Die Gesellschaft darf ihnen widersprechen und sie ignorieren.

Damit haben wir den ersten Teil unserer Frage aus dem vorangegangenen Abschnitt beantwortet: Wir wissen, warum einzelne Populisten lieber alle Entwicklungen in ihr Feindbild zwängen statt neue Feindbilder zu bemühen: Nur so radikalisieren sie ihre Anhänger; und radikalisierte Anhänger übersehen auch offensichtliche Widersprüche.[a] Wir schützen uns, indem wir Fakten und Bandbreiten-Debatten richtig einordnen.

Bleibt die Frage, wieso alle Populisten der Geschichte auf die gleiche Handvoll Gruppen schimpften. Reiche, Banken, Ausländer; die politische Elite sowieso. Wieso gerade diese Gruppen? Was macht diese Feindbilder für Hetzer so attraktiv? Wie schützen wir uns vor diesem Trick?

Diese Fragen beantworten wir im nächsten Kapitel. Schon jetzt sei verraten: Die Verbreitung dieser Sündenböcke hat wenig mit tatsächlichen Ereignissen zu tun, aber viel mit ihrer Eignung für populistische Botschaften. Warum, zeigt eine schockierende, aber erfundene Geschichte.

---

[a] Vergleichen sie etwa den Arier-Idealtyp der Nationalsozialisten mit dem Aussehen Hitlers und der übrigen Führung.

Fazit

1. Populisten schaffen mit Feindbildern Bedrohungen. So verwandeln sie die Politik in den Augen ihrer Anhänger in etwas, das scheinbar gewonnen werden kann und muss.
2. Feindbilder funktionieren, weil sie Denkfehler ausnutzen – vor allem den Falsche-Einigkeits-Effekt und die Selbstwertdienliche Verzerrung.
3. Glauben Menschen einmal ein Feindbild, tun sie alles, um es zu bekämpfen. Sie wählen sogar Parteien mit gegensätzlichen Programmen, nur weil beide ähnliche Feinbilder herbeireden.

Lesetipps

Rolf Dobelli: Die Kunst des klaren Denkens

Eines der besten Bücher für alle, die sich für Denkfehler interessieren: Dobelli beleuchtet 52 Denkfallen wie den Falsche-Einigkeit-Effekt und die Selbstwertdienliche Verzerrung. Er erklärt, warum wir unser eigenes Wissen systematisch überschätzen und warum wir selbst nachweislich falschen Theorien nachhängen.

Link: https://amzn.to/3sUEqUM

Rolf Dobelli: Die Kunst des klugen Handelns

Der Nachfolger von *Die Kunst des klaren Denkens* beleuchtet 52 weitere Denkfehler. Eine spannende Ergänzung. Wie der Vorgänge prägnant, unterhaltsam und einleuchtend geschrieben. Viele Beispiele dieses Kapitels sind Dobellis Werken entlehnt.

Link: https://amzn.to/46bhQWb

Kapitel 6: Wieso Populisten nie tatsächliche Lösungen vertreten

Eine einprägsame Vergewaltigung

Populismus ist wie ein Glücksspiel-Automat:
Er setzt die Schwachstellen unseres Gehirns gegen uns ein.

„Alles, was wir fürchten müssen, ist die Furcht selbst.“

Franklin D. Roosevelt

Stimmte, was die AfD im November 2018 in den Sozialen Medien verbreitet, wäre es ein abscheuliches Verbrechen. Ein 17-jähriger Afghane habe eine 15-jährige Schülerin in eine Münchner Wohnung gelockt, schreibt die Partei. Der Afghane will Sex, die Schülerin lehnt ab. Der Afghane zwingt sie. Auch die fünf Mitbewohner des 17-Jährigen, alle Afghanen, missbrauchen das Mädchen. Mehrfach. „Vier Tage lang nichts als Schmerzen, Tränen und Demütigungen", berichtet die Partei. Ein „unfassbarer Fall". Ein „Martyrium". Und angeblich Zeichen eines viel größeren Problems.

Die AfD veröffentlicht regelmäßig ähnliche Beiträge. Ich wähle diesen speziellen Fall, weil ich selbst über ihn berichtete. Als ich ihn eines Morgens im Münchner Polizeibericht las, erwartete ich, dass ihn die AfD ausschlachtet. Mich überraschte trotzdem, wie rücksichtslos sie das tat.

Die angeblichen Peiniger des Mädchens sind Migranten, schreibt die AfD. Sechs von Hunderttausenden „illegalen Grenzübertritten", die „die Büchse der Pandora geöffnet" haben. „Die Leidtragenden sind Frauen und Kinder, ebenso Männer, die sich plötzlich einer Kultur gegenübersehen, die sich einfach nimmt, was sie will. Wohin soll das führen? Wie viele Opfer muss es noch geben? Wann übernimmt der Staat endlich Verantwortung und handelt?"

Wie die AfD aus den täglich tausenden Polizeimeldungen Deutschlands Geschichten auswählt, wie sie diese ausbaut und was sie weglässt, verrät, welche Ziele sie verfolgt.

Im Falle der 15-Jährigen stimmt: Die Münchenerin behauptete, tagelang von sechs Afghanen missbraucht worden zu sein. Sie war zur fraglichen Zeit in der Wohnung der Männer und schlief mit jedem von ihnen. Der Rest ist falsch.

In den Wochen nach dem Vorfall ermittelte die Polizei Zeugen, die die

15-Jährige während der fraglichen Zeit in der Stadt gesehen hatten. Sie bewegte sich ungehindert und kehrte freiwillig in die Wohnung der Männer zurück. Laut Polizei schlief sie ohne Zwang mit ihnen. Vergewaltigung? Fehlanzeige. Horror und Schrecken? Ebenso. Laut Beamten erfand das Mädchen ihr angebliches Martyrium. Die AfD verbreitete eine Lüge.[55]

Fiel die Partei auf das Mädchen herein? War alles ein Versehen? Neben der Regelmäßigkeit, mit der der AfD ähnliche „Versehen" unterlaufen, sprechen weitere gute Gründe gegen diese Sicht.

Die 15-Jährige tischte den Beamten Ungereimtheiten auf. Sie sei in zwei Wohnungen vergewaltigt worden, ihre Peiniger mit ihr von einem Tatort zum anderen durch München gefahren. Während der gesamten Zeit habe sie nicht auf sich aufmerksam machen können. Und das, obwohl Asylbewerber in München zu dieser Zeit in kontrollierten Unterkünften wohnten oder in mehrstöckigen Blöcken mit vielen Nachbarn. Keiner von ihnen residierte im abgeschotteten Landhaus.

In einer Asylbewerberunterkunft wäre das Mädchen sofort aufgefallen. Auch im Mehrfamilienhaus hätten ein Hilfeschrei, ein Klopfen an Wand oder Heizung die Entführung beendet. Selbst wenn sich die 15-Jährige das nicht getraut haben sollte: Wie funktionierte ihre Verlegung von einer Wohnung zur anderen? Ein Auto besaßen die Asylbewerber sicher nicht. Sechs Afghanen mit einer gequält dreinschauenden 15-Jährigen erregen in der Tram selbst nachts Aufmerksamkeit. Ein hilfesuchender Blick und die Entführung wäre vorüber gewesen.

Die Anschuldigungen der 15-Jährigen boten Grund zur Vorsicht. Die AfD brüllte sie als bewiesen in die Welt. Unschuldsvermutung? Bei Ausländern sowieso nicht. Der erste Grund, ein Versehen auszuschließen.

Der zweite: Die AfD erzählt die Geschichte nicht nur nach. Sie schmückt sie aus: "Martyrium", "vier Tage lang nur Schmerzen, Tränen und Demütigungen" – das stand in keinem Polizeibericht. Die Partei erfindet es.

Auch die 15-Jährige eine "Schülerin" zu nennen, führt in die Irre. Die Jugendliche wohnte in einer Betreuungseinrichtung. Es ist weder bekannt, ob sie zur Schule ging, noch ob sie überhaupt vermisst gemeldet wurde.[a]

Dennoch schreibt die AfD nicht: "Das Mädchen vertraute sich dem Personal ihrer Betreuungseinrichtung an." Das würde die Glaubwürdigkeit der Anschuldigungen und das Bild der unschuldigen Schülerin gefährden. Sie schreibt, das Mädchen habe sich ihrem Umfeld anvertraut. Der Leser soll an schluchzende Eltern und verzweifelte Omas denken, obwohl die Partei weiß, dass das nicht stimmt.

Der dritte Grund, nicht an ein Versehen zu glauben, ist die Gegenprobe. Kämen in der AfD Personen zusammen, die Verbrechen so stark ablehnen, dass sie unwissentlich alle Vorwürfe aufblasen, wäre ihr Bericht über die

---

[a] All das steht im Polizeibericht. Die AfD wusste es.

angebliche Vergewaltigung eine typische Übertreibung, wie sie der AfD ständig unterläuft, auch bei deutschen Straftätern. Prüfen wir diese Annahme.

Wenige Wochen vor der angeblichen Vergewaltigung in München begann am Landgericht in Oldenburg der Prozess gegen Niels Högel. Der Krankenpfleger hatte über Jahre hunderte Patienten vergiftet, um sie wiederzubeleben und seine Kollegen zu beeindrucken. Da er meist scheiterte, gilt er als schlimmster Serienmörder in der Geschichte der Bundesrepublik.

Das Landgericht verurteilte Högel wegen 85-fachen Mordes zu lebenslanger Haft. Wegen dreifachen Mordes hatte ihn ein früheres Verfahren schuldig gesprochen. Insgesamt ermittelte die Polizei gegen ihn in 332 Fällen. Viele von ihnen bleiben ungeklärt, weil die Ermittler eingeäscherte Opfer nicht untersuchen können. Doch Högel hat wohl hunderte Patienten umgebracht.

Der Fall entsetzte ganz Deutschland. Er trieb jeden zur maximalen Erregung; egal wie die aussieht. Außer die AfD.

Die Partei, die fragwürdige Anschuldigungen einer 15-Jährigen ausschmückt, als ginge die Welt unter, widmet dem schlimmsten Serienmörder der deutschen Nachkriegsgeschichte auf Instagram, Twitter und Facebook kein Wort. Nichts. Stille.

Dass dafür die Herkunft der Beschuldigten verantwortlich ist, liegt nahe. Einerseits schreibt die AfD in der Beschreibung zur erfundenen Vergewaltigung: „Die rechtlich nicht legale Grenzöffnung 2015[a] und die seither hunderttausendfachen illegalen Grenzübertritte haben die Büchse der Pandora geöffnet."[b] Sie knüpft an das Bild der trauernden Familie an und appelliert an das Mitleid des Lesers. Wer verhindern will, dass andere Familien genauso leiden, muss AfD wählen, so die Botschaft.

Andererseits belegen Studien, dass die AfD systematisch Verbrechen von Ausländern dramatisiert und von Deutschen ignoriert. Der Journalismus-Professor Thomas Hestermann und seine Strafrecht-Kollegin Elisa Hoven haben 242 Pressemitteilungen der AfD aus dem Jahr 2018 untersucht, die sich mit strafbaren Handlungen befassen. Ihr Fazit: „In Verlautbarungen der AfD spielt das Narrativ vom straffälligen Ausländer eine zentrale Rolle."[56]

---

[a] Bereits hier lügt die AfD. Sie will den Eindruck erwecken, Bundeskanzlerin Angela Merkel hätte 2015 „die Grenzen geöffnet". Das ist schlicht falsch: Die Grenzen im Schengen-Raum sind seit 1985 geöffnet. Merkel hielt sich lediglich an diese Vereinbarung. Damit sicherte sie das geltende Recht statt dagegen zu verstoßen. Die Aussage der AfD ist falsch.

[b] Die AfD hat den Beitrag und alle seine Kopien einige Jahre nach der Veröffentlichung aus dem Internet gelöscht. Sie hat allerdings keine Gegendarstellung veröffentlicht. Einige Ihrer Seiten (z.B. diese facebook.com/AfDLandesverbandHessen/photos/a.222023401270551/1284399341699613/) führen die angebliche Vergewaltigung weiter in fragwürdigen Listen zur scheinbaren Bestätigung der Bedrohung durch Ausländerkriminalität. Die AfD nutzt den ersten Schock, den Geschichten wie diese beim Leser auslösen, und löscht sie, wenn die Berichterstattung den Fehler offenlegt und sie sowieso längst in den Archiven des Internets verschwunden sind. Da die Medien unmöglich jeden Fehler im Detail offenlegen können, bleibt viel kurzfristiger Aufschrei und langfristig genügend Grundrauschen, um Unwahres zu verbreiten.

Daran hat sich seitdem wenig geändert.

Obwohl Deutsche laut der Polizeilichen Kriminalitätsstatistik 2018[57] rund zwei Drittel der Straftaten in Deutschland begingen, nannte die AfD in diesem Jahr nur in 2,5 Prozent ihrer Beiträge deutsche Straftäter – und selbst dann nur eingeschränkt. Entweder betonte sie, dass diese Menschen ihrer Meinung nach nicht wirklich deutsch seien, etwa „eine aus dem Irak stammende Person mit deutscher Staatsangehörigkeit". Oder sie spielte deren Beteiligung an der Tat herunter: „Von diesen 37 Tatverdächtigen hatte nur einer die deutsche Staatsangehörigkeit."

In allen übrigen Fällen nennt die AfD Ausländer als Täter. Entweder direkt, indem sie ihre Geburtsländer anspricht, oder indirekt, indem sie Begriffe wie Asylbewerber, Migranten oder Goldstücke verwendet.

Einer Gruppe, die rund ein Drittel der Tatverdächtigen in Deutschland ausmacht, dichtet die AfD fast alle Verbrechen an. Was zum Feindbild passt, bläst sie auf. Was nicht passt, blendet sie aus. Hieße der schlimmste Serienmörder der BRD Hamid statt Högel, die AfD wäre vor Erregung über seine Taten explodiert.

Die gleiche Strategie verfolgt die Partei in einem Großteil ihrer Beiträge. Messerattacken, Freibäder, Ritualmorde; Erregung über Böllerattacken von Menschen mit Migrationshintergrund in Berlin zu Silvester 2022. Aber Schweigen über mehrere Familienmorde einige Tage später und den Amoklauf eines Deutschen in einer Hamburger Zeugen-Jehovas-Kirche im März 2023. Immer wieder schmückt die AfD Anschuldigungen gegen Migranten detailreich aus, während sie deutsche Straftäter ignoriert.

Hilfreiche Politiker stellen sich auf neue Herausforderungen ein. Populisten blenden aus, was ihrem Schema widerspricht. Ihre Vorschläge gehen an der Welt vorbei.

Populisten auf der ganzen Welt tun es der AfD gleich. Donald Trump sagte im Wahlkampf über mexikanische Migranten in den USA: „Sie bringen Drogen. Sie bringen Kriminalität. Sie sind Vergewaltiger. Und einige, nehme ich an, sind gute Menschen."[58] Ähnlich wie die AfD würzte er seine Vorwürfe mit erfundenen Ausschmückungen: Von Mexikanern über Grenzmauern geworfenen Drogensäcke fielen US-Bürgern auf den Kopf. Italien, Frankreich und praktisch jede Demokratie der Welt besitzt Rechtspopulisten, die auf Ausländer schimpfen, und Linkspopulisten, die gegen Reiche hetzen.

Interessant: Diese Populisten hetzen nicht nur gegen die gleichen Feindbilder. Sie hetzen gegen diese Feindbilder im gleichen Tonfall und mit ähnlichen Ausschmückungen. So unterschiedlich viele Länder sind, die Sprache ihrer Populisten ähnelt sich wie sonst nur ihre McDonalds-Filialen.

Damit erklären wir den ersten Teil unseres Feindbilder-Rätsels:

Populisten schimpfen über gleiche Feindbilder, weil sie über diese Feindbilder auf eine bestimmte Art schimpfen können. Diese Art ist ihr eigentliches Ziel.

Populisten wählen ihre Feindbilder nicht wegen tatsächlicher Entwicklungen. Sie wählen Feindbilder, die ihnen ins Hetzschema passen: Feindbilder, gegen die sie Anschuldigungen nach Belieben erfinden und ausschmücken, ohne dass Wähler es merken.

Die Erklärung, was diese Ausschmückungen erreichen sollen und warum sie Populisten so wichtig sind, dass sie ihr ganzes Weltbild danach aufbauen, beginnt mit einem Kurs gegen Flugangst.

Brennende Flugzeuge und schweißnasse Hände

„Ihr Gefühl verrät Ihnen nichts über Fakten.
Es sagt Ihnen lediglich etwas über Ihre Schätzung der Fakten."

Naval Ravikant

Mit tränenden Augen und zitternden Händen sagt Angelika Müller, absolut sicher zu sein. Der Airbus, in dem sie sitzt, wird gleich abheben, eine Runde über Frankfurt drehen und wieder landen. Wenige Minuten Flug, ein Jet in perfektem Zustand. Trotzdem bekommt Müller Panik.

Die 46-Jährige ist noch nie geflogen. Sie hat nie Gefährliches in der Luft erlebt, nie Familie oder Freunde bei einem Unglück verloren. Doch sie hat Berichte über Abstürze gesehen. Eine Boeing, die in eine Brücke kracht. Eine Propellermaschine, die am Boden zerschellt. Als die Turbinen des Airbus' aufheulen, fürchtet sie, das nächste Opfer zu sein.

Wie Müller leiden jede Woche Teilnehmer in Anti-Flugangst-Seminaren. Sie schreiben mit, warum Flugzeuge nicht einfach vom Himmel fallen und sie eher bei zehn Kilometern Autofahrt sterben als beim Flug Frankfurt-New York. Trotzdem schreit ihr Kopf beim Start: „Nur raus hier!"

Flugangst entsteht durch eine Denkabkürzung, die auch Populisten ausnutzen: dem Verfügbarkeitsfehler. Wir überschätzen die Häufigkeit von Ereignissen, an die wir uns leicht erinnern, und unterschätzen die Häufigkeit von Ereignissen, an die wir uns schwer erinnern: Verfügbares wirkt wahrscheinlicher.

Die Teilnehmer des Anti-Flugangst-Kurses haben Berichte über Abstürze aufgesogen. Also überschätzen sie die Häufigkeit von Flugunfällen und beantworten Turbinengetöse mit Panik.

Bei Autounfällen denken die Teilnehmer umgekehrt: Sie wissen, dass im Straßenverkehr mehr Menschen sterben als in Flugzeugen. Sie erinnern sich aber zuerst an ihre vielen unfallfreien Stunden am Steuer. Familienurlaube und Arbeitspendelei statt Flammen und Schreie. Deswegen fahren sie lieber in den Urlaub als zu fliegen. Falsch programmiertes Gefühl arbeitet gegen den Verstand, statt ihn zu unterstützen. Und es gewinnt.

Der Verfügbarkeitsfehler bestimmt unser Denken so hartnäckig, weil ihn die Evolution in unsere Gehirne programmiert hat. Unsere Vorfahren brauchten keine weltweite Statistik über die Häufigkeit von Wolfsattacken. Die Verfügbarkeit zeigte die Bedrohung an. „Heult der Wolf, wird's brenzlig." Wer so dachte, dachte richtig.

Heute liefern uns Fernsehen, YouTube und Soziale Medien alle Nachrichten der Welt aufs Handy. Dadurch meistern wir Herausforderungen, die unsere Urahnen überfordert hätten. Wer den Klimawandel noch nicht spürt, kennt ihn trotzdem. Wer will, saugt dank Netz und Nachrichten aber Videos über Wolfangriffe oder Flugzeugabstürze auf. Danach erinnert er sich gut an diese Ereignisse, schätzt sie als häufig ein und fürchtet sie.

Dieses Gefühl sagt nichts über die tatsächliche Bedrohung aus. Wir können auf einem Pazifikatoll, tausende Kilometer vom nächsten Wolf entfernt, vor Wolfangst durchdrehen. Selbst die sicherste Fluglinie der Welt kann uns den Angstschweiß auf die Stirn treiben. Erfundene Feindbilder können unsere Wahlentscheidungen lenken.

Unsere moderne Welt entkoppelt Verfügbarkeit und Gefahr.

Im Kampf gegen eingebildete Gefahren entscheiden wir ähnlich schlecht wie ein Inselbewohner, der sich gegen Wölfe statt Skorpione wappnet: Wir tun, was uns zumindest nicht hilft und wahrscheinlich sogar schadet. Eher das mexikanische Nogales als das amerikanische.

Diesen Fehler vermeiden wir, indem wir seine Entstehung verstehen. Warum verankern sich manche Nachrichten in unserer Erinnerung, während andere durchrutschen? Was bestimmt, welche der Millionen täglich über uns hereinbrechenden Informationsfetzen uns verfügbar bleiben? Die Antwort auf diese Frage verrät, warum die AfD die angebliche Vergewaltigung ausschmückt.[a]

---

[a] Landläufige Erklärungen beantworten diese Fragen nicht, denn sie konzentrieren sich auf die Ereignisse selbst. Einige sagen, der Tod im Flugzeug wirke besonders grausam und errege deswegen viel Aufsehen. Ist der Tod im Flugzeug aber wirklich schrecklicher als der im Auto? Auf den Straßen verbluten Eltern eingeklemmt hinter dem Lenkrad, während ihre Kinder zusehen; Geisterfahrer reißen ganze Familien aus dem Leben. Das ist mindestens so schrecklich wie der Tod im Flugzeug. Trotzdem erregt es weniger Aufmerksamkeit.

Eins vorweg: Der Unterschied liegt nicht in den Ereignissen. Er liegt in der Art der Nachricht. Zwei Brüder haben ihn erklärt.

Sprichwörter, Widerhaken und unser Gedächtnis

„Mailand oder Madrid, Hauptsache Italien!"

Andreas Möller (angeblich)

Haben Sie gehört, dass Kohlenhydrate dick machen? Dass Astronauten die Chinesische Mauer als einziges menschliches Bauwerk aus dem Weltall sehen? Dass Einstein schlecht in Mathe war? Diese Aussagen teilen zwei Gemeinsamkeiten:

1. Sie sind Unsinn – teils offensichtlich. Die Chinesische Mauer ist schmaler als jede Autobahn. Wieso sollte man sie aus dem Weltall sehen und Straßen nicht?
2. Sie überleben hartnäckiger als wahre, hilfreiche Geschichten.[a]

Auch viele Verschwörungstheorien setzten sich gut in unseren Köpfen fest: Die Erde ist flach. Die NASA hat die Mondlandung im Filmstudio gefälscht. Die USA stecken hinter den Anschlägen auf das World Trade Center vom 11. September 2001. Quatsch, den jeder schon mal gehört hat. Die Entstehungsgeschichte der Europäischen Union hingegen betrifft unser Leben. Trotzdem kann sie kaum jemand erklären.

Wir erkennen:

1. Einige Geschichten bleiben uns besonders gut im Gedächtnis hängen. Manche Botschaften besitzen Widerhaken, mit denen sie sich fest in

---

Auch die höhere Anzahl der Toten bei Flugzeugunfällen erklärt den Unterschied nicht. Laut WHO starben im Jahr 2022 weltweit rund 1,3 Millionen Menschen im Straßenverkehr. Das sind rund 3500 pro Tag und mehr als einer alle 30 Sekunden. Die Todeszahlen bei Flugzeugunfällen liegen in den meisten Jahren bei wenigen Hundert. Trotzdem schreiben viele Menschen, die das Fliegen fürchten, am Steuer ihrer Autos Nachrichten. Keine Eigenschaft von Flugzeug- oder Autounfällen zwingt sie zu derart irrationalen Einschätzungen.

In anderen Situationen bleibt unsere Aufmerksamkeit ähnlich selektiv: Rational ist unerklärlich, warum das Reaktorunglück von Tschernobyl aus dem Jahr 1986 noch heute Menschen schlaflose Nächte bereitet, während Tote durch die Umweltverschmutzung von Kohlekraftwerken viel weniger Aufmerksamkeit finden. Beide verursachen Krebs; beide bringen unschuldige Menschen um, die es zunächst nicht bemerken. An der Strahlung der Reaktoren starben in den dreieinhalb Jahrzehnten nach dem Unfall aber selbst nach großzügigen Schätzungen weniger Personen als an Luftverschmutzung durch Kohleschlote jährlich – Tote durch die Folgen des Kohleabbaus nicht eingerechnet. Trotzdem fürchten sich viele Menschen deutlich mehr vor der Atomkraft als vor der Kohle. Am tatsächlich verursachten Grauen kann das nicht liegen.

[a] Auch Fußballstar Andreas Möller hat mehrfach beteuert, sein vermeintlich bekanntestes Zitat „Mailand oder Madrid, Hauptsache Italien!" nie gesagt zu haben. Trotzdem fällt selbst Gelegenheits-Fans bei Möller sofort dieser Spruch ein und kein anderer.

unseren Köpfen verankern. Andere rutschen durch. Von hunderten Werbeslogans, Nachrichtenüberschriften und Gesprächsfetzen, die wir jeden Tag hören, behalten wir bestenfalls eine Handvoll in Erinnerung. Der Rest ist weg.

2. Bei den meisten Menschen bleiben dieselben Ideen hängen. In uns allen entscheidet ein recht einheitlicher Mechanismus, ob wir eine Botschaft abspeichern oder vergessen. Wer diesen Mechanismus ausnutzt, verankert nach Belieben Botschaften in unseren Köpfen.

Darum geht es bei Populismus. Wer mit erfundenen Fakten Wähler überlisten will, schneidet diese Fakten so zu, dass sie in unseren Köpfen hängen bleiben. Populismus soll sich in unserem Gehirn festsetzen wie ein Ohrwurm aus dem Radio.

Der Trick funktioniert auch umgekehrt: Wer den Mechanismus versteht, der Botschaften in unseren Gehirnen verankert, schützt sich vor Populismus. Er erkennt auf Einprägsamkeit zugeschnittene Botschaften, die die Schwachstellen unseres Gehirns gegen uns einsetzen sollen.

Ein wichtiger Punkt: Viele Menschen glauben, die besten Ideen setzten sich in einer Demokratie automatisch durch. In Wahrheit verhalten sich Ideen aber eher wie Gene: Nicht die besten setzen sich durch. Sondern die, die sich gut verbreiten. Das müssen nicht die besten sein.

In seinem Buch *Der Anfang der Unendlichkeit*[59] erklärt Physiker David Deutsch den Unterschied am Beispiel einer Vogelart, deren ideale Brutzeit Anfang Mai beginnt. Derzeit haben sich alle Vögel auf diese Zeit eingestellt. Das System funktioniert.

Nun mutieren bei zwei Vögeln Gene, die sie bereits in der letzten Aprilwoche brüten lassen. Etwas zu früh und zu kalt. Weil diese Vögel ihren Brutplatz aber frei wählen, statt in Konkurrenz mit allen Artgenossen, geben sie ihre Gene häufiger weiter. Stück für Stück wächst der Anteil der Vögel, die Ende April Nester bauen. Irgendwann sind alle guten Plätze Anfang Mai längst vergeben und Vögel mit eigentlich idealen Brutzeit-Genen sterben aus.

Das Spiel beginnt von vorn. Wieder finden Vögel, die noch eine Woche früher Partner suchen, leichter Brutplätze und gleichen den Nachteil der ungünstigeren Witterung aus. Sie geben ihre Gene häufiger weiter als Späterbrüter und immer mehr Vögel bauen ihre Nester zwei Wochen vor der Idealzeit.

Der Kreislauf setzt sich fort, bis die Vorteile einer leichteren Nestwahl die Witterungsnachteile nicht länger ausgleichen. Dieses Gleichgewicht kann Monate vor der idealen Brutzeit eintreten.

Gene handeln egoistisch: Für ihr Überleben ignorieren sie das Wohl ihrer Besitzer. Die Evolution erzieht Vögel nicht zur für sie idealen Brutzeit. Sie erzieht sie zur *für ihre Gene* idealen Brutzeit.

Schlimmstenfalls rotten egoistische Gene ihre Art aus: Die Vögel unseres

Beispiels legen ihre Eier an der Grenze der für sie möglichen Zeit. Ein später Frühling erfriert eine Generation. Mehrere späte Frühlinge töten die Art.

Ideen verhalten sich ähnlich. Nicht die für uns hilfreichsten Ideen überleben. Sondern die, die sich am besten durchsetzen. Manchmal bleiben die Folgen unerheblich. Manchmal töten sie Millionen Menschen. Denken Sie an das Dritte Reich.

Populisten verhalten sich zu hilfreichen Ideen wie egoistische Gene zur idealen Brutzeit unseres Vogelbeispiels: Sie verführen uns zu für sie hilfreichen, aber für uns gefährlichen Entscheidungen.

Im Gegensatz zu unseren Genen wählen wir unsere Überzeugungen frei. Verstehen wir den Mechanismus, nach dem Ideen überleben, erkennen wir seine Gefahren und wie wir diese einschränken. Verstehen wir ihn nicht, liefern wir uns Populisten hilflos aus.

Entschlüsselt haben diesen Mechanismus die amerikanischen Brüder Chip und Dan Heath – ein Professor und ein Autor. Sie fragen: Wenn nicht die Relevanz eines Themas entscheidet, ob es uns im Gedächtnis bleibt, was dann? In ihrem Buch *Made to Stick: Why Some Ideas Survive and Others Die* erarbeiten beide sechs Gemeinsamkeiten langlebiger Ideen. Diese Gemeinsamkeiten bilden die Widerhaken, mit denen sich Gedanken in unserem Gehirn verankern. Schon jetzt sei verraten: Der Wahrheitsgehalt gehört nicht dazu. Schauen wir uns die Punkte der Reihe nach an.

1. Einfach

Die Heath-Brüder zitieren einen erfolgreichen Anwalt, der gesagt haben soll: „Argumentiere mit zehn Punkten und, selbst wenn es alles gute Punkte sind, wird sich die Jury bei der Beratung an keinen davon erinnern." Damit Ideen hängen bleiben, müssen sie so einfach sein wie möglich. Sie dürfen uns nicht überfordern.

Flugzeugunfälle vermitteln einfache Botschaften: „Vom Himmel fallen ist grausam." Ein Flugzeug, ein Unglück, ein Schicksal aller Insassen. Das bleibt uns im Gedächtnis.

Autounfälle schaffen verschwommene Bilder: hunderte Unfälle, hunderte Schicksale, hunderte Ursachen – eine riesige Faktensammlung, die unser Gehirn unmöglich griffig abspeichern kann.

Auch wer sagt „Ob Menschen Gewalttaten begehen, hängt von vielen Faktoren ab, allen voran ihren Lebenslagen, ihrer Bildung und ihren Zukunftshoffnungen", mag recht haben. Er vermittelt seine Botschaft aber zu kompliziert. Selbst Sie haben den Satz wahrscheinlich schon zur Hälfte vergessen. Wer aber sagt: „Afghanen vergewaltigen Schülerinnen", vermittelt eine Botschaft, die hängen bleibt. Drei Wörter und Bumm. Das funktioniert.

Ähnlich mit Banken: Eine ansatzweise korrekte Erklärung der Finanzkrise von 2008 erfordert Stunden. Am Ende haben die Zuhörer den Anfang vergessen. „Die Gier der Banken ist schuld" vermittelt eine einfache, klare Botschaft, die sich im Gedächtnis festsetzt. Deswegen verwenden Populisten immer die gleichen, aufs Nötigste reduzierte Slogans.

Sollen sich Botschaften verbreiten wie ein Lauffeuer, müssen sie einfach sein. Ein Feindbild, ein Retter, fertig.

---

2. Unerwartet

Anfang der 1990er-Jahre schaffte die amerikanische Gesundheitsbehörde das Unmögliche. Jahrelang war sie daran gescheitert, Filmfans auf die Gesundheitsgefahren von Kino-Popcorn hinzuweisen. Niemanden interessierte, dass in einer Packung fast doppelt so viele gesättigte Fettsäuren steckten (37 Gramm), wie sie die Gesundheitsbehörde als Tages-Höchstgrenze empfiehlt (20 Gramm). Kinobesucher verklebten sich mit in ungesundem Kokosöl getränkten Maisbällchen gut gelaunt die Adern.

Art Silverman vom Zentrum für Wissenschaft im Sinne der Öffentlichkeit (Center for Science in the Public Interest, CSPI) änderte das. Er erfand die Botschaft: „Ein mittleres Butter-Popcorn in einem typischen Kino enthält mehr arterienverstopfendes Fett als ein Speck-und-Ei-Frühstück, ein Big Mac mit Pommes und ein Steak mit allen Beilagen – zusammen."

Die Botschaft kam an. Fernsehen und Zeitungen berichteten über fettiges Popcorn, Kinobesucher fragten am Tresen nach in „gutem" Fett zubereiteten Snacks. Die meisten großen Kinoketten verzichteten auf Kokosöl.

Silverman sagte, was alle wussten: Kino-Popcorn strotzte vor Fett. Lange dachten aber viele: „Einmal die Woche schadet nicht." Verführerischer Duft schlug langweilige Botschaft.

Silverman übersetzte den altbekannten Inhalt in ein unerwartetes Bild: Popcorn war mehr als ein wenig zu fett. Es war so fettig wie ein fettiges Frühstück, ein McDonalds-Menü und ein Steak-Abendessen zusammen. Überraschend. Niemand pumpt gerne so viel Klebstoff in seine Adern.

Auch Flugzeugabstürze überraschen uns stärker als Autounfälle: Jeder weiß, dass täglich Menschen auf den Straßen sterben. Wir erwarten diese Berichte. Der Tod im Jumbo reißt uns aus dem Alltag.

Populisten setzen wie Art Silverman auf Unerwartetes, allerdings zur Manipulation: Sagt die AfD: „Einige Migranten begehen Straftaten", denkt jeder: „Logisch; ein paar Verbrecher gibt es überall." Sagt die AfD aber: „Fünf Afghanen vergewaltigen ein Mädchen mehrfach und tagelang", reißt sie uns aus dem Alltag wie ein Flugzeugabsturz. Wir denken: „Dass Migranten ein paar Verbrechen begehen, war mir klar. Aber dass es so schlimm ist, wusste ich nicht."

Deswegen schmückt die Partei diese und ähnliche Nachrichten aus: Sie rammt die Haken ihrer Botschaft in die Gedächtnisse der Wähler. Dass diese Haken aus Erfindungen bestehen, macht keinen Unterschied: Sitzen sie, bestimmen sie unsere Gedanken.

Gleiches gilt für den Zinseszins. Der Satz: „Hohe und niedrige Zinsen bringen je Vor- und Nachteile und Menschen sollten ihr Verhalten daran anpassen", überrascht niemanden. Fast alles auf der Welt besitzt gute und schlechte Seiten. Warum sollte es bei Zinsen anders sein?

Behaupten linke Populisten aber, die Mächtigen verschwören sich mithilfe niedriger Zinsen gegen das einfache Volk, würzen sie „Die-Welt-ist-kompliziert"-Gerede zur packenden Idee. Wir denken darüber nach: „Stimmt das?"

Damit überspringt die Botschaft die wichtigste Hürde: Sie dringt zu uns durch – auch wenn sie anderen Aussagen des gleichen Politikers grundlegend widerspricht.

Botschaften, die hängen bleiben, überraschen uns – mit Inhalt und Darstellung. Populisten schlachten daher überraschend darstellbare Ereignisse aus. Meist verzerren sie damit die Wahrheit: Erfundenes überrascht uns stärker, weil wir ihm noch nie begegneten. Erfunden ist es dennoch.

---

3. Greifbar

Wahrscheinlich kennen Sie das Sprichwort: „Besser der Spatz in der Hand als die Taube auf dem Dach." Wahrscheinlich kennen den Satz auch ihre ganze Familie, ihre Freunde und ihre Nachbarn. Er bleibt hängen. Weltweit.

Die Amerikaner sagen: „A bird in the hand is worth two in the bush." („Ein Vogel in der Hand ist so viel wert wie zwei im Busch.") Die Italiener sagen: "Meglio un uovo oggi che una gallina domani." („Besser ein Ei heute als ein Huhn morgen.") Gleiche Botschaft, immer geht es um Vögel.

Der Spatz in der Hand macht laut Chip und Dan Heath, was alle erfolgreichen Sprichwörter tun: Er übersetzt ein schwammiges Problem in ein greifbares Bild. Dadurch erklärt er Schwieriges leicht verständlich. Die Frage: „Soll ich meinen sicheren Job für meine Rockstar-Träume kündigen?", überfordert uns mit viel Unbekanntem. Jeder weiß aber, wie Vögel aussehen und wie die Sache mit Hühnern und Eiern funktioniert. Weil das Sprichwort uns diese konkreten Bilder vermittelt, merken wir es uns. Der Satz: „80 Prozent heute sind besser als 100 Prozent morgen", verblasst im Vergleich.

Auch Populisten verwandeln schwer Greifbares in konkrete Ideen:

Rechte Populisten schmücken Berichte über Migranten aus, um schwammigen Themen wie Kriminalität und Zuwanderung knackige Geschichten gegenüberzustellen. Linke Populisten tun gleiches mit Geschichten über Vermögensverteilung und Banken. Dadurch entwickeln sie mehr Durchschlagskraft als Statistik-Beweise, dass Ausländer nicht krimineller sind als Deutsche und Reiche nicht unmoralischer als Durchschnittsverdiener.

Geschichten, die in uns bekannten Bildern sprechen, finden in unserem Gehirn viele Anknüpfungspunkte, die sie festhalten. Populisten schmücken ihre Geschichten daher mit Besser-Merkbar-Details, die der Wahrheit oft fehlen.

---

4. Emotional

Gefühle bilden die stärksten Widerhaken einer Botschaft. Kinobesucher erinnerten sich an öliges Popcorn, weil sie sich vor ihm ekelten. Flugzeugabstürze brennen sich in unser Gedächtnis, weil sie uns viel fühlen lassen.[a]

Die Ausschmückungen der AfD sollen uns ihre Geschichte über die angebliche Vergewaltigung in München fühlen lassen. „Vier Tage lang nichts als Schmerzen, Tränen und Demütigungen." Ein „unfassbarer Fall". Ein „Martyrium". Erfunden, aber ideal, um in Lesern Emotionen zu wecken.

Haben Sie einmal jemanden sagen gehört, er möge die AfD nicht, aber sie habe manchmal einfach recht? Das liegt an Botschaften, wie der erfundenen Vergewaltigung: Erkennen wir sie nicht als Erfindungen, können wir sie unmöglich als belanglos abtun. Wer ein Herz hat, will ähnliche Übergriffe verhindern. Dafür muss er, so die Botschaft, AfD wählen. Diesen Übergriff gab es aber nie.

Erzählen Politiker detailreich Einzelfälle, gilt Vorsicht: Oft wollen sie damit Emotionen wecken und Debatten verzerren.

---

5. Geschichten

Wer einen Blick auf Autobahn-Plakate wirft, die Fahrer vor Raserei und Handy am Steuer warnen, versteht einen wichtigen Grundsatz einprägsamer

---

[a] Gleiches gilt für Tschernobyl: Gasmasken, piepsende Geiger-Zähler und Hautblasen stellen uns die Haare im Nacken auf. Kohle-Opfer, über Europa verteilt leidend, lösen weniger Emotionen aus. Also fürchten wir den Tod durch Atomunfälle stärker als den Tod durch Kohle-Luftverschmutzung, obwohl uns letzterer statistisch gesehen viel häufiger ereilt.

Botschaften: Geschichten bleiben hängen. Ein kaputtes Handy mit der halb fertigen Nachricht „Bin gleich da" im zerbeulten Auto. Ein Notizzettel auf dem Lenkrad mit der Aufschrift: „Fahr langsam. Uns zuliebe." Berichte von Kindern, die ihre Eltern verloren, weil ein Raser ihnen in die Seite fuhr.

Geschichten erreichen, woran Polizeiberichte von Autounfällen scheitern: Sie verankern sich in unseren Gehirnen. Wir spüren den Stich in der Brust, wenn wir an Kinder denken, die wegen uns ihre Eltern verlieren. Wir tun alles, um dies zu verhindern. Langsam fahren, Finger vom Handy.

Geschichten über Einzelfälle verwandeln graue Statistiken in bunte Bilder. Zumindest, wenn sie einfach, unerwartet, konkret und emotional sind: Plakate an Autobahnen statt Polizeibericht.

Nach diesem Muster gestrickte Geschichten bleiben bei uns auch hängen, auch wenn ihre Schöpfer sie frei erfinden. Bill Gates setzt Menschen mit dem Corona-Impfstoff Mikrochips ein, der Westen zwang Putin zum Ukraine-Überfall, Afghanen missbrauchen eine 15-Jährige – alles einfache, unerwartete, konkrete und emotionale Erfindungen.

Populisten, die behaupten alle Reichen oder Ausländer seien Verbrecher, entwickeln wenig Durchschlagskraft. Würzen sie ihre Erfindungen aber mit Geschichten über Einzelfälle, verankern sie diese im Bewusstsein der Menschen.

---

6. Glaubhaft

Erfüllt eine Botschaft die ersten fünf Punkte dieser Liste, erreicht sie viel – aber das Entscheidende fehlt. Einfache, unerwartete, konkrete und emotionale Geschichten setzen sich in unseren Köpfen fest. Das gilt jedoch auch für Star Wars („Möge die Macht mit dir sein!") und die Liedtexte von AC/DC („Highway to Hell"). Trotzdem richtet niemand seine Wahlentscheidung nach Luke Skywalker. Sein Kampf gegen das Imperium bleibt politisch bedeutungslos.

Populisten wollen mehr sein als gute Geschichtenerzähler. Sie wollen uns glauben lassen, hier und jetzt den Lauf der Welt zu verändern. Trotz realitätsfremder Botschaften.

Eine Herausforderung. Die Wahrheit passt praktisch nie ins Muster durchschlagender Geschichten. Vielschichtig und kompliziert wie eine Doktorarbeit, langweilt sie uns, statt uns zu überraschen. Weil Populisten ihre Botschaften auf Einprägsamkeit auslegen, fehlen ihnen Fakten, belastbare Statistiken und die Mehrheit der Experten. Sie können unmöglich begründen, warum fragwürdige Anschuldigungen gegen Geflüchtete mehr

Aufmerksamkeit verdienen als ein hundertfacher Massenmörder und wissenschaftliche Einordnungen von Ausländerkriminalität.

Also nutzen Populisten einen anderen Ansatz: Sie erzeugen Glaubwürdigkeit durch Manipulation. Um Gefahren zu erfinden, die sich besser in unseren Köpfen verankern als die Wahrheit, müssen sie diese mit Geschichten untermauern, die einfacher, unerwarteter, greifbarer und emotionaler sind als wirkliche Hintergründe. Das funktioniert nur bei komplexen, schwer verständlichen Themen: Erklärt die Wahrheit leicht verständlich alles, überwinden Verschwörungstheorien ihren Glaubwürdigkeitsrückstand nie. Überfordert uns die Wahrheit, öffnet sie Verschwörungstheorien die Tür.

Beispiel Corona-Schutzmasken: Anfangs der Pandemie, als die meisten Menschen in Europa noch nie Atemmasken getragen hatten, verteufelten Populisten Corona-Masken als gefährlich. Ihre Träger könnten das Bewusstsein verlieren oder durch CO_2-Ansammlungen unter der Maske einschlafen.

Die Botschaft kam an. Wählern fehlten griffige Erfahrungen und einfache Erkenntnisse zu Masken. Schwammigen Erwartungen wie: „Mit Masken senken wir den die Ansteckungsrate anzeigenden R-Wert um einige Prozent", stellten Populisten konkrete Botschaften gegenüber: „Sie werden bewusstlos!" Emotional, unerwartet, gut mit Geschichten verbindbar: „Passiert das beim Autofahren, rasen täglich Fahrzeuge in Menschenmengen und Kindergärten. Fürchten Sie um Ihre Liebsten!"

Je länger die Pandemie dauerte, umso weniger überzeugte die Botschaft. Jeder trug selbst Masken, ohne dabei in Ohnmacht zu fallen und in Kindergärten zu fahren. Einfache, konkrete, glaubwürdige Erfahrungen widerlegten die Verschwörungstheorie.

Also wechselten die Populisten das Spielfeld ohne das Spiel zu wechseln: Sie verteufelten die Maskenpflicht als Diktatur.

Wieder begegneten sie dem vielschichtigen, undurchsichtigen Thema Corona mit einer einfachen, emotionalen Erklärung: „Diktatur" und „Unterdrückung" lösen in uns mehr Gefühle aus als R-Werte und potenzielles Wachstum.

Denken Sie als Gegenbeispiel an die *Flat-Earther*: Einige Eingeschworene weltweit glauben, die Erde sei in Wahrheit flach wie eine Scheibe. Eine kleine Elite verberge dies zu ihrem Vorteil vor uns allen.

Die Gruppe hat, was Verschwörungstheorien brauchen: Einfache, unerwartete Botschaft, emotionale Geschichten. Trotzdem nimmt sie kaum jemand ernst: Fast jeder kann sich vorstellen, auf einer Kugel zu leben. Eine so griffige Wahrheit erfordert keine alternative Erklärung. Die Verschwörungstheorie prallt an ihr ab.

Börsenbewegungen, Pandemien, die Anschläge vom 11. September und Entwicklungen mit Millionen Ursachen wie Vermögensverteilung und

Zuwanderung liefern den idealen Nährboden für Populismus, weil sie sich einfachen Antworten verschließen. Populisten setzen ihren komplexen Erklärungen erfundene Botschaften entgegen, die nach den Kriterien der Heath-Brüder besser in unseren Köpfen hängenbleiben: von „Ausländer bringen die Kriminalität nach Deutschland" bis „Reiche halten Arme arm". Alle Populismus-Elemente, die wir bisher kennen gelernt haben – Siegschema mit Gewinnversprechen und Verschwörungstheorien mit Feindbildern – liefern ihnen Werkzeuge zu diesem Ziel.

Populistische Falschnachrichten klingen besser als die Wahrheit. Sie besitzen Widerhaken, die sich in unser Gedächtnis rammen, und füllen die Lücken unseres Weltbilds besser als Tatsachen. Sie kämpfen aber gegen einen Glaubwürdigkeits-Rückstand.

Wie Populisten ihren Glaubwürdigkeitsrückstand überwinden und wie wir diese Tricks erkennen, schauen wir uns im nächsten Kapitel an. Vorher entwerfen wir ein Mittel gegen die Eingängigkeit ihrer Nachrichten. Wie schützen wir uns vor Erfindungen, die besser klingen als die Wahrheit?

Das Gegenmittel: Der Spielautomaten-Vergleich

„Wir schaffen Frieden auf Erden durch einschließendes Denken statt teilendes. Unsere Zuneigung muss weiter reichen als unsere Rasse, unser Stamm, unsere Klasse und unser Land. Sie muss der gesamten Menschheit gelten. "

Martin Luther King Jr.

Ein einarmiger Bandit rattert, während sich die drei Räder mit Symbolen im Kreis drehen. Das erste hält an. „Bing." Eine Kirsche. Das zweite hält an. „Bing." Noch eine Kirsche! Unser Gehirn flutet unseren Körper mit Glückshormonen. Das dritte Rad dreht, die Spannung steigt. Eine Pflaume. Mist! Wir hatten auf eine weitere Kirsche gehofft. Der Hormonstoß nach der zweiten fühlte sich so gut an, wie gut muss da erst der Glücksschub der dritten sein? Also zücken wir noch einen Euro und werfen ihn in den Schlitz.

Wie Populisten setzen auch Glücksspiel-Automaten die Schwachstellen unseres Gehirns gegen uns ein: Sie verbinden eine einfache Aufgabe – Hebel ziehen, Knöpfchen drücken – mit Ton- und Lichtsignalen, die das Belohnungszentrum unseres Gehirns ansprechen. So schenken sie uns gerade genug Glücksgefühle, um uns weiterspielen zu lassen, aber zu wenige, um uns glücklich zu machen. Wie ein Esel, der eine Karotte jagt. Wie ein populistisches Siegversprechen.

Trotzdem gehen die meisten von uns sinnvoll mit Glücksspiel-

Automaten um. Wir wissen: Sie versprechen viel, halten wenig und machen uns arm. Manche spielen nie, andere nur, wenn sie mal in Las Vegas sind. Wissen führt zu hilfreichen Handlungen. Toll.

Das gelingt nicht immer:

1. Ärzte kennen die Gefahren des Rauchens besser als jeder andere. Trotzdem gehören sie in den meisten Ländern zu den Gruppen mit dem höchsten Raucheranteil.
2. Harry Markowitz bekam 1990 den Wirtschaftsnobelpreis für seine Portfoliotheorie: Sie erklärt haarklein, wie Anleger ihre Investitionen für ein optimales Risiko-Chancen-Verhältnis aufteilen. Seine eigenen Anlagen spaltete Markowitz ganz banal Hälfte-Hälfte in Staatsanleihen und Aktien. Sein ausgeklügeltes System ignoriert er.

Psychologen nennen dieses Phänomen Gebietsabhängigkeit: Wir übertragen Fähigkeiten schlecht von einem Gebiet auf ein anderes. Ärzte wissen beruflich um die Tödlichkeit von Zigaretten, nutzen dieses Wissen aber schlecht, wenn sie nach einem stressigen Tag entspannen.

Wissen und tatsächliches Handeln überleben häufig getrennt voneinander: Jeder weiß, dass Schnaps, Fast Food und zu wenig Bewegung der Gesundheit schaden. Trotzdem trinken viele von uns wie ein Fisch, stopfen sich mit schlechtem Essen voll und treiben selten Sport. Wissen alleine schützt nicht.

Das macht Spielautomaten so interessant: Wir wissen nicht nur um ihre Gefahr. Die meisten von uns handeln danach. Unglaublich! Was unterscheidet Spielautomaten von Schnaps?

Wir setzen Wissen über versteckte Gefahren nur um, wenn wir es reflexartig fühlen. Niemand will hart verdientes Geld an Spielautomaten verfüttern. Die Abneigung gibt den Ausschlag, weniger das Wissen.

Ähnlich Zigaretten: Ich kenne Raucher und die Probleme der Glimmstängel-Sucht. Geld verprassen, stinken und Krebs bekommen? Nein, danke! Eine emotionale Reaktion: „Um Gottes Willen!" statt „Ich glaube, das ist schädlich". Wem diese Reaktion fehlt, raucht eher als jemand, der sie besitzt.

Auch wer Populismus erkennen will, muss mehr als Wissen mitbringen. Die besten Bücher versanden bedeutungslos, wenn wir ihre Lehren im entscheidenden Moment ausblenden.

Wissen schützt kaum vor Populismus. Wir brauchen einen Reflex, der dieses Wissen in Handlungen übersetzt.

Diesen Reflex entwerfen wir in den folgenden Kapiteln. Für den Moment halten wir fest: Wissen führt nicht automatisch zu Handlungen. Es ist, als arbeiteten in unserem Gehirn zwei Systeme. Eines versteht Gefahren, ein anderes entscheidet, ob wir sie vermeiden. Kluges Handeln bringt beide Systeme in Einklang.

Unsere Reise, dieses Ziel umzusetzen, beginnt mit einem Universalgenie und einem riskanten Experiment.

Fazit

1. Politiker müssen sich entscheiden: Schneiden sie ihre Botschaften eher auf Wahrhaftigkeit oder Einprägsamkeit zu? Populisten entscheiden sich vollständig für Einprägsamkeit.
2. Populisten schaden den Menschen, weil sie gegen erfundene Bedrohungen kämpfen. Ihre Vorschläge verbessern die Welt genauso wenig wie Ideen zum Bekämpfen von Darth Vader oder Lord Voldemort.
3. Wähler erkennen Populisten an ihrem Fokus auf einprägsame Botschaften: Mit einfachen, unerwarteten und emotionalen Geschichten hetzen sie gegen immer gleiche Feindbilder. Einprägsam, aber unwahr.

Lesetipps

Chip und Dan Heath: Made to Stick: Why some Ideas survive and others die (Englisch)
Die Entschlüsselung der sechs Eigenschaften griffiger Ideen. Die Heath-Brüder schreiben für Autoren und Werbetreibende. Wer den Charakter von auf Einprägsamkeit zugeschnittenen Populismus-Botschaften verstehen will, findet in diesem Buch aber dennoch eine geniale Einführung.
Link: https://amzn.to/3Zkstnr

Kapitel 7: Wie Populisten unser Gehirn gegen uns einsetzen

Ein Universalgenie und zwei Denkweisen

Populismus ist wie ein Fußball-Stürmer:
Er will unsere Verteidigung ausschalten.

„Die Praxis sollte das Ergebnis des Nachdenkens sein, nicht umgekehrt."

Hermann Hesse

Im Juni 1752 lässt Benjamin Franklin einen Drachen in den Gewitterhimmel über Philadelphia steigen, um zu beweisen, was ihm einige als Gotteslästerung auslegen und andere als Hirngespinst belächeln. Blitze, verkündet die Kirche damals seit Jahrhunderten, zeigen den Zorn Gottes. Christen flüchten bei Unwettern in Kirchen, weil sie glauben, der Herr verschone heiligen Boden. Franklin denkt anders.

Der damals 46-Jährige weiß: Blitze treffen Kirchen häufiger als niedrigere Gebäude. In Deutschland zerfetzte ein Blitz ein Gotteshaus, in dem Menschen Sprengstoff einlagerten. Franklin folgert: Zwischen Gewittern und dem Zorn Gottes fehlt jede Verbindung.

Getrieben von der Wissbegier, die ihn hunderte Dinge erfinden lässt und zum beliebtesten Gründervater der USA macht, entwickelt Franklin eine andere Erklärung: Blitze entstehen durch Elektrizität, die sich zwischen Wolken und Boden entlädt. An diesem Juni-Tag will er seine Vorstellung beweisen, indem er mit seinem Sohn William dem Himmel ein Stück Elektrizität entreißt.

Franklin bindet eine Hanf-Schnur an einen Drachen. An der Schnur befestigt er einen Türschlüssel, eine Leidener Flasche — eine Vorform der Batterie —, und eine Seidenschnur, die ihn und William vom Strom isoliert. Dann schicken sie ihr Gefährt gen Donnerwolken.

Nach einiger Zeit stoßen sich die losen Fäden der Drachenschnur ab. Franklin hält den Finger neben den Schlüssel und erzeugt einen kleinen Blitz. Indem er später mit der Leidener Flasche die gleichen Experimente vollführt wie mit Flaschen, die er über andere Stromquellen geladen hat, beweist er: Elektrische Spannung schafft Blitze. Nicht Gottes Zorn.

Franklins Experiment betrifft das Ziel dieses Buches, weil es das Denken der Menschen verändert. Jahrhundertelang flohen Christen bei heranbrechenden Gewittern in Kirchen, deren Türme Blitze stärker anzogen als die Dächer ihrer Häuser. Jahrhundertelang trafen unsere Vorfahren aus Überlegung *und* Instinkt schlechte Entscheidungen.

Franklin und weitere Wissenschaftler änderten das. Sie erklärten den Menschen die wahre Blitz-Entstehung. Diese verinnerlichten die Botschaft und bauen seitdem zum Schutz vor Gewittern Blitzableiter auf ihre Häuser statt in Kirchen zu rennen.

Franklin erreichte, was Anti-Flugangst-Kurse versuchen: Er besiegte falsche Ängste mit Wahrheit. Überlegung und Verständnis verwandeln schädliche in hilfreiche Reflexe.

Dieser Ablauf erklärt, was Populismus erreichen will und wie wir ihn überwinden: Populisten wollen unsere Reflexe verändern – im Gegensatz zu Franklin und Anti-Flugangst-Kursen aber nicht zu unserem Vorteil, sondern zu ihrem eigenen. Wir sollen aus Angst bei Populisten Schutz suchen wie früher Gläubige in Kirchen.

Falschnachrichten liefern die Werkzeuge dazu. Sie sind die Youtube-Videos von Flugzeugabstürzen, die uns Angst machen. Nur handeln sie nicht vom Fliegen, sondern von Ausländern, Vermögenden oder Impfspritzen.

Gegen diesen Versuch schützt uns der gleiche Trick, mit dem Franklin seine Zeitgenossen von falschen Gewitterängsten befreite: Nachdenken, verstehen, Reflexe ändern. Widerhaken gut formulierter Falschnachrichten durch hilfreiche Entscheidungen ersetzen.

Warum das bei Zigaretten und Ernährungstipps oft scheitert und wie wir es ähnlich wie Franklin bei Populismus dennoch schaffen, erklärt der einflussreichste Psychologe des vergangenen Jahrhunderts.

Kugelschreiber, schnelles Denken und langsames Denken

*„Im Großen und Ganzen ist die Idee, dass unser Denken anfällig ist
für systematische Fehler, heute allgemein anerkannt."*

Daniel Kahneman

Nichts verdeutlicht den wichtigsten Populismus-Trick besser als eine einfache Rechenaufgabe: Stellen Sie sich vor, Sie kaufen einen Kugelschreiber und eine Mine. Beide zusammen kosten 1,10 Euro. Der Stift kostet einen Euro mehr als die Mine. Wie viel kostet die Mine?

Haben Sie die Lösung?

Wenn Sie wie ich und fast alle Menschen denken, rief, als sie die Aufgabe gelesen hatten, in Ihrem Kopf schnell eine Stimme: „Die Mine kostet zehn Cent!"

Wahrscheinlich rief kurz darauf eine zweite Stimme: „Halt! Das ist ein Trick. Rechne nach!" Ihnen fiel auf, dass die Mine fünf statt zehn Cent kostet und der Stift 1,05 Euro.[a] Wahrscheinlich lächelten sie dann und dachten: „So leicht legt man mich nicht rein."

Die Aufgabe stellt unserem Gehirn eine Falle. Ihr Erfinder wusste, dass in unserem Gehirn eine schnelle Stimme sofort Lösungsvorschläge für alle Probleme ruft, dabei aber vorhersagbare Fehler begeht. Also führte er sie in die Irre. Weil wir auch eine langsame, überlegtere Stimme besitzen, bemerken wir den Fehler.

Populisten stellen unserem Gehirn ähnliche Fallen. Sie kennen die Schwachstellen unserer schnellen Stimme und überrumpeln sie bei Themen, bei denen die langsame Stimme Fehler seltener berichtigt als bei einfachen Rechenaufgaben. Setzen wir beide Stimmen richtig ein, erkennen und vermeiden wir diese Fallen.

Die beiden Stimmen verdeutlichen die zwei Systeme, mit denen unser Gehirn arbeitet: ein schnelles, ein langsames. Ihr Zusammenspiel schuf alles, was die Menschheit in ihrer Geschichte erreichte und zerstörte. Es ließ uns zum Mond fliegen und die Evolution meistern. Es hilft uns bei jedem Schritt und jedem Atemzug, lässt uns glückliche Leben aufbauen und gute Entscheidungen treffen. Es schuf aber auch Holocaust, Weltkriege und Sklaverei. Es trug US-Präsidenten mit alternativen Fakten ins Weiße Haus und steckt hinter jeder Form von Extremismus, selbstzerstörerischem Verhalten und unklugem Handeln. Das Zusammenspiel beider Stimmen zu verstehen, verbessert unser Leben mehr als jede andere Fähigkeit.

Die Wissenschaftler, die der Menschheit erklärten, wie sie beide Stimmen häufiger kluge Entscheidungen treffen lässt, begegneten sich erstmals im Jahr 1969. Der israelische Psychologe und heutige Nobelpreisträger Daniel Kahneman hatte zu einem Psychologie-Seminar an der Hebräischen Universität Jerusalem den aufstrebenden jungen Wissenschaftler Amos Tversky eingeladen. „Viele Menschen, die Amos kannten, hielten ihn für die intelligenteste Person, der sie je begegnet waren", erinnert sich Kahneman in seinem Buch *Schnelles Denken, Langsames Denken*, in dem er die Erkenntnisse des Duos zusammenfasst.

Die beiden genialen Wissenschaftler – Kahneman war 32, Tversky 35 – verband eine Leidenschaft: Sie wollten herausfinden, ob wir ein ähnlich intuitives Gespür für Statistiken besitzen wie für Grammatik. Schon Vierjährige befolgen mühelos hunderte Sprachregeln nach Gefühl. Kahneman und Tversky fragten, ob unsere Gehirne Wahrscheinlichkeiten ähnlich gut beherrschen.

Das beste Beispiel, dass sie es nicht tun, lieferten die Forscher selbst. Kahneman und Tversky hatten jahrelang Statistik gelehrt, verbanden

---

[a] Würde die Mine tatsächlich zehn Cent kosten, stiege der Preis des Kugelschreibers auf 1,10 Euro. Zusammen macht das 1,20 Euro statt 1,10 Euro, wie in der Aufgabe beschrieben. Unser Gehirn fällt auf diesen Trick herein, weil es die Aufgabe 1,10 Euro minus ein Euro so schnell löst, dass es sie nicht überprüfen kann.

Erfahrung, Wissen und Intelligenz. Trotzdem schätzten sie Statistiken schlecht. „Wir schenkten allzu bereitwillig Forschungsergebnissen Glauben, die auf unzureichender Datengrundlage basierten, und neigten dazu, bei unseren eigenen Forschungsarbeiten zu wenig Beobachtungsdaten zu erheben", fasst Kahneman zusammen.[60]

Kahneman und Tversky weiteten ihren Test auf Kollegen aus. Bei einer Tagung der Society of Mathematical Philosophy stellte Tversky erfahrenen Zahlenjongleuren einfache Schätzaufgaben. Auch ihre Antworten schossen an der Wahrheit vorbei. Kahneman: „Selbst Statistiker waren also keine guten intuitiven Statistiker."

Populisten setzen auf abstrakte Themen, weil Kriminalität, Zuwanderung und Vermögensverteilung statistisches Denken erfordern. Statistisches Denken überfordert unsere schnelle Stimme. Sie schafft bei diesen Fragen schwer eine sichere Meinung, die uns vor gut formulierten Falschnachrichten schützt.

Nun könnten wir die Hände über dem Kopf zusammenschlagen. Wenn schon Statistiker schlecht Statistiken schätzen, wie sollen Normalbürger je die Welt verstehen? Wir können unmöglich ständig Forschungsberichte zu Migration, Klimawandel und Vermögensverteilung wälzen. Zeitmangel zwingt uns, Entwicklungen weitgehend mit unserer schnellen Stimme abzuschätzen. Scheitern daran Experten, haben wir überhaupt eine Chance?

Glücklicherweise ja. Kahneman und Tversky schufen eine Art Lexikon intuitiver Irrtümer: Sie testeten sich selbst mit allen möglichen Vorhersagen, fassten ihre Fehler zusammen und suchten wiederkehrende Muster. Dann prüften sie, ob diese Muster die Wahrnehmung anderer Menschen verzerren.

Oft taten sie es. Wir alle schätzen ähnlich falsch. Kahneman und Tversky sagten diese Fehler vorher und erklärten sie.

Berechnen wir die Fehler unseres Gehirns in unsere Vorhersagen ein, verbessern wir deren Genauigkeit und erkennen, wann Populisten Schwachstellen ausnutzen.

Sie wünschen Beweise, dass das funktioniert? Gerne! Wiederholen wir eine Übung von Kahneman und Tversky: Beide ließen Testteilnehmer den Beruf einer Person anhand deren Persönlichkeitsbeschreibung einschätzen. Versuchen Sie es auch und merken Sie sich Ihre Lösung.

Hier die Aufgabe: „Eine [zufällig aus der Bevölkerung ausgewählte Person] wird von einem Nachbarn wie folgt beschrieben: ‚Steve ist sehr scheu und verschlossen, immer hilfsbereit, aber kaum an anderen und der Wirklichkeit interessiert. Als sanftmütiger und ordentlicher Mensch hat er ein

Bedürfnis nach Ordnung und Struktur und eine Leidenschaft für Details.' Ist Steve eher Bibliothekar oder Landwirt?"

Was meinen Sie?

Wenn Sie wie ich und die meisten Menschen denken, schrie in ihrem Kopf die gleiche Stimme, die vorhin bei der Matheaufgabe zu Kuli und Miene die falsche Lösung rief, jetzt sofort: „Steve ist Bibliothekar."

Das ist die Antwort, die Kahneman und Tversky vorhersagten: Steves Beschreibung entspricht dem Stereotypen eines Bibliothekars. Fast jeder schreibt ihm daher intuitiv diesen Beruf zu.

Sehr wahrscheinlich liegen sie damit falsch. In den USA lebten, als Kahneman und Tversky diese Frage stellten, rund zwanzigmal mehr Landwirte als Bibliothekare. Auch im heutigen Deutschland übersteigt die Zahl der Landwirte die der Bibliothekare weiter deutlich. Selbst wenn scheue, verschlossene Persönlichkeiten unter Bibliothekaren häufiger vorkommen als unter Landwirten – trotz Stereotypen unsicher –, gibt es so viele Landwirte, dass „höchstwahrscheinlich auch mehr sanftmütige und ordentliche Menschen auf Traktoren als hinter den Informationsschaltern von Bibliotheken" sitzen, folgert Kahneman.[61]

Die richtige Antwort auf die Frage „Ist Steve eher Bibliothekar oder Landwirt?", lautet also: „Landwirt!" Mit Steves Persönlichkeit hat das wenig zu tun. Die Antwort bliebe bei jeder Beschreibung gleich. Weil sich die schnelle Stimme in unseren Köpfen von Geschichten ablenken lässt, schätzt sie schlecht.

Unsere schnelle Stimme denkt immer nach dem Ursache-Wirkung-Schema, schreibt Kahneman. Viele Situationen erfordern aber statistisches Denken, das Schlüsse über Einzelfälle von der Gesamtmenge ableitet, also von der Anzahl der Bauern und Bibliothekare statt dem Charakter der Einzelperson. Diese Denkweise überfordert unsere schnelle Stimme. Weil sie uns diese Überforderung verschweigt und munter Antworten liefert, die genauso verlässlich wirken wie alle ihrer Antworten, übersehen wir oft, wie dürftig sie Meinungen, die wir voller Überzeugung in die Welt posaunen, aus wackligen Informationen zusammenschustert.

Ein lösbares Problem: Wenn ich Sie jetzt frage: „Geht ein Adrenalin-Junkie in seiner Freizeit eher Fußball spielen oder Fallschirm springen?", wird Ihre schnelle Stimme womöglich wieder rufen: „Fallschirm springen!" Kurz darauf wird ihre langsame Stimme, ähnlich der Rechenaufgabe, einschreiten: „Stopp! Es gibt viele Fußballer und wenige Fallschirmspringer. Sehr wahrscheinlich sind also mehr Draufgänger Fußballer als Fallschirmspringer." Dann werden sie ihre Einschätzung berichtigen. Der Ansatz von Kahneman und Tversky funktioniert.[a]

---

[a] Verstehen Sie dieses Denkmuster, hilft ihnen dies im Leben ungemein. Psychologe Keith Stanovich hat Menschen auf ihre Fähigkeit zum langsamen, analytischen Denken hin getestet. Seitdem unterscheidet er Rationalität und Intelligenz: Auch hochintelligente Menschen – Professoren, brillante Mathematiker,

Die schlechte Nachricht: Der Fehler, den wir gerade abgestellt haben, ist einer von vielen, die im Zusammenspiel unserer schnellen und langsamen Stimme entstehen. Gerade bei statistischen Problemen liefert unsere schnelle Stimme mehr falsche als richtige Antworten.

In einer immer stärker vernetzten Welt erfordern immer mehr Probleme statistisches Denken. Gerade statistische Probleme eignen sich jedoch gut für Populismus. Ein Dilemma.

Leider bringt es wenig, alle Deutschen zum Statistiklernen aufzufordern. Setzen wir die Zukunft unserer Gesellschaft darauf, dass ihre Mitglieder lernen, was sie langweilt und wozu ihnen die Zeit fehlt, steuern wir in den Untergang.

Für einen anwendbaren Weg, schauen wir uns genauer an, was Kahneman und Tversky über die Stimmen in unseren Köpfen herausgefunden haben. Sie werden sehen: Wir können unsere Gehirne darauf trainieren, Populismus mühelos abzuwehren.

Steuermänner, Gesteuerte und Fake-News-Abwehr

„Alle Länder wahren das Beste ihrer Gesellschaften, indem sie ein alles überstrahlendes Zugehörigkeitsgefühl zur Menschheit als Ganzes entwickeln.“

Martin Luther King Jr.

Kahneman nennt die beiden Stimmen in unseren Köpfen das schnelle und das langsame System unseres Gehirns. Die erste, intuitive Stimme, bildet das schnelle System. Sie steuert fast alles, was wir tun. Den nächsten Schritt, Kauen und Schlucken, den Gangwechsel beim Autofahren; Atmung, Herzgeschwindigkeit, Abfangreflex beim Stolpern; Lesen, Reden, Sehen. Alles läuft ohne Nachdenken ab, schnell und automatisch tief im Unterbewusstsein.[a]

---

ausgezeichnete Anwälte – können demnach schrecklich irrational denken. Sie schaffen es kaum, die erste Eingebung ihres schnellen Systems zu hinterfragen und fallen daher bei gesellschaftlichen Themen leicht auf Populisten herein. Selbst wer im IQ-Test keine Höchstwerte erreicht, kann also klüger handeln als Superintelligente, wenn er seine schnelle Stimme hinterfragen lernt.

[a] Wichtig: Alle Menschen hören beide Stimmen ständig. Sie verdeutlichen, wie unser Gehirn funktioniert. Es gibt jedoch keine bestimmten Teile des Gehirns, die je für eine der Stimmen verantwortlich sind. Die Stimmen bilden keine getrennten Systeme wie Atmung und Kreislauf. Sie bestehen nebeneinander und teilen ein gemeinsames Organ. Stellen wir sie uns als getrennte Persönlichkeiten mit unterschiedlichen Eigenschaften vor, verstehen wir, wie unser Gehirn arbeitet.

Aus diesen Tiefen stammt die schnelle Antwort auf die Frage nach dem Preis für Kugelschreiber und Mine: Sie ist einfach da. Auch wenn Sie die Worte „Auto", „China" und „Klimawandel" lesen, liefert Ihr schnelles System blitzschnell Stichworte und Verbindungen. Die schnelle Stimme beantwortet die Aufgaben des Lebens sofort.

„Wenn Sie gefragt werden, woran Sie gerade denken", schreibt Kahnemann, „können Sie diese Frage normalerweise beantworten. Sie glauben zu wissen, was in ihrem Kopf vor sich geht – oftmals führt ein bewusster Gedanke in wohlgeordneter Weise zum nächsten. Aber das ist nicht die einzige Art und Weise, wie unser Denkvermögen funktioniert, es ist nicht einmal seine typische Funktionsweise. Die meisten Eindrücke und Gedanken tauchen in unserem Bewusstsein auf, ohne dass wir wüssten, wie sie dorthin gelangten. Sie können nicht rekonstruieren, wie Sie zu der Überzeugung gelangten, eine Lampe stehe auf dem Schreibtisch vor ihnen, wie es kam, dass Sie eine Spur von Verängstigung in der Stimme Ihres Gatten am Telefon heraushörten, oder wie es ihnen gelang, einer Gefahr auf der Straße auszuweichen, ehe Sie sich ihrer bewusst wurden. Die mentale Arbeit, die Eindrücke, Intuitionen und viele Entscheidungen hervorbringt, vollzieht sich im Stillen in unserem Geist."[62]

Schauen wir uns die Wortkette „Auto", „China" und „Klimawandel" an, erkennen wir den ersten Trick, mit dem Populisten die schnelle Stimme gegen uns einsetzen: Wahrscheinlich hat ihre schnelle Stimme diese drei Worte beim Lesen zu einem Bild in Ihrer Vorstellung verschmolzen. Noch nicht? Lesen Sie die Worte langsam und merken Sie sich das Bild, das in ihrem Kopf entsteht. Bei mir zeigt es eine chinesische Großstadt mit vielen Straßenspuren unter einer Smog-Wolke.

Lesen Sie jetzt den Namen „New York", sehen Sie wieder ein Bild. Wahrscheinlich beinhaltet auch diese Vorstellung Autos und Straßen, vielleicht sogar Smog.

Hätte ich Ihnen vorher von einer Hochtechnologie-Metropole voller Wolkenkratzer und grüner Parks erzählt, hätten sie bei „New York" eher an Central Park, Manhattan und Sonnenschein gedacht. Hätte ich von Terroranschlägen berichtet, hätten Sie das World Trade Center rauchen gesehen; nach einer Geschichte über Schiffe und Migranten wäre Ihnen die Freiheitsstatue eingefallen. Die Art, in der ich Sie an ein Thema heranführe, bestimmt, woran Sie denken, wenn ich ein Wort nenne; auch wenn Heranführung und Wort verschiedene Dinge sind.

Genauso interessant ist, was Ihre schnelle Stimme aus den folgenden Wörtern macht: „Banane" und „Erbrechen". Was fällt Ihnen als erstes ein? Kahneman sagt voraus, dass Sie Ekel verspüren und Ihr Herz schneller schlägt. Unterbewusst verbinden Sie die Worte zu einer Geschichte, in der Sie sich wegen einer Banane erbrechen. Dann spüren Sie ein abgeschwächtes Gefühl des tatsächlichen Vorgangs.[63]

Jetzt mögen Sie Bananen etwas weniger als vor einigen Sekunden und sehen eher Dinge in der Welt, die ebenfalls mit Erbrechen zusammenhängen. Die Lücke „_ater" vervollständigen sie häufiger zum „Kater" als der Durchschnittsbürger, der stärker zum „Vater" tendiert. „_ier" ist eher „Bier" als „Gier". Wegen zwei Worten verbinden Sie mit Bananen eine Nacht über der Kloschüssel statt Gesundheit und Vitamine.

Die armen Bananen! Was können sie dafür, im gleichen Atemzug mit Erbrechen genannt zu werden? Hätte ich „Bananen" und „Gesundheit" aufgeschrieben, hätten Sie womöglich Lust auf die Früchte entwickelt, die ich Ihnen jetzt schlecht geredet habe. Manipuliert hätte ich Sie so oder so.[a]

Auf die gleiche Weise versuchen rechte Populisten in unseren Köpfen Verbrechen mit Migration zu verschmelzen und linke Populisten Ungerechtigkeit mit wohlhabenden Personen. Sie schildern Schreckensszenarien und reden anschließend von Ausländern oder Vermögenden. Oft zielt beides ähnlich weit an der Wahrheit vorbei wie die Vermutung, Introvertierte arbeiteten eher in der Bibliothek als auf dem Feld. Doch das übersieht unser Gehirn. Es ist auf das Verstehen einfacher Zusammenhänge im Überlebenskampf der Evolution ausgelegt, nicht auf die Analyse statistischer Fragen.

Moderne Psychologie will vor allem schädliche schnelle Reflexe durch hilfreiche, überlegte Reaktionen ersetzen. Streiten wir mit unseren Partnern, ärgern uns über Arbeitskollegen oder suchen nach einem stressigen Tag Entspannung, helfen uns die Antworten unserer schnellen Stimme — schreien, schmollen, snacken — oft genauso wenig wie populistische Verführungen. Therapeuten reden mit Menschen über Geschehnisse, über die diese sonst selten sprechen. Sie finden Antworten der langsamen Stimme und helfen den Menschen, diese Antworten der schnellen Stimme beizubringen. Ein sinnvoller Ansatz. Leider sprechen wenige Menschen mit ihren Therapeuten über Politik. Dort fehlt uns diese Unterstützung.

Wie heimtückisch Verschmelzungen unser Denken beeinflussen, zeigt ein Versuch Kahnemans und Tverskys. Beide zeigten Teilnehmern folgende Geschichte: „Nachdem Jane einen Tag damit verbracht hatte, in den überfüllten Straßen von New York hübsche Aussichten zu erkunden, bemerkte sie, dass ihr Geldbeutel verschwunden war." Im anschließenden Test verbanden die Teilnehmer das Wort „Taschendieb" häufiger mit der Geschichte als das Wort „Aussichten", obwohl ersteres darin nicht vorkam

---

[a] Wie leicht sich unser Gehirn täuschen lässt, zeigt ein Versuch des Psychologen John Bargh. Er ließ Studenten aus Wortlisten wie „Falte, grau, glatzköpfig" Sätze bilden und maß, wie schnell sie danach zu einem Raum mit einem weiteren Test liefen. Die Teilnehmer gingen deutlich langsamer als Studenten, deren Wortlisten keine Hinweise auf das Alter enthielten – und das, obwohl Bargh eindeutige Worte wie „alt" oder „langsam" vermieden hatte. (nach: Kahneman: Schnelles Denken, langsames Denken, S. 73.)

und letzteres schon. Jane hätte ihren Geldbeutel beim Bezahlen vergessen oder aus der Tasche rutschen lassen können. Die Elemente „New York", „Menschenmengen" und „verlorener Geldbeutel" starten in unseren Köpfen aber eine Verschmelzungskette, die in einem Diebstahl gipfelt statt einem Versehen. Wir denken „In New York muss ich gut auf meine Wertsachen aufpassen!", obwohl die Geschichte diesen Schluss nicht unterstützt.[64]

Schaffen es Populisten den Taschendieb am Ende dieser Kette durch einen Menschen bestimmter Herkunft, Hautfarbe oder mit vom Kapitalismus gepeinigter Vergangenheit zu ersetzen, bestätigen selbst Ereignisse unbekannter Ursache scheinbar ihr Feindbild. Jeder Bericht über Verlorenes vertieft die Verschmelzungskette. Künftig sehen wir noch mehr Bestätigungen. Ein Teufelskreis. All dies passiert automatisch in unseren Köpfen, ohne dass wir es steuern oder bemerken.

Der Ablauf ähnelt optischen Täuschungen: Wir können uns auf Illusionen einstellen. Wir können aber kaum aufhören, sie zu sehen. Schillert in der Wüste eine Oase am Horizont, wissen wir, gerade wahrscheinlich einer Fata Morgana zu verfallen. Echt wirkt sie dennoch. Populisten behaupten in solchen Fällen, wir müssen nur zum Wasser laufen und alles werde gut.

Unsere schnelle Stimme zeichnet aus Worten Bilder, unsere Gedanken hangeln sich von einem Bild zum nächsten. Unser Einfluss darauf, wo diese Ketten enden, ist begrenzt. Populisten wollen immer mehr Verschmelzungsketten in ihrem Feindbild gipfeln lassen. Schaffen sie das, erklären wir alle Probleme mit ihren Botschaften und ignorieren gegenteilige Statistiken.

Nun kennen wir die Herausforderung: Unsere schnellen Systeme sind Populisten fast wehrlos ausgeliefert. Machen wir uns also an die Lösung. Wie erkennen wir gutklingende Lügen dennoch?

Überforderte Systeme und eine Lösung

„Es dürfte uns guttun, uns manchmal daran zu erinnern, dass wir zwar in dem Wenigen, das wir wissen, sehr verschieden sein mögen, dass wir aber in unserer grenzenlosen Unwissenheit alle gleich sind."

Karl Popper

Wenn Sie jetzt, wie die meisten Menschen, behaupten, viel rationaler zu denken als die Teilnehmer der im vergangenen Abschnitt genannten Studien, habe ich eine gute und eine schlechte Nachricht für Sie. Die schlechte lautet in den Worten Kahnemans: „Sie müssen sich damit abfinden, dass die zentralen Schlussfolgerungen dieser Studien wahr sind. Wichtiger noch ist, dass Sie sich damit abfinden müssen, dass sie wahr in Bezug auf *Sie* sind.“

Die gute Nachricht: Sie halten sich für rationaler als ihre Mitbürger, weil sie sehr wohl eine rationale Stimme besitzen. Es ist die langsame Stimme, dank derer Ihnen der Fehler in der Rechenaufgabe am Anfang dieses Kapitels aufgefallen ist. Leider, schreibt Kahneman, verhält sich diese zur schnellen Stimme wie der Nebendarsteller eines Films, der sich für den Hauptdarsteller hält. Sie ist der Beifahrer unseres Kopfs. Wollen wir Politik und Gesellschaft verstehen, müssen wir sie ab und an nach dem Weg fragen.[a]

Unsere langsame Stimme bildet unser Überleg-, Grübel- und Erfindsystem. Mit ihr verstehen wir die Welt, statt nur reflexartig auf Reize zu reagieren. Wir rechnen den Preis von Kugelschreibern nach, planen den nächsten Urlaub und überlegen uns Weihnachtsgeschenke. Wir bauen Mondraketen, heilen Krankheiten und erfinden Weltveränderndes.

Das langsame System macht den Menschen zum Menschen. Auch Affen, Hunde und Eidechsen reagieren mit einem schnellen System auf Reize. Sie besitzen aber keine oder nur einfache langsame Systeme. Deswegen beherrscht der Mensch die Welt und nicht Tiere, die schneller rennen, schärfer sehen oder kräftiger zubeißen als wir. Verglichen mit allen anderen bekannten Lebensformen, verleiht uns das langsame System Superkräfte.

Indem Kahneman und Tversky das Augenmerk der Psychologie auf das Zusammenspiel der langsamen Stimme mit unserer schnellen Stimme legten, veränderten sie die Welt. Vor ihren Forschungen sahen Psychologen die Menschen als rationale Wesen, die Entscheidungen höchstens durch starke Gefühle wie Angst, Hass und Liebe verzerren. Kahneman und Tversky zeigten, wie irrationale Entscheidungen losgelöst von diesen Emotionen entstehen: In unseren Köpfen versuchen *zwei* Systeme *eine* Welt zu verstehen, die sich stark vom Umfeld unterscheidet, auf das die Evolution sie trainiert hat. Oft erledigen die Stimmen ihre Aufgaben ganz gut: Das schnelle System schlägt Handlungen vor, das langsame System prüft diese. Hilfreichen Vorschlägen erlaubt es, sich in unserem Verhalten auszudrücken. Andere unterdrückt es oder schreibt sie um. Manchmal unterlaufen den beiden Systemen Fehler.

Dank dieser Einsicht müssen sich nach Cheeseburgern lechzende übergewichtige Personen nicht länger einreden lassen, mit Rinderfett Kindheitstraumata zu bekämpfen. Sie leiden unter dem gleichen Zwei-Stimmen-Konflikt wie wir alle. Kahneman und Tversky machen uns von Gesteuerten dieser Fehler zu Steuernden. Sie zeigen uns, wie wir statt Burgern häufiger Salat bestellen.

Damit erklären sie auch, wie wir Populismus vermeiden: Indem wir das

---

[a] Wir halten uns auch für rationaler als alle anderen, weil wir wissen, was unsere langsame Stimme leisten könnte. Andere beurteilen wir danach, was sie mit ihrer langsamen Stimme tatsächlich leisten. Verwendeten wir für uns den gleichen Maßstab wie für alle, müssten wir unsere Selbsteinschätzung deutlich abwerten.

Zusammenspiel der Stimmen in unseren Köpfen verstehen und steuern. Schauen wir uns an, wie das funktioniert.

Populisten sprechen gerne vom „gesunden Menschenverstand", der Meinungen von Politikern, Wissenschaftlern und Intellektuellen widerlege. Meist verkaufen sie damit Lösungen, die nur unsere schnellen Stimmen beeindrucken: Politiker und Wissenschaftler denken mit ihren langsamen Stimmen über Themen nach. Die von Zeitmangel und Desinteresse geplagte Öffentlichkeit, nutzt meist ihre schnelle Stimme. Dadurch verstehen beide Gruppen einander oft schlecht. Der Erfolg einer Gesellschaft hängt davon ab, wie gut sie Lösungen des langsamen Denkens für die schnelle Stimme verständlich übersetzt. Jeder von uns braucht diese Hilfe bei der Mehrheit der Themen. Physiker brauchen sie bei Wirtschaftsthemen, BWL-Professoren bei der Astronomie. Viele Bereiche haben ihre Schnelle-Stimmen-Übersetzer gefunden. Jeder Freundeskreis besitzt einen Technikerklärer. Der Politik fehlen sie. Lassen Sie uns das ändern.

Das Gegenmittel: Demut und Stolz

„Was ohne Unsicherheit auskommt, kann nicht wahr sein."

Richard Feynman

Am einfachsten bremsen wir die Fehler im Zusammenspiel unserer schnellen und langsamen Stimmen, indem wir sie ihrer Sprengkraft berauben: Die meisten von uns halten ihr Weltbild für recht genau und fast alle halten ihr Weltbild für genauer als das anderer Menschen. Also wollen sie diese vermeintlich besseren Weltbilder gegen schlechtere durchsetzen und drohen in die Spirale der Radikalisierung (siehe Kapitel fünf) abzurutschen. Vermeiden wir diesen Denkfehler, vermeiden wir Populismus. Wer seine Meinung nicht für besser als alle anderen hält, radikalisiert sich nicht.

Keine leichte Herausforderung, zugegeben. Wir fügen diesem Gegenmittel in den folgenden Kapiteln noch Bausteine hinzu. Nun legen wir das Fundament.

Stellen Sie sich vor, Sie schießen mit 250 Stundenkilometern über die Autobahn: Ihre Augen zerlegen in chemischen Prozessen das auf sie einströmende Licht und schicken elektrisch knisternde Signale an Ihr Gehirn. Dort filtert eine schnelle Stimme, die sich in ihrem evolutionären Training nie schneller als mit Laufgeschwindigkeit fortbewegte, unterbewusst und ohne Fehleranzeige einige Signale heraus. Aus diesen schätzt sie, ob Sie rechts oder links lenken, bremsen oder Gas geben sollten. Wenn Sie jetzt noch annehmen, nie eine Fahrstunde genommen zu haben, wissen Sie, wie unser Gehirn über Politik nachdenkt: Es schießt blitzschnell durch unsere hektische Welt, bombardiert von ständig neuen gesellschaftlichen Entwicklungen, evolutionär unvorbereitet, ohne Training.

Wir diskutieren mit Denkapparaten, die schnell gefährliche Tiere von friedfertigen unterscheiden sollen, gerechte Steuersysteme für sich ständig ändernde Millionen-Gesellschaften. Natürlich begehen wir dabei Fehler. Der erste Schritt zu dennoch halbwegs sinnvollen Lösungen beginnt mit der Demut, unsere der Überforderung entspringenden Ideen nicht zur Weisheit letztem Schluss zu erklären. Eine Welt, in der Milliarden Menschen einander belehren, stürzt ins Chaos.

Niemand nimmt die Welt wahr, wie sie ist. Wir deuten sie über Umwege, nutzen Näherungswerte und veraltete Abkürzungen. Wer mit diesen stumpfen Werkzeugen höhere Wahrheiten erkannt haben will, macht sich etwas vor. Glauben Sie niemandem, der dies behauptet.

Der zweite Schritt beginnt mit dem Stolz, den leistungsfähigsten Denkapparat des bekannten Universums zu besitzen. Kahneman schreibt:

„[Die Konzentration auf die Fehler unseres Gehirns] bedeutet keine Herabsetzung der menschlichen Intelligenz, ebenso wenig, wie das Interesse an Krankheiten in medizinischen Texten Gesundheit verleugnet. Die meisten von uns sind die meiste Zeit ihres Lebens gesund, und die meisten unserer Urteile und Handlungen sind meistens angemessen. Auf unserem Weg durchs Leben lassen wir uns normalerweise von Eindrücken und Gefühlen leiten, und das Vertrauen, das wir in unsere intuitiven Überzeugungen und Präferenzen setzen, ist in der Regel gerechtfertigt. Aber nicht immer. Wir sind oft selbst dann von ihrer Richtigkeit überzeugt, wenn wir irren, und ein objektiver Beobachter erkennt unsere Fehler mit höherer Wahrscheinlichkeit als wir selbst.“[65]

Auch wenn unser Gehirn in der modernen Welt manchmal Fehler begeht, wir besitzen als einzige bekannte Lebensform die Fähigkeit, in diesem Chaos dennoch hilfreiche Entscheidungen zu treffen. Dieser Stolz sollte uns motivieren, diese Fähigkeit auch einzusetzen.

Der Mittelweg aus Stolz („Ich glaube doch nicht jeden Mist") und Demut („Ich weiß, dass meine Meinung nicht besser ist als andere") leitet uns an Populismus vorbei.

Diese Erkenntnis wirft die Frage auf, wieso wir diesen Weg nicht intuitiv gehen. Wir sind lernfähig. Viele von uns verfolgen regelmäßig Nachrichten. Trotzdem können selbst Menschen mit jahrzehntelanger Nachrichtenerfahrung Populismus oft nicht wirklich erklären. Sie besitzen eine vage Definition. Aber sie können ihn weder einordnen, noch seine Gefahren aufzeigen, noch sich vor diesen Gefahren schützen. Es ist, als seien uns Populisten immer einen Schritt voraus. Als schafften sie es, die Fehler unserer schnellen Stimme häufig doch auf unsere Entscheidungen durchschlagen zu lassen. Warum? Wie schließen wir diese Lücke?

Die Antwort beginnt mit einer Situation, in der ich oft den gleichen Fehler beging: dem Matheunterricht.

Fazit

1. Unser Gehirn arbeitet mittels einem schnellen, intuitiven und einem langsamen, überlegten System.
2. Evolutionär auf kleine Gruppen und schnelle Rückmeldungen trainiert, liefert unsere schnelle Stimme in unserer modernen Welt mit Milliarden Menschen und vielschichtigen Problemen manchmal vorhersagbar falsche Antworten.
3. Populisten schneiden ihre Botschaften so zu, dass sie diese vorhersagbaren Fehler ausnutzen. So überzeugen sie uns von Falschem, ohne dass wir es merken.

Lesetipps

Daniel Kahneman: Schnelles Denken, langsames Denken
Kahnemans Zusammenfassung seiner Erkenntnisse mit Amos Tverskys. Ein geniales Buch für alle, die mehr über schnelle Stimme, langsame Stimme und ihr Zusammenspiel erfahren wollen.
Link: https://amzn.to/3LnSI6G

Kapitel 8: Wieso Populisten wollen, dass wir wie Affen denken

Starke Gefühle und ausgeschaltete Kontrollen

Populismus ist wie ein Kuckuck:
Er schiebt uns Falsches unter, ohne dass wir es merken.

---

*"Ein Großteil der Politik, des öffentlichen Lebens, der öffentlichen Debatte,
kann klein und gemein und gehässig wirken. In künstlicher bombastischer
Entrüstung schwelgend nennt sich diese Politik mutig und stark.
In Wahrheit entspringt sie der Angst."*

Barack Obama

Hätte ich in meiner Schulzeit gewusst, was Kahneman über die Stimmen in unseren Köpfen schreibt, mein Mathelehrer hätte wohl seltener unter meine Arbeiten „Leichtsinnsfehler!!!" notiert. Viel zu oft habe ich Gleichungen korrekt aufgelöst, nur um beim letzten Vereinfachungsschritt 3 + 3 = 5 zu rechnen. Viel zu oft habe ich Schweres richtig und Leichtes falsch gemacht.

Kahneman würde wohl sagen, ich habe im schwierigen Teil der Aufgabe mit meinem langsamen System die Vorschläge meiner schnellen Stimme geprüft und nachgebessert. Beide Systeme zusammen fanden richtige Lösungen. Im einfachen Teil schaltete ich meine langsame Stimme aus und vertraute blind meinem schnellen System. Töricht: Wer einen Teil seines Gehirns stilllegt, braucht sich über Leichtsinnsfehler nicht wundern.

Als mein Mathelehrer einmal „Gehirn einschalten" hinter eine Aufgabe schrieb, hatte er nach Kahneman also fast exakt recht. Er hätte „Gehirn ganz einschalten" schreiben müssen.

Leider fällt uns das Gehirneinschalten bei politischen Themen schwerer als im Matheunterricht. Schüler verfolgen nur ein Ziel: richtig rechnen. Wähler verfolgen hunderte Ziele und schlagen sich nebenbei mit Problemen aus Arbeit, Familie und Freizeit herum. Wie sollen wir, die schon vor der recht eindeutigen Salat-oder-Burger-Entscheidung kapitulieren, in verworrenen Gesellschaftsthemen die Stimmen in unseren Köpfen kontrollieren?

Die Antwort auf diese Frage beginnt damit, zu verstehen, in welchen Situationen unsere beiden Stimmen hervorragend zusammenarbeiten, in welchen sie Fehler produzieren und wie wir über Politik so nachdenken, dass sie ins Fehlerfrei-Muster passt.

Die gute Nachricht: Jeder, der über Jahrzehnte unfallfrei zur Arbeit gependelt ist, ohne dabei groß über den Weg nachzudenken, weiß: Die meisten Situationen löst unser schnelles System selbstständig und richtig. Wir lesen unserem Partner schlechte Laune am Gesichtsausruck ab und halten beim Autofahren automatisch den Fuß über die Bremse, wenn wir spielende Kinder am Straßenrand sehen. Gene und Erfahrung steuern unsere schnelle Stimme oft bemerkenswert effektiv.

In anderen Situationen lösen unsere beiden Stimmen Herausforderungen gemeinsam. Das Lesen dieses Buches übernimmt Ihr schnelles System, das Nachdenken darüber Ihr langsames. Ihr schnelles System fügt Buchstaben zu Wörtern und Sätzen zusammen, Ihr langsames System überlegt, wie diese Ihnen in Ihrem Leben helfen. Perfekt.

Flugangst zeigt, wie dieses Zusammenspiel aus dem Gleichgewicht gerät: Ruft unsere schnelle Stimme „Lebensgefahr", sobald wir an Flugzeuge denken, schaltet sie unser langsames System aus. Panik erzeugt Zeitdruck, Zeitdruck überlistet die Kontrollinstanz. Weil unsere Vorfahren, die beim Rascheln im Gebüsch lange grübelten, ob dort ein Raubtier lauert, ihre Gene seltener weitergaben als jene, die gleich Abstand hielten, laufen wir heute lieber einmal zu oft weg als einmal zu wenig. Im Grunde sinnvoll.

Populisten wollen erreichen, was Absturz-Videos bei Menschen mit Flugangst geschafft haben: unser schnelles System so programmieren, dass es sich stark genug vor einer erfundenen Gefahr fürchtet, um unser langsames System am Prüfen der Botschaft zu hindern.

Auch andere starke Emotionen schalten das langsame System aus. Eine Bekannte sagte mir einmal, beim Anblick von Windrädern koche sie vor Wut. Andere Botschaft, gleicher Trick.

Überlisten Populisten unsere schnelle Stimme, sofort ihre Botschaften zu rufen; und bringen sie gleichzeitig unsere langsame Stimme zum Schweigen, bleiben ihre Botschaften widerspruchsfrei. Unser überlegtes System prüft sie nicht länger. Wir glauben ihnen alles. Selbst offensichtliche Gegenargumente blenden wir aus wie Menschen mit Flugangst Unfallstatistiken und Putin-Unterstützer dessen stetig wechselnde Kriegsbegründungen.

Um uns offensichtlich Falsches unterzuschieben, schalten Populisten unsere langsame Stimme aus. Starke Emotionen wie Wut und Angst liefern ihnen eine Möglichkeit dazu. Anhänger von Populisten äußern sich zu politischen Themen daher häufig wütender oder ängstlicher als Anhänger hilfreicher Politiker.

Nun eine Einschränkung: Starke Emotionen liefern Populisten zwar einen Weg, unsere langsame Stimme zu überlisten. Weil viele Menschen Wut und

Angst aber als schlechte Ratgeber einstufen, bleibt dieser Weg auffällig. Populisten nutzen ihn daher als Zusatz oder als zweiten Schritt, zur Radikalisierung. Wäre es ihr einziger Weg, blieben sie aber erfolglos.

Dem Durchschnittsbürger schieben Populisten ihre Ideen auf unauffälligerem und daher gefährlicherem Weg unter: Sie nutzen eine Schwachstelle, die wir alle aus dem Alltag kennen.

Faule Systeme und leichte Auswege

„Nur das Denken, das wir leben, hat einen Wert.“

Hermann Hesse

Meine Partnerin Ornella und ich fanden erst nach Wochen eine Sprache, in der wir entspannt miteinander redeten. Als wir uns kennenlernten, arbeitete Ornella, ursprünglich aus Sizilien, seit acht Jahren in Deutschland. Sie hatte Sprachkurse besucht und im Beruf viel Deutsch gesprochen. Privat fehlte ihr dazu die Lust: „Ich bin froh, wenn ich es nach der Arbeit nicht mehr machen muss.“

Weil ich kein Italienisch sprach, schied auch diese Option aus. Manchmal zwang sich Ornella zum Deutsch, oft redeten wir Englisch. Das gelingt uns beiden mühelos.

Interessant. Befreundete Paare unterschiedlicher Muttersprachen reden miteinander ebenfalls meist Englisch. Es fordert viele Menschen weniger als andere Fremdsprachen. Warum?

Kahnemans und Tverskys Forschungen legen nahe, dass unsere Englisch-Präferenz nicht an der Sprache selbst liegt. Sie haben festgestellt: Dinge, die wir alleine mit unserer schnellen Stimme erledigen, fühlen sich wahrer und angenehmer an, als Dinge, die den Einsatz der langsamen Stimme erfordern.

Niemand sucht gerne ständig Wörter. Niemand schaut gerne Filme, deren Sätze er erst entschlüsselt, wenn der Darsteller schon den nächsten sagt. Durch Schule, Liedtexte und Youtube verstehen die meisten von uns zumindest etwas Englisch. Verglichen mit einer Sprache, die wir erst als Erwachsene lernen, besitzen unsere schnellen Stimmen einen uneinholbaren Vorsprung. Weil es uns leichter fällt, wichtige Wörter parat zu haben, statt das langsame System zur Unterstützung zu quälen, sprechen viele Menschen lieber Englisch als Italienisch.

Die langsame Stimme ist faul. Sie zur Arbeit zu zwingen, kostet Kraft, wie Bruchrechnung im Matheunterricht. Je weniger dieser Kraft wir für ein Thema aufwenden, umso besser gefällt es uns. „Einfach mal abschalten“ bedeutet, unsere langsame Stimme ausknipsen.

In der Politik spricht die schnelle Stimme lieber in eingänglichen Populismus-Botschaften als in durchdachten Argumenten. Sie erklärt

Probleme gerne mit einem Feindbild und Fortschritte mit dem Genie eines Anführers, statt unsere langsame Stimme mit Abwägungen und Statistiken zu foltern. Populisten liefern unserem Gehirn Abkürzungen, die komplizierte Zusammenhänge scheinbar mühelos mit der schnellen Stimme erklären.

Populismus erklärt politische und gesellschaftliche Entwicklungen mit unserer schnellen Stimme. Das fühlt sich angenehm an, schaltet aber den größten Vorteil des Menschen gegenüber Tieren aus. Wer seine langsame Stimme in der Politik eliminiert, kann genauso gut einen Affen wählen lassen.

Zusammen mit dem vorangegangenen Abschnitt verstehen wir nun, warum die sechs Kriterien für erfolgreiche Ideen von Chip und Dan Heath funktionieren: Einfache, konkrete, überraschende Botschaften erreichen uns allein über die schnelle Stimme. Berichte über Flugzeugabstürze lassen uns ohne langsame Stimme viel fühlen. Also erreichen sie uns besser als tröge Verkehrstoten-Statistiken, die unser langsames System belasten und unsere schnelle Stimme nicht interessieren. Gleiches gilt für Horrorgeschichten über Migranten oder Wohlhabende im Vergleich zu staubigen Daten über deren tatsächliches Verhalten.

„Gehirn einschalten" fällt uns bei politischen Themen also tatsächlich schwer. Durch diese Einfallstür schieben uns Populisten gutklingende Falschnachrichten unter, ordnen Verschmelzungsketten um und verformen unser Weltbild. Für uns kaum merkbar verführen sie uns in ihre Verschwörungstheorien. Ohne Gegenmittel fallen wir früher oder später auf Populisten herein. Die Frage ist nur, auf welche.

Populisten betten ihre Feindbilder in gutklingende Geschichten, um den Kontrollmechanismus unseres Gehirns zu umgehen. Erreicht eine Geschichte unser schnelles System, ohne den Einsatz des langsamen Systems zu erfordern, schalten einige Zuhörer das langsame System nicht zu. Schon programmieren die Populisten die schnellen Stimmen dieser Zuhörer um, ohne dass diese es merken.

Das bedeutet: Der gängige Vorwurf, Populisten verkauften einfache Antworten, ist ungenau. Populisten verkaufen Weltbilder, die unsere langsame Stimme ausschalten und unsere schnelle Stimme umstimmen. Die Erklärung dieser Weltbilder können sehr verwirrend sein: Corona-Diktatur, Klimawandel-Erfindung, Ukraine-Krieg-Rechtfertigungen. Ihre *Anwendung* ist einfach, weil sie nur die schnelle Stimme erfordert. Darauf kommt es an.

Diese Erkenntnis bringt uns zur nächsten Herausforderung: Unsere schnelle Stimme beschäftigt sich, womit sie will: Statistiken nein, eingängige Geschichten ja. Können wir diesen unausschaltbaren Autopiloten überhaupt steuern? Wenn ja, wie?

Wenn Sie jetzt sagen „Dann denken wir eben mit unserer langsamen Stimme über Politik nach", muss ich Sie enttäuschen: Dieser Ansatz bleibt Wunschdenken. Warum, erklärt ein Schachturnier, das für mich im Debakel endete.

Wenig Aufmerksamkeit und neue Herausforderungen

„Vermeidbares menschliches Leid entsteht weniger durch Dummheit als durch Unwissen, vor allem durch Unwissen über uns selbst."

Carl Sagan

Als ich für das Fürstenfeldbrucker Tagblatt im Selbstversuch am größtem Schnellschach-Turnier Deutschlands, den Fürstenfeldbrucker Brain Games, teilnehme, verdeutlicht meine Chancenlosigkeit, wie Populisten uns unbemerkt Botschaften unterschieben: 174 Teilnehmer aus aller Welt, darunter einige Schachgroßmeister, erhalten bei diesem Turnier nur 15 Minuten Nachdenkzeit pro Spiel. Ziehen, auf die Schachuhr schlagen, nächster Zug. Als Gelegenheitsspieler überfordert mich der Zeitdruck heillos.

In Spiel eins treffe ich auf Paul, meinen per Zufall zugelosten Gegner. Er kennt die besten Antworten auf meine Züge auswendig. Ich überlege und verplempere Zeit. Meine ablaufende Uhr zwingt mich zu immer undurchdachteren Zügen. Nach himmelschreienden Fehlern fällt mein König. Matt.

Im zweiten Spiel lost mir das Turniersystem einen Gegner zu, der ebenfalls sein erstes Spiel verloren hat; im dritten Spiel einen Gegner mit zwei Niederlagen und so weiter. Im letzten Spiel treffe ich auf die neunjährige Susi. Auch sie hat bislang alle Spiele verloren. Gegen mich ändert sie das mühelos.

Susi mag noch kein Großmeister sein, aber sie erkennt viele richtige Züge auf den ersten Blick. Ich bin es gewohnt, lange nachzudenken. Weil mir dazu die Zeit fehlt, ziehe ich nach einem Gefühl, das ich nicht habe, und begehe Fehler. Wieder fällt schnell mein König.

Kahnemans Erkenntnisse erklären, warum ich gegen Susi chancenlos bleibe. Gewöhnlich spiele ich Schach mit Familienmitgliedern. Die gemeinsame Zeit genießend, denken wir mit unseren langsamen Stimmen lange über Züge nach. Unser schnelles System lernt nebenbei ein paar Kniffe, aber wir trainieren es nicht gezielt.

Wie der Psychologe Herbert Simon festgestellt hat, sehen Schach-Großmeister Figuren und Spielzüge anders als Amateurspieler. Oft erkennen sie beim ersten Blick auf ein Brett, wer gewinnt. Simon schreibt: „Die Situation liefert einen Hinweisreiz; dieser Hinweisreiz gibt dem Experten

Zugang zu Informationen, die im Gedächtnis gespeichert sind, und diese Situationen geben ihm die Antwort. Intuition ist nicht mehr und nicht weniger als Wiedererkennen."[66]

Schnellschach-Spieler, auch Nicht-Großmeister, bringen ihren schnellen Stimmen Zugfolgen und Stellungsmuster bei. Am Brett finden sie den richtigen Zug so automatisch wie ich den richtigen Gang beim Autofahren.

Susis schnelle Stimme meistert die Situation um Längen besser als meine. Diese ungleiche Ausgangslage raubt mir jede Chance. Der Zeitdruck schaltet meine langsame Stimme aus. Meine überforderte schnelle Stimme liefert zwar Antworten, weil sie immer Antworten liefert; und ihre Antworten klingen richtig, weil ihre Antworten immer richtig klingen.[a] Dennoch bleiben sie wertlos.

Mein Schnellschach-Debakel ähnelt unserem Nachdenken über Politik: Auch in der Politik könnten unsere langsamen Stimmen Fehler vermeiden. Weil wir sie aus Zeitmangel selten einsetzen, treffen wir schlechte Entscheidungen. Wir wählen den anschaulicheren Politiker, die Partei mit dem schöneren Namen oder die Gruppe, die wir immer wählen. Oft ploppen uns in diesen Momenten die Botschaften von Populisten ins Gedächtnis, weil sie das Griffigste sind, was unserer schnellen Stimme einfällt. So wie meine Schach-Gedankenblitze („Dann hole ich mir wenigstens Susis Turm!") böse Überraschungen auslösten, rennen wir nach diesem Muster auch in der Politik ins Verderben.

Die Feindbilder Adolf Hitlers und Wladimir Putins erkennen wir, weil unsere langsamen Stimmen lange sachlich über sie nachgedacht haben. So wie ich nach vielen Minuten die Absichten meines Schachgegners durchschaue, haben wir nach dutzenden Geschichtsstunden zur Nazizeit und unzähligen Zeitungsartikeln zum Ukraine-Krieg die Feindbilder der Diktatoren entschlüsselt. Also glauben wir, Populismus sicher zu erkennen. Genügend Zeit und Ruhe vorausgesetzt, könnten wir das auch.

Wie beim Schnellschach fehlt uns diese Möglichkeit jedoch im Alltag. Unsere langsame Stimme vermag sich nur auf eine Sache zu konzentrieren und das nur begrenzt lange: Wer Rechenaufgaben lösen und dabei über die Außenpolitik nachdenken will, scheitert. Während unser schnelles System jede Sekunde unseres Lebens mühelos hunderte Aufgaben gleichzeitig bearbeitet, braucht unser langsames System Pausen.

Die moderne Welt lastet unser langsames System mit Büroaufgaben, Familienproblemen und Freizeitplanung aus. Aufrufe zu mehr Nachdenken und Bildung schützen uns daher nur begrenzt vor Populismus: Wer hofft, wir könnten unser langsames System in Vollzeit der Politik widmen, verlangt Unmögliches. Ein Populismus-Schutzschild funktioniert nur, wenn er

---

[a] Denken Sie an das Kugelschreiber-und-Mine-Beispiel: Auch dort fühlte sich die schnelle Antwort „zehn Cent" todsicher an, bis unsere langsame Stimme den Fehler entlarvte.

zumindest größtenteils unser schnelles System nutzt. Er muss automatisch und mühelos arbeiten. Nur dann treffen wir unter Zeitdruck hilfreiche Entscheidungen. Schauen wir uns an, wie wir das schaffen.

Wie ich in meiner erfolglosen Schnellschach-Karriere begegnen die meisten Menschen der Politik mit einer unvorbereiteten schnellen Stimme. Wir erkennen Fallen erst nach langer Überlegung. Für lange Überlegungen fehlen uns aber Zeit und Ruhe. Also fallen wir auf einfache Finten herein.

Kleine Tricks, große Wirkung

*„Die Intuition von Experten kommt uns wie ein Wunder vor.
Aber das ist nicht der Fall. Tatsächlich vollbringt jeder von uns
viele Male pro Tag intuitive Meisterleistungen."*

Daniel Kahneman

Angestachelt von meinem Schnellschach-Debakel, nehme ich mir am Wochenende nach dem Turnier einige Übungen aus einem Schachbuch vor: Mit dem Läufer Matt setzen, eine Springergabel aufbauen, die Bauern entwickeln. Nach und nach arbeite ich mich durch die Klassiker. Eselsbrücken erleichtern mir den Einstieg: „Springer am Rand bringt Kummer und Schand." Verstanden.

Als ich das nächste Mal gegen meinen Vater spiele, erkenne ich einige Spielzüge mit meiner schnellen Stimme. Je mehr Eselsbrücken und Zugfolgen ich auswendig lerne, umso besser ziehe ich nach Gefühl.

Kein Einzelfall. Viele Situationen überfordern uns, wenn wir ihnen nur mit der langsamen Stimme begegnen. Planen wir beim Autofahren jeden Gangwechsel, kommen wir nie irgendwo an. Durchdenken wir beim Gitarrespielen jedes Mal die Tonleiter, finden wir nie rechtzeitig richtige Noten. Früher erledigten wir diese Aufgaben mit unserem langsamen System. Irgendwann gingen sie uns in Fleisch und Blut über.

Wir können Entscheidungen von unserem langsamen System in unser schnelles auslagern. Rechnen, Schreiben und Grundzüge der Weltgeschichte; Freundlichkeitsregeln, ethische Grundsätze sowie Jobskills – jeder von uns erledigt heute Dinge nebenbei, über die wir früher lange grübelten. Ähnlich mühelos können wir unsere schnelle Stimme lehren, Populismus zu erkennen.

Klingt unmöglich? Bis zum Ende dieses Buches schaffen wir es, versprochen. Das schreibe ich nicht aus übertriebenem Glauben an die Großartigkeit dieses Buches. Ich schreibe es aus dem Glauben an die

Leistungsfähigkeit Ihrer schnellen Stimme.

Fehlt Ihnen dieser Glauben, weil Sie mit Ihrer schnellen Stimme im Mathe-Unterricht früher ähnlich oft daneben lagen wie ich, lassen Sie mich Ihnen diese Leistungsfähigkeit demonstrieren: Ich wette, dass ich Ihrer schnellen Stimme in zwei Minuten beibringe, Rechenaufgaben im Kopf zu lösen, die Sie sich sonst kaum schriftlich zugetraut hätten. Bereit?

Unsere Einstiegsaufgabe: Wie viel ist 4,5 zum Quadrat? Sie haben zehn Sekunden, die Aufgabe im Kopf zu berechnen.

Haben Sie die Lösung 20,25 in zehn Sekunden gefunden? Wenn nicht, schauen wir uns den Trick an, mit dem Sie es künftig tun: Sie multiplizieren die beiden nächsten ganzen Zahlen und hängen ,25 an. Fertig.

Im Falle von 4,5 hoch zwei heißt das: Vier mal fünf plus 0,25. Vier mal fünf ergibt 20. Der Rest ist ein Kinderspiel.

Nun der große Trick: Wie viel ergibt 2,5 zum Quadrat? Richtig! 6,25. Zwei mal drei ergibt sechs. ,25 anhängen, erledigt.
Schaffen Sie es schon in zehn Sekunden?

Testen Sie sich: Wie viel ergibt $3,5^2$?
Richtig! 12,25.

Wenn Sie jetzt noch das Komma weglassen, quadrieren Sie sogar zweistellige Zahlen blitzschnell im Kopf

45^2? 2025. Die gleiche Rechnung wie $4,5^2$, nur ohne Komma. Einfach die umliegenden Zehner multiplizieren, 25 dazurechnen, fertig.

25^2? 625.

35^2? 1225.

Alles ganz einfach, oder? Üben Sie diese Rechnung noch einige Male und Ihre schnelle Stimme quadriert schwere Zahlen mühelos im Kopf. Wenn Sie wüssten, wie oft ich Freunde mit diesem Trick verblüfft habe.[a]

Auf die Politik übertragen lehrt uns dieses Beispiel: Wir brauchen kein Politikstudium, um Populismus mit unserer schnellen Stimme zu erkennen. Einfache Regeln reichen, solange es die richtigen Regeln sind. Unsere schnelle Stimme erledigt den Rest.

Einige Populisten behaupten, Demokratie müsse scheitern, weil Menschen zu dumm oder desinteressiert seien, politische Themen zu durchdenken. Unsinn. Mit den richtigen Denk-Techniken verstehen wir alles. Auch Populismus.

Diese Regeln entwerfen wir im Rest dieses Buches. Als ersten Schritt klären

---

[a] Für den restlichen Zahlenbereich bis 100 liefern andere einfache Tricks ähnlich blitzschnelle Ergebnisse. Der Vollständigkeit halber sei zumindest erwähnt: Was für Zahlen zwischen 40 und 60 funktioniert, klappt auch mit Zahlen zwischen vier und sechs, wenn Sie das Komma verschieben: 5,1 zum Quadrat? Richtig: 26,01. Und 5,1 mal 51? Genau: 260,1.

wir dazu ein Problem: Die Aussage, unsere schnelle Stimme helfe uns nur mittels richtiger Regeln, trifft auf *alle* Lebensbereiche zu. Meist lernt sie die Regeln jedoch von selbst: Nicht auf heiße Herdplatten fassen, Schatten schützt vor Sonnenbrand, lieber zweimal gehen als alles fallen lassen. Meist leitet die langsame Stimme die schnelle nach Fehler von allein zu besseren Entscheidungen.

Populisten behaupten ständig Falsches. Faschismus und Kommunismus haben ihre Vernichtungsgewalt unzählige Male bewiesen. Trotzdem lässt unsere langsame Stimme die schnelle sie nicht meiden.

Manchmal erzieht die langsame Stimme die schnelle sogar zum Populismus-Unterstützer. Behauptet ein Ingenieurbuch, Papier sei stabiler als Stahl, korrigiert unsere langsame Stimme den Fehler recht schnell. Erfinden Hitlers *Mein Kampf* oder *Das kommunistische Manifest* aber Verschwörungen, übersehen einige noch immer, wie weit diese Behauptungen an der Welt vorbeischießen. Auch die ständig wechselnden Kriegsbegründungen Putins und die widersprüchlichen Corona-Verschwörungstheorien deutscher Populisten erkennen wir nicht. Warum? Wie entwerfen wir Regeln, die dieses Problem umgehen? Die Antwort beginnt mit dem großen Unterschied zwischen Schach und Politik.

Späte Rückmeldungen und ein Haufen Unsinn

*„Unabhängige Denker erkennt man nicht daran,
was sie denken, sondern wie sie denken.“*

Christopher Hitchens

Nachdem ich von meinem Schnellschach-Debakel angestachelt das Schachbuch durchgearbeitet habe, greife ich zu meinem Tablet. Dort finde ich einige Experten, die auf Youtube Tricks und Taktiken erklären. Meine Lern-App bietet zudem einen Schach-Grundkurs, unterrichtet von einem Großmeister. Viele Quellen ergänzen perfekt die Grundlagen des Buches. Ein klarer roter Faden zeigt mir den Weg zu mehr Schachverständnis.

Nun erkennen Sie wohl bereits, was dieses Beispiel von der Politik unterscheidet: Brettspiele kennen keinen Populismus. Schachlehrer mögen mal klüger, mal weniger klug sein. Wirklich falsche Tipps vermittelt keiner von ihnen. Niemand lehrt, Spiele unbedingt mit dem Randbauern zu eröffnen. Alle sagen: „Mitte besetzen!" Die Informationen zeigen in die gleiche Richtung.

Das müssen sie auch: Rät ein Schachbuch, den eigenen König möglichst wenig zu schützen, entlarven die nächsten Partien den Unsinn schnell.

Fast alle Themen erleichtern uns den Einstieg mit ähnlich klaren Linien. Chemie, Biologie und Mathe; Rechtswissenschaft, Sport und Musiktheorie:

Experten streiten über hochentwickelte Details, stimmen aber in den Grundlagen überein. Zwei plus zwei ergibt vier, die Erdbeschleunigung beträgt 9,81 m/s^2 und Moll klingt trauriger als Dur. Kein Mathelehrer erklärt seinen Schülern in Berufung auf „alternative Mathematik", zwei plus zwei ergebe fünf. Alternative Mathematik gilt als das, was sie ist: falsch.

In der Politik behaupten Populisten standhaft Unsinniges. Von der jüdischen Weltverschwörung bis zu gefährlichen Corona-Impfungen und dem Westen als Kriegstreiber in der Ukraine bricht täglich eine Flut von Erfindungen über uns herein. Wäre Sara Wagenknecht eine Schachlehrerin, sie würde behaupten, wer nicht möglichst schnell ein Hotel auf die Schlossallee baut, hasst die Menschheit.

Bevor wir unsere schnelle Stimme für die Politik trainieren können, müssen wir Schichten von Falschinfos beiseite schaufeln. Weil wir dazu bereits die schnelle Stimme brauchen und gleichzeitig schneller neue Falschinfos über uns hereinbrechen, als wir alte beseitigen, kämpfen wir einen aussichtslosen Kampf. Viele Menschen geben ähnlich überfordert auf wie ich beim Schnellschach.

Diese Überforderung nutzt Populisten. Springen wir für die Erklärung zurück nach Philadelphia. Als Benjamin Franklin und sein Sohn William dort im Juni 1752 einen Drachen in den Gewitterhimmel schicken, verstehen sie wahrscheinlich als einzige Menschen im Umkreis von tausenden Kilometern den Ursprung der Blitze über ihren Köpfen. Trotzdem glauben alle Amerikaner, den Ursprung dieser Blitze zu kennen. Außer Franklin und William machen sich alle von ihnen etwas vor. Kahneman nennt diesen Denkfehler „eingebildetes Wissen".

Der Denkfehler geht der Selbstwertdienlichen Verzerrung voraus: Die Selbstwertdienliche Verzerrung erklärt, warum wir unsere Meinungen als besser und reiner einstufen als die Überzeugungen anderer. Sie lässt offen, warum wir zu Themen, bei denen wir anderen mit ähnlich wenig Wissen jede Aussagefähigkeit absprechen, überhaupt feste Überzeugungen besitzen.

Der bekannte Dunning-Kruger-Effekt beschreibt, dass Menschen mit wenig Fähigkeiten, Wissen oder Erfahrung ihre Fähigkeiten am stärksten überschätzen. Coronamaßnahmen, Steuerpolitik oder die Aufstellung der Nationalelf – obwohl uns offensichtlich jede Grundlage für eine verlässliche Einschätzung fehlt, posaunt unsere schnelle Stimme voller Überzeugung zu allen Themen Antworten heraus. Auch in der Politik vertreten die meisten Menschen trotz Überforderung feste politische Überzeugungen. Unwissenheit schützt nicht vor Rechthaberei. Warum?

Die Antwort auf diese Frage besteht aus drei Teilen. Teil eins: Kahneman schreibt, unser schnelles System verwandelt wenige Beweise in feste Schlüsse. Das muss es tun; sonst wäre es nicht schnell. Kratzt unser Hals, lässt uns unser schnelles System husten. Manchmal rettet es uns damit das Leben. Dass wir oft mit sauberem Hals husten, nimmt unsere schnelle Stimme in Kauf.[a]

Heute verwandeln wir wegen dieser Programmierung wenige Beweise auch dann in feste Überzeugungen, wenn daraus weitreichendere Probleme entstehen als bei einem überflüssigen Huster. Zwei, drei Beiträge in Sozialen Medien lassen uns an die große Verschwörung glauben.

Teil zwei der Erklärung: Wie wenig vertrauenswürdig unsere Überzeugungen manchmal sind, übersehen wir, weil unserer schnellen Stimme Signale fehlen, die uns wie die Ölleuchte im Auto auf Probleme hinweisen. Unsere Meinung zur Nationalelf fühlt sich genauso verlässlich an wie die Überzeugung, zwei plus zwei ergebe vier. Sie ist es aber nicht.

Wir erkennen erst am Ergebnis, ob funktioniert, was unser schnelles System entscheidet: Ich merke kaum, wie meine Finger die Buchstaben auf der Tastatur finden, die diesen Satz entstehen lassen. Trotzdem könnte ich eine Tastatur nie aus dem Gedächtnis aufmalen. Mein Gehirn speichert ihren Aufbau in einem Bereich meines Kopfes, zu dem mir der direkte Zugriff fehlt. Sobald die Buchstaben auf dem Bildschirm aufleuchten, prüft mein langsames System das Ergebnis und korrigiert Fehler. Liegen die Dinge so eindeutig wie in diesem Beispiel, arbeiten unsere beiden Systeme weitgehend fehlerfrei zusammen: Die meisten Menschen bedienen Tastaturen sicher.

So eindeutig, das ist Teil drei der Antwort, liegen die Dinge aber selten. Das Beispiel Tastatur ähnelt noch stark dem Umfeld, auf das die Evolution unser Gehirn vorbereitet hat. Unsere Vorfahren erhielten meist so schnell und deutlich Rückmeldungen wie ich, wenn ich die falsche Taste drücke: Schlechte Ideen verrieten sich sofort. Heute plagen uns der Klimawandel statt das Rascheln im Gebüsch, Wahlentscheidungen statt das Kratzen im Hals. In diesen Fällen bemerkt unser langsames System die Rückmeldungen später und schwammiger. Oft fehlt ihm jede direkte Rückmeldung. Das bringt die Systeme aus dem Gleichgewicht.

Vergeht viel Zeit zwischen Handlung und Rückmeldung oder bleibt die Rückmeldung ungenau, erkennt unser langsames System nicht, ob uns die Anweisungen des schnellen Systems helfen. Schon weil der Kater nach der Party einige Stunden auf sich warten lässt, überfordert die Verzögerung unser

---

[a] Dieser Satz ist nur aus heutiger Sicht richtig. Die Evolution hat unser schnelles System verfeinert: Unsere Vorfahren, die zum Beispiel beim Kratzen im Hals husteten, erstickten seltener als jene, die es nicht taten. Also gaben sie ihre Gene häufiger weiter. Hunderttausende Jahre Überlebenskampf haben den Reflex eingestellt. Heute haben wir dadurch praktisch keine Nachteile. Sehr wahrscheinlich lebten unter unseren Vorfahren aber auch einige, deren Hustenreflex so stark war, dass sie in der Natur kaum überleben konnten. Ihr schnelles System schaltete schon beim kleinsten Staubkorn in den Überlebensmodus. Ihnen fehlte die Kraft, Nahrung zu sammeln und Angriffe abzuwehren. Sie starben früher. Für sie hatte der Hustenreflex gravierende Nachteile. Der recht ausgewogene Hustenreflex moderner Menschen schafft diese Gefahr nicht.

Gehirn. Viele Menschen schwören dem Alkohol wöchentlich ab.

Die meisten Herausforderungen der modernen Welt liefern spätere und schwammigere Rückmeldungen als Alkohol: Wer aus Flugangst mit dem Auto nach Spanien fährt, erhöht sein Sterberisiko. Übersteht er die Fahrt unbeschadet, bleibt die Gefahr aber verborgen. Womöglich steuert er Jahrzehnte unbemerkt der Katastrophe entgegen.

Entscheiden wir uns nach der Schule aus dem Bauch heraus für eine Karriere oder setzen wir unser Kreuz bei der Bundestagswahl nach Gefühl, bemerken wir die Folgen erst nach Jahren. Weil in der Zwischenzeit Millionen unvorhergesehene Ereignisse uns und die Welt verändern, können wir unsere Entscheidungen kaum einordnen: Vielleicht hätten wir in einem anderen Beruf mehr von der Welt gesehen, aber einen anderen Partner und andere Freunde kennengelernt. Wären wir glücklicher? Wer weiß. Vielleicht hätte ein anderer Kanzler ein besseres Steuerkonzept vorgelegt, aber in der Außenpolitik versagt. Niemand kann sagen, ob es Deutschland dann besser ginge.

Ohne offensichtliche Fehler widerspricht die langsame Stimme nicht den Entscheidungen ihres schnellen Gegenstücks. Ohne Widerspruch reagiert die schnelle Stimme auf Reize weiter wie bislang. Sie fürchtet Flüge und bekämpft Stress mit Alkohol. Wie wir uns damit selbst schaden, erkennen wir erst, wenn es zu spät ist. Dieses System ließ viele Amerikaner zur Zeit Benjamin Franklins ihr Blitz-Verständnis überschätzen und lässt heute Wähler Populisten vertrauen.

Auch der britische Premier Neville Chamberlain erkannte erst, wie falsch er damit lag, in Adolf Hitler einen Mann des Friedens zu sehen, als der Diktator Europa mit Krieg überzog. Hätte Chamberlain mit Hitler vor Jahrtausenden in einer kleinen Gruppe in der Wildnis gelebt, hätte er des Diktators wahre Natur wohl erkannt. Die moderne Welt, in der er anhand weniger Momente verworrene Entscheidungen eines Politikers bewerten sollte, überforderte seine beiden Denksysteme. Also beging er Fehler.

Bekommt unser Gehirn späte, ungenaue Rückmeldungen auf Entscheidungen, bewertet es diese oft fehlerhaft oder gar nicht. Weil politische Entscheidungen fast nur späte, ungenaue Rückmeldungen liefern, fehlen ihm in der Politik verlässliche Bewertungen. Ohne diese übersieht es, wie haltlos Untergangsszenarien sind, und merkt nicht, wenn seine Wahlentscheidungen unseren Interessen schaden. Es verwandelt weiter wenige Beweise in feste Schlüsse und lässt uns allerhand Fragwürdiges glauben.

Wir erkennen: Überlassen wir die beiden Systeme in unserem Kopf sich selbst, arbeiten sie in politischen Themen ähnlich ziellos wie eine Fußballmannschaft ohne Taktik. Mit viel Glück vermeiden wir Populismus.

Wahrscheinlich fallen wir auf ihn herein. Keinesfalls sollten wir hoffen, automatisch die richtigen Regeln zu lernen. Schauen wir uns also an, wie wir unsere beiden Systeme auch in der Politik hilfreich einsetzen.

Gold und beeindruckende Erklärungen

*„Es zählt nicht, was plausibel klingt, was wir gerne glauben würden,
was ein oder zwei Zeugen behaupten, sondern nur, was durch stichhaltige Beweise
belegt wird, die gründlich und kritisch geprüft wurden."*

Carl Sagan

Ich muss 13 oder 14 Jahre alt gewesen sein, als mir eine Folge der BR-Sendung alpha-Centauri die Sprache verschlug. „Woher kommt unser Gold?", fragte Astrophysiker Harald Lesch. Seine Antwort verdeutlicht auch, warum wir unsere beiden Systeme in Politikfragen oft schlecht vereinen.[67]

Kurz nach dem Urknall vor rund 14 Milliarden Jahren, erklärte Lesch, bestand das Universum, abgesehen von Vakuum, nur aus Wasserstoff und Helium, den einfachsten Elementen. Wasserstoff besitzt ein Proton, ein positiv geladenes Kernelement, Helium besitzt zwei. Denken Sie ans Periodensystem aus dem Chemieunterricht: Wasserstoff und Helium stehen ganz oben am Anfang. Jedes weitere Element besitzt je ein Proton mehr als das vorangegangene. Auf Helium und Wasserstoff folgen Lithium, Beryllium und Bor, dann Kohlenstoff, Stickstoff und Sauerstoff und so weiter. Jetzt wird es interessant: Der Urknall schuf nur die ersten beiden dieser Elemente. Woher stammt der Rest? Woher stammt Gold? Wer hat ihm seine 79 Protonen in den Atomkern gequetscht?

Die Erklärung beginnt mit den ersten Sternen: Die Wasserstoff- und Heliumatome ziehen sich an, bis an einigen Stellen riesige Wasserstoff-Helium-Haufen entstehen. Die Anziehung presst die Atome eng zusammen, erzeugt so Hitze und löst eine Kernfusion aus. Eine Sternengeburt. Von nun an verschmilzt der Stern Wasserstoff zu Helium und erzeugt dadurch mehr Hitze. Eine Kettenreaktion.

Wiegt der Stern mindestens 25 Mal so viel wie unsere Sonne, schaltet er in den nächsten Gang. Er verschmilzt Heliumatome zu immer schwereren Elementen. Wie eine Zwiebel erzeugt er Schicht für Schicht Kohlenstoff, Stickstoff und Sauerstoff und so weiter.

Gold erzeugt er noch nicht. Bis zum Element Eisen mit 26 Protonen erzeugt Kernfusion Energie und hält die Kettenreaktion im Gang. Ab Eisen verbrauchen die Verschmelzungen mehr Energie als sie erzeugen. Damit endet die Kettenreaktion. „Der Stern ist ja auch nur ein Mensch", sagt Lesch. „Der kann nicht mehr weiter verbrennen." Gold mit seinen 79 Protonen bleibt unerreichbar. Vorerst.

Der Stern erschmilzt nun in seinem Inneren einen stetig wachsenden Eisenkern, von dem, zusammengepresst durch die riesige Schwerkraft des Sterns, ein Stück von der Größe eines Monopoly-Würfels Millionen Kilogramm wiegt. Erreicht der Eisenkern grob die Größe unserer Erde, quetscht seine riesige Gravitation die Elektronen der Eisenatome in die Kerne.

Ein Wahnsinnsereignis. Normalerweise bestehen Atome fast ausschließlich aus Nichts. Elektronen umkreisen den Atomkern in einem ähnlichen Abstandsverhältnis wie die Planeten unseres Sonnensystems die Sonne: in der Mitte ein großer Klumpen, außen kleine Pünktchen, dazwischen viel Platz. Zwängt die Schwerkraft die Pünktchen in den Klumpen, schrumpfen die Atome. Von grob der Größe unserer Erde fällt der Eisenkern in weniger als einer Millisekunde auf rund zehn Kilometer Durchmesser zusammen. Er zieht den äußeren Sternschichten den Boden unter den Füßen weg.

Die äußeren Schichten schießen nach innen. Dort prallen sie mit 250 Millionen Stundenkilometern auf den Kern und aufeinander.

Dabei entstehen über sechs Milliarden Grad Celsius Hitze. Genug, um die Elemente zu erschmelzen, für die dem Stern vorher die Energie fehlte, unter anderem Gold.[a] Gold entsteht, wie alle schweren Elemente in den letzten Lebensmomenten riesiger Sterne.

Wenige Sekundenbruchteile später schießen die Elemente mit ähnlich wahnsinniger Geschwindigkeit zurück in die Tiefen des Alls. Eine Supernova. Über Milliarden Jahre bündeln sich ihre Reste zu neuen Sternen und Planeten. Aus einem dieser Bündel entstanden unsere Sonne und unsere Erde.

„Wenn Sie das nächste Mal einen Gold- oder Silberring kaufen, lassen Sie ihn mal zwischen Ihren Fingern hin- und herlaufen", sagt Lesch. „Und denken Sie daran, dass dieses wunderbare Element in einem Stern erbrütet wurde, der viel, viel schwerer war als die Sonne und der in seiner kosmischen Großzügigkeit die Elemente an das Universum zurückgegeben hat, aus denen nicht zuletzt auch Sie bestehen und ich auch. Wir alle verdanken diesen Sternen nicht nur Gold, sondern unsere eigene Existenz."

Beeindruckend! Nach dieser Erklärung sah ich wochenlang in allen schweren Elementen die ehemals Millionen Grad heißen Zwiebelschichten uralter Sterne.

Was mich an dieser Erklärung heute noch mehr fasziniert: Ich kannte sie! Obwohl alle Supernovae der Geschichte am Sternenhimmel weit an der

---

[a] Dieser Prozess ist an dieser Stelle etwas zusammengefasst dargestellt: Strenggenommen erschmelzt der Stern Neutronen. Diese vermischen sich mit bestehenden Kernen, wandeln sich in Protonen und erzeugen dadurch schwere Elemente, die im Periodensystem nach Eisen stehen. Für den Durchschnittsbürger macht dies jedoch keinen Unterschied: Der Stern macht Bumm, eine nach kosmischem Maßstab winzige Zeit später entstehen schwere Elemente. Deswegen die überblicksartige Darstellung im Text.

Menschheit vorbeiexplodierten, wusste Harald Lesch, wie sie Gold erbrüteten. Der Mensch ist das Werkzeug, mit dem sich das Universum selbst entdeckt.

Unglaublich, und gleichzeitig ein Problem: Unsere Vorfahren fragten lange vor der Entdeckung des Atoms, wie Gold entsteht. Evolutionär daran gewöhnt, alle Fragen einigermaßen beantworten zu können, lieferten ihre Gehirne Erklärungen. Weil sie keine richtigen Antworten liefern konnten, lieferten sie falsche. Alchemisten versuchten jahrhundertelang, Schlamm in Gold zu verwandeln.

Eine häufige Form der Zeitverschwendung: Vor einigen hunderttausend Jahren war das langsame System unserer Vorfahren so wenig entwickelt wie die Systeme heutiger Affen. Affen fragen weder, wieso die Sonne untergeht, noch wie sie ein Haus bauen. Mit der Zeit entwickelte sich unser langsames System weiter und begann mehr Fragen zu stellen.

Viele Fragen stellte der Mensch, lange bevor er sie beantworten konnte. Die technischen Möglichkeiten, Gewitter zu erklären, besitzen wir erst seit Jahrhunderten. Die Gehirne unserer Vorfahren verlangten aber schon vor Jahrtausenden Antworten. Also erfanden sie diese. Was blieb ihnen anderes übrig?

Denker wie Benjamin Franklin ersetzten Aberglauben durch Wahrheit. Auf Newtons Schwerkraftgleichungen folgte Einsteins Relativitätstheorie. Heute diskutieren wir Stringtheorie und dunkle Materie. Wir erdenken Antworten, prüfen diese und streichen die schlechten. Die guten entwickeln wir weiter. Diese Methode treibt die Wissenschaft zu immer besseren Erklärungen.

Nichts bereitete unseren Verstand darauf vor, das Sterben glühender Riesensterne zu verstehen. Mittels eines jahrhundertelangen Wechsels aus Erklärung, Test, neuer Erklärung entrissen wir ihnen dennoch ihre Geheimnisse. Schicht für Schicht schufen wir das Wissen, das meine schnelle Stimme beim Anblick von Gold Bewunderung eintrieb. Wissenschaftliche Methoden lassen den Menschen über sich selbst hinauswachsen.

Wissenschaftliches Denken entreißt auch Themen, auf die die Evolution unser Gehirn nicht vorbereitet hat, ihre Geheimnisse. Ohne den ständigen Wechsel von Annahme, Überprüfung, neuer Annahme, glauben wir bei komplexen Themen häufig Falsches.

Wollen wir gesellschaftliche Probleme lösen, brauchen wir für die Politik ein ähnliches Konzept zu schrittweisen Verbesserungen. Jetzt könnten wir es uns einfach machen und sagen: „Denken wir auch über gesellschaftliche Themen wissenschaftlich nach." Doch dabei stehen wir vor Problemen:

1. **Die Wissenschaft kennt keinen Populismus:** Denken Sie an das Schachbuch-Beispiel: Geht es um Wissen, arbeiten alle in die gleiche Richtung. Niemand verbreitet absichtlich eine falsche Antwort nach der nächsten.
2. **Gesellschaftliche Probleme erschweren Tests:** Kannten sich Menschen bis vor wenigen Jahrhunderten fast ausschließlich durch direkten Kontakt, liefern uns Internet und Medien heute Millionen Geschichten, über deren Akteure wir nie mehr erfahren, als diese flüchtigen Eindrücke. Diese Geschichten prüfen wir unmöglich durch wiederholbare Experimente. Das erschwert wissenschaftliche Ansätze.
3. **Statistiken helfen begrenzt:** Statistiken liefern uns die wissenschaftlichste Methode, Einzelfälle einzuordnen. Unser Gehirn schätzt Statistiken schlecht; und der Mangel von Zeit und Interesse halten die Mehrheit der Gesellschaft davon ab, statistisches Denken zu erlernen.

Zusammengenommen bedeutet dies: Obwohl wir politische Themen besonders schlecht schätzen, prüfen wir unsere Überzeugungen selten. Wir stehen vor unendlich mehr offenen Fragen als unsere Urahnen. Diese Fragen reichen tiefer, nehmen uns aber durch späte, ungenaue Rückmeldungen und fehlende Überprüfungen die Möglichkeit zur Nachbesserung. Gerade in gesellschaftlichen Fragen vertrauen wir daher oft schlechten Antworten.

Mehr Fragen, schlechtere Antworten – eine explosive Kombination und ideal für Populisten. Weiß niemand, wann das Coronavirus auf den Menschen übersprang, wie Armut entsteht und warum Personen Verbrechen begehen, reißt die Welt Lücken in unser zwanghaft lückenloses Weltbild. Falschnachrichten, die Corona als Verschwörung oder eine Gruppe als typische Schurken hinstellen, füllen diese Lücke besser als Wahrheiten, die Unsicherheit eingestehen.

Populisten liefern die vermeintlich todsicheren Erklärungen, die unseren schnellen Stimmen falsche Sicherheiten ermöglichen. Dieser Vorteil überwiegt selbst offensichtliche Gegenargumente.

Populisten schalten die langsame Stimme in unseren Köpfen nicht nur mit Angst aus. Die moderne Welt spielt ihnen in die Karten. In Situationen, die unser langsames System überlasten, nutzen sie die Schwachstellen unseres Gehirns, um uns Erfundenes unterzuschieben. Wer diesen Prozess weder versteht noch aktiv steuert, fällt früher oder später auf Populismus herein.

Im Rest dieses Buches entwickeln wir ein Mittel, dass unsere Gesellschaft zu schrittweisen Verbesserungen treibt wie wissenschaftliche Methoden die Forschung. Im ersten Schritt brauchen wir ein Mittel, das Populisten davon abhält, unsere schnelle Stimme umzuprogrammieren.

Das Gegenmittel: Der Lollapalooza-Effekt

„Außergewöhnliche Behauptungen erfordern außergewöhnlich starke Beweise."

Carl Sagan

Als gegen drei Uhr morgens sechs vermummte Gestalten an mein Auto klopfen, wünsche ich mir, sie hätten den Lollapalooza-Effekt bedacht. Mein Camper parkt in dieser Nacht im Jahr 2016 bei Patras in Griechenland an einem Bergweg mit Meerblick. Mitten in der Nacht höre ich im Halbschlaf den Splitbelag des Weges knarzen. Langsam wache ich auf und blicke aus dem Fenster.

Ich sehe drei Autos, die meinen Wagen umzingeln. Eines schneidet mir nach vorne den Weg ab, eines nach hinten, eines steht neben mir. Zu vierten Seite verhindert die Bergwand jedes Fortkommen.

Zwischen den Autos stehen Männer, die sich wie Banditen des Wilden Westens Tücher über Mund und Nase gebunden haben. Nur einer trägt keine Maske.

Ich steige aus. „Was ist los?", frage ich ruhig. Die Situation wirkt, als brauche sie Entspannung.

Betretene Pause. Die Vermummten und der Unvermummte wirken überfordert. „Was haben Sie da im Auto", fragt der Unvermummte nach einiger Zeit und späht an mir vorbei.

„Alles Mögliche", sage ich und zucke die Achseln. „Wieso?"

Die Vermummten sind jung und dürr, höchstens Anfang 20. Sie bauen sich hinter dem Unvermummten auf und verschränken die Arme, wie junge Männer ihre Arme verschränken, wenn sie ihre Unsicherheit überspielen.

„Räuber sind das nicht", denke ich. „Aber was dann?"

Der Unvermummte – älter, ruhiger und eindeutig der Anführer – fragt: „Haben Sie etwas Gefährliches im Auto?"

Ich nehme an, er sieht mir meine Überraschung an, als ich ihn frage, was das sein solle. Ich lasse ihn einen Blick ins Innere werfen.

Ein Geländewagen, ein Bett auf der Ladefläche. Darunter zwei Kisten mit Büchern, eine mit Kleidung und eine mit Ersatzteilen. Keiner meiner nächtlichen Besucher fühlt sich davon bedroht. Die ersten beginnen zu kichern.

Die Lage wirkt nun eher seltsam als gefährlich. Ich vermute, gerade nicht die durchdachteste Aktion der Geschichte zu erleben.

Ich erkläre, aus Deutschland zu kommen und wieso ich gerade hier stehe („Hübsche Aussicht!"). Langsam tauen die Vermummten auf. „Diese Deutschen", sagt einer.

Der Unvermummte sagt, ich solle zu meinem eigenen Schutz hier weg: „Sehr gefährlich." Er lädt mich ein, im nahen Ort unter einer Straßenlaterne zu parken. Dass ich dort kein Auge zutue und die einzige Gefahr an meinem derzeitigen Standort von ihm und seinen Begleitern ausgeht, sage ich nicht. Ich nicke und bedanke mich für den Hinweis. Er und die Vermummten versichern, mich in Ruhe zu lassen.

Die Situation ist geklärt. Meine Besucher ziehen ab. Bevor ich mich wieder wecken lasse, parke ich am Strand.

Bis heute weiß ich nicht, was meine Besucher in dieser Nacht antrieb. Zu dieser Zeit redete ganz Europa von über das Mittelmeer flüchtenden Menschen. Laut Zeitungsberichten landeten einige in Patras. Vielleicht hielten mich meine Besucher für einen Schlepper, der auf die nächsten Ankömmlinge wartet. Vielleicht vermuteten sie in mir einen Drogenhändler. Einen müden Deutschen erwarteten sie nicht. Indem sie Beweise in feste Schlüsse verwandelten, redeten sie sich eine Bedrohung ein.

Leider begehe ich, wie wohl jeder von uns, oft ähnliche Fehler. Unvermummt, aber dem gleichen Denkfehler folgend, verwandle ich wenige Beweise in feste Schlüsse und blende alle anderen Möglichkeiten aus. Ich sehe flüchtige Blicke als Zeichen größter Liebe oder tiefster Abneigung, schließe von Einzelfällen auf Trends und überschätze die Wahrscheinlichkeit von Ereignissen, die gerade die Medien dominieren. Meist druckse ich danach genauso herum wie meine nächtlichen Gäste.

Die Denkhilfe, mit der ich diese Törichtheiten so gut es geht eindämme, nennt Charlie Munger, dem wir bereits begegnet sind, den Lollapalooza-Effekt. Munger hat mit seinem Partner Warren Buffet eines der erfolgreichsten Unternehmen der Welt aufgebaut, den US-Konzern Berkshire Hathaway. Sein wichtigstes Werkzeug: Denkfehler vermeiden.

Lollapalooza bezeichnet im Amerikanischen ein außergewöhnliches Ereignis. Mit dem Lollapalooza-Effekt beschreibt Munger, dass außergewöhnliche gesellschaftliche Entwicklungen immer durch viele Ursachen entstehen, die gemeinsam in eine Richtung arbeiten.

Normalerweise gleichen sich die unzähligen Einflüsse auf Wirtschaft, Kriminalität und Gesundheit größtenteils aus. Das Ergebnis bewegt sich in einem recht engen Bereich: Die Wirtschaft wächst jährlich mal ein Prozent, mal drei. Aber sie schrumpft nicht um die Hälfte oder verdoppelt sich. Besondere Entwicklungen durchbrechen dieses Muster, weil viele sich sonst ausgleichende Einflüsse plötzlich in eine einheitliche Richtung wirken.

Auch politische Krisen entstehen durch hunderte Fehleinschätzungen, Denkfehler und unglückliche Zufälle. Große Errungenschaften entspringen vielen klugen Entscheidungen und glücklichen Fügungen. Das Dritte Reich, die Finanzkrise 2008 und die Flüchtlingswelle ab 2015; das Wirtschaftswunder der 1950er-Jahre, die deutsche Wiedervereinigung und der Wohlstand, den die Bundesrepublik seit ihrer Entstehung schuf: sie alle entwickelten sich durch Verkettungen unzähliger Vorgänge.

Erkennen wir die Komplexität politischer Entwicklungen an, erkennen wir populistische Manipulationsversuche: Redet jemand von einem leicht lösbaren Problem, wäre die Regierung nur nicht so uninformiert, dumm oder böse, wissen wir: So einfach ist es nicht. Wir fragen nach, recherchieren oder schütteln einfach den Kopf.

Die kurze Unterbrechung lässt die langsame Stimme die Aussage kontrollieren: Was, wenn Menschen doch nicht nur wegen der Sozialleistungen nach Deutschland fliehen, wie einige Populisten behaupten? Wer in dieser Frage Zweifel zulässt, unterstützt kaum Politiker, die auf Fliehende schießen oder sie im Mittelmeer ertrinken lassen wollen. Wir lösen soziale Probleme nur, wenn wir ihre vielschichtigen Ursachen erkennen, statt uns simple Lösungen einzureden.

Komplexe Ergebnisse entstehen durch komplexe Ursachen.

Für den Lollapalooza-Effekt gilt eine ähnliche Einschränkung wie für das Bandbreiten-Denken: Er liefert eine Verständnishilfe, keine Rechtfertigung. Wer die Urheber politischer Gräueltaten durch den Verweis auf „viele Ursachen" reinwaschen will, nutzt Populismus statt den Lollapalooza-Effekt.

Hätte niemand den Judenhass erfunden, wäre der Nationalsozialismus nie entstanden. Ohne Vertrag von Versailles und Weltwirtschaftskrise hätten die Deutschen die Nationalsozialisten wohl nie gewählt. Viele Faktoren ermöglichten das Dritte Reich. Adolf Hitler bleibt dennoch ein Massenmörder. Äußere Umstände hin oder her.

Bricht Wladimir Putin einen Krieg in der Ukraine vom Zaum, in dem er Zivilisten massakrieren und Städte bombardieren lässt, befreien ihn deutsche Populisten nicht von seiner Verantwortung, indem sie auf „viele Gründe" hinweisen. Unabhängig davon, dass Putin viele dieser Gründe selbst schuf: Die Ausrede führt ähnlich ins Leere wie die Rechtfertigung eines Mörders, sein Opfer habe genervt. Mag sein, erklärt aber nichts. Selbst tatsächliche Probleme hätte Putin ohne Gemetzel lösen müssen. Dazu später mehr.

Vorerst müssen wir eine andere Herausforderung überwinden, die Ihnen beim Lesen des Lollapalooza-Effekts vielleicht schon in den Sinn kam: Uns der Vielschichtigkeit gesellschaftlicher Entwicklungen zu erinnern, schützt ein wenig vor Populismus. Doch es reicht nicht.

Populisten würzen ihre Botschaften mit Moral: Sie bemängeln keine ehrlichen Fehler der Regierung. Sie unterstellen ihr böse Absichten. Moralisch Verwerfliches. In gigantischer Entrüstung über die Bösartigkeit Andersdenkender schwelgend, versichern sie ihre Anhänger ihrer moralischen Überlegenheit. Populisten lassen ihre Unterstützer glauben, besser zu sein. So entfalten sie einen Großteil ihrer Anziehung, fernab aller Sachthemen.

Der Lollapalooza-Effekt lässt uns populistische Tricks aber nur bei Sachthemen erkennen. Bei Moralthemen versagt er: Moral wirkt nicht vielschichtig, sie scheint einfach. Richtig oder falsch, gut oder böse. Weil Populisten alle Themen moralisch aufladen, überzeugen sie auch einige vor Komplexitätsbewusstsein strotzende Wähler, sich ganz ihren schnellen Stimmen hinzugeben.

Um nicht auf den gleichen Trick hereinzufallen, schauen wir uns im nächsten Kapitel an, wie Populisten Moral einsetzen und warum scheinbare moralische Überlegenheit für sie so wichtig ist.

Fazit

1. Unsere schnelle Stimme bestimmt den Ton unseres Denkens. Im Alltag greift unsere langsame Stimme ab und zu steuernd ein. In der Politik tut sie es selten oder gar nicht. Dadurch schlagen Denkfehler unserer schnellen Stimme bei politischen Themen voll durch. Populisten nutzen das aus.
2. Genauso, wie wir unsere schnelle Stimme lehren können, gesünder zu essen oder uns nach der Arbeit mit Pralinen zu belohnen, können wir sie trainieren, einfache Populismus-Tricks zu erkennen oder auf sie hereinzufallen. Dazu reichen einfache Grundsätze und Regeln.
3. Wir treffen gute politische Entscheidungen, indem wir unsere langsame Stimme unsere schnelle Stimme prüfen und verbessern lassen, wie die Wissenschaft ihre Ergebnisse ständig verbessert.

Lesetipps

David Spiegelhalter: Die Kunst der Statistik: Was uns Daten wirklich sagen und wie wir dies im Alltag nutzen können
Auch wenn ich bezweifle, dass wir die Mehrheit unserer Gesellschaft zum Statistiklernen überreden, versuche ich es bei Ihnen dennoch. Spiegelhalters Einführung lässt Sie die Welt besser verstehen. Ein lohnenswertes Buch.
Link: https://amzn.to/409LJ95

Kapitel 9: Wieso sich Populisten als Moralverteidiger aufspielen

Zwei Geschwister, eine Nacht und die Moral

Populismus ist wie ein Hütchenspieler-Trick:
Wer glaubt, „das Richtige" zu wählen, wählt das Falsche.

„Darum ist es unsere Aufgabe die politische Macht zu erobern, jede zersetzende Meinung auf das schärfste zu unterdrücken, und das Volk zur Moral zu erziehen."

Adolf Hitler[68]

„Gewalt entsteht oft durch ein Übermaß an Moral und Gerechtigkeit, zumindest in den Augen ihrer Anwender."

Steven Pinker

Die größte Herausforderung im Kampf gegen Populismus erklärt ein Experiment zum Thema Moral. Lesen Sie die folgende Geschichte. Merken Sie sich, wie Sie sich dabei fühlen, und beantworten Sie die Frage am Ende. Hier die Geschichte:

Julie und ihr Bruder Mark reisen gemeinsam durch Frankreich. Beide sind Studenten und haben gerade Semesterferien. Eine Nacht schlafen sie alleine in einer einsamen Hütte am Strand. Sie beschließen, Sex zu haben. Beide denken, es könnte interessant sein. Zumindest wäre es eine neue Erfahrung. Julie nimmt die Pille, Mark nutzt ein Kondom. Beide haben Spaß am Sex, beschließen aber, es nicht noch einmal zu tun. Die Nacht bleibt ihr Geheimnis, wodurch sie sich noch verbundener fühlen.

Wie bewerten Sie diese Geschichte moralisch? War der Sex in Ordnung? Oder hätten Julie und Mark nicht miteinander schlafen sollen? Merken Sie sich Ihre Antwort.[a]

Mit Geschichten wie dieser erforschten der amerikanische Moralpsychologe Jonathan Haidt und sein Partner Scott Murphy unser Moralempfinden. Sie lasen die Anekdoten Testteilnehmern vor und fragten: Haben die Figuren darin richtig oder falsch gehandelt? Warum?

---

[a] Falls die Geschichte Sie nervös macht, keine Sorge: Sie ist erfunden. Lehrreich ist sie trotzdem.

Julie und Marks Geschichte entsetzte viele. Vier von fünf Befragten befanden ihren Sex für falsch. Eine klare Tendenz mit Schönheitsfehler: Die wenigsten Teilnehmer konnten ihre Meinung begründen.

Als die Psychologen Menschen, die den Sex ablehnten, um Erklärungen baten, wirkten diese überfordert. Viele erfanden vermeintliche Probleme.

Doch Haidt und Murphy hatten die Geschichte ohne greifbare Probleme entworfen. Also erklärten die Testleiter den Befragten, warum ihre vorgegebenen Schwierigkeiten nicht existieren.

Die meisten Teilnehmer blieben bei ihrer Meinung. Ihrer Begründung beraubt, erfanden sie neue Probleme. Als die Psychologen auch diese widerlegten, erfanden sie wieder neue. Und so weiter. Hier ein Beispiel:

Psychologe: Was denken Sie? War es richtig oder falsch für Julie und Mark Sex zu haben?

Teilnehmer: Ja, ich denke es war völlig falsch. Ich bin ziemlich religiös und denke, Inzest ist einfach falsch. Aber ich weiß es nicht.

Psychologe: Was ist falsch an Inzest?

Teilnehmer: Ähm, die ganze Idee. Naja, ich habe gehört, wenn die Frau schwanger wird, werden die Kinder behindert, meistens, in Fällen wie diesen.

Psychologe: Aber sie haben ein Kondom und die Pille benutzt…

Teilnehmer: Oh, ok. Ja, das hatten Sie gesagt.

Psychologe: … Sie werden also auf keinen Fall ein Kind haben.

Teilnehmer: Naja, ich nehme an, der sicherste Sex ist Abstinenz. Aber, hmm, hmm… Ähm, ich weiß nicht. Was hatten Sie gefragt?

Psychologe: War es falsch, dass die beiden Sex hatten?

Teilnehmer: Ja, ich denke, es war falsch.

Psychologe: Ich versuche zu verstehen, wieso.

Teilnehmer: Ok, hmm… gut… Schauen wir mal. Lassen Sie mich mal nachdenken. Hmm – wie alt waren die beiden?

Psychologe: Sie sind Studenten. Also so um die 20.

Teilnehmer: Oh, oh [schaut enttäuscht]. Ich weiß es nicht. (…) Ich würde nie meine Meinung ändern. Aber ich weiß nicht wie – wie ich begründen soll, warum ich so fühle. Es ist verrückt!

So geht das Gespräch weiter. Der Teilnehmer sucht händeringend eine Begründung für seine Überzeugung, findet aber keine. Seine ursprüngliche Wertung zweifelt er dennoch nie an. Er bleibt sicher: Die Handlung ist falsch.

Mir geht es ähnlich. Würde mir ein Freund sagen, er schlafe mit seiner Schwester, würde ich rufen: „Seid ihr verrückt?" Ich könnte ihm aber unmöglich erklären, warum. Meine schnelle Stimme befiehlt mir, Sex unter Geschwistern abzulehnen. Sie bleibt auch stur, wenn beide weder emotionale noch körperliche Probleme davontragen. Meine Bedenken überleben ohne Begründung.

Haidt folgert: „In diesen und vielen anderen Fällen werten die Teilnehmer offensichtlich sofort und emotional. Ihre Begründungen dienen ihren Neigungen. Versagt der Diener, ändert der Meister deswegen nicht seine Meinung."[69]

Geht es um Moral, bestimmt das schnelle System die Richtung, das langsame rechtfertigt. Aber es prüft nicht.

Haidts Experimente stellen unser Verständnis von Moral auf den Kopf. Sie widerlegen den Glauben, wir denken angestrengt über sie nach, kommen zu einem Ergebnis und vertreten dieses.

Das Ergebnis kommt zuerst. Wir entscheiden intuitiv und sofort, ob wir etwas richtig oder falsch finden. Erst danach erfinden wir Begründungen, um andere von unserer Meinung zu überzeugen. In Moralfragen verkommt unser langsames System zur PR-Agentur.

Vereinen wir Haidts Forschungen mit denen Kahnemans und Tverskys, erkennen wir, vor welche Herausforderung uns Populismus stellt: Wir hatten geplant, mit unserer langsamen Stimme unserer schnellen Stimme das Populismuserkennen beizubringen. Nun wissen wir: Das kann bei Statistiken funktionieren. Bei Moralfragen nicht. Die schnelle Stimme missbraucht die langsame Stimme als Rechtfertiger. Egal welche Urteile sie uns einredet, unser hochintelligenter Denkapparat erklärt sie sklavisch. Unsere schnelle Stimme lässt unsere langsame Stimme alles glauben.

Deswegen stellen sich Populisten als Verteidiger der Moral dar. Von Wladimir Putin, der dem Westen moralische Korruptheit und Dekadenz unterstellt, bis Adolf Hitler, der gleiches mit seinen Feindbildern tat, von linken Populisten („Reichtum ist unmoralisch") bis rechten („Ausländer sind unmoralisch"), alle verstecken ihre Absichten hinter scheinbarer moralischer Überlegenheit. So schieben sie ihren Anhängern offensichtliche Lügen unter.

In Moralfragen müssen Populisten unsere langsame Stimme nicht ausschalten. Sie hat ohnehin nichts zu sagen. Deswegen verkaufen sich Populisten als die einzig moralisch richtige Entscheidung.

Diese Denkweise zeigt sich im *Bestätigungsfehler*. Ohne es zu merken, bemühen wir uns, unsere Meinungen zu bestätigen, und vermeiden, was sie widerlegt:

- Wir bevorzugen Internetseiten und Medien, die sagen, was wir hören wollen, gegenüber jenen, die uns widersprechen.
- Wir reden vor allem mit Gleichgesinnten über Politik.
- Wir werten unterbewusst alle ab, die uns widersprechen, und alle auf, die uns zustimmen.

Harmlose Folgen des Bestätigungsfehlers kennen wir aus dem Alltag. Verpflichtet Bayern München ein 17-jähriges Talent, bewerten FCB-Fans den Spieler besser, als wenn ihn Borussia Dortmund kauft. BVB-Fans machen es umgekehrt. Nicht weiter schlimm.

Wie fast alle Denkfehler entfaltet sich der Bestätigungsfehler in der Politik ungehinderter als im Alltag. Wähler stimmen Aussagen ihnen sympathischer Politiker unabhängig vom Inhalt stärker zu als denen ihrer Konkurrenten – selbst wenn die Fragenden vorher die Zitate vertauschten und den Wählern Sätze vorlegen, die ihren Überzeugungen widersprechen.

Im US-Präsidentschafts-Wahlkampf 2016 zwischen Donald Trump und Hillary Clinton befürwortete ein Clinton-Anhänger im US-Fernsehen dieses angebliche Clinton-Zitat: „Ich liebe nichts mehr als Frauen, aber sie sind ganz anders, als sie dargestellt werden. Sie sind viel schlechter als Männer, viel aggressiver und Junge, können sie gescheit sein!“ Die Aussage stammt eindeutig von Donald Trump, dem Kritiker immer wieder Frauenfeindlichkeit unterstellten. Dennoch urteilte der Clinton-Anhänger, es beschreibe Frauen genau und grenze Clinton scharf von Trump ab. Weil das Zitat angeblich von der Politikerin stammte, die er unterstützte, redete ihm seine schnelle Stimme ein, es müsse stimmen. Seine langsame Stimme erfand ohne Prüfung eine Rechtfertigung. Trotz offensichtlicher Widersprüche.[70]

Republikaner begingen den gleichen Fehler: Erzkonservative US-Amerikaner, traditionell Stammwähler der Republikaner, taten Videos, in denen Trump prahlt, Frauen bei Schönheitswettbewerben gegen deren Willen zwischen die Beine gegriffen zu haben, als normales Männergerede ab.[71] Ihre schnelle Stimme sah die Demokraten als Gefahr und die Republikaner als Beschützer. Ihr langsames System rechtfertigte die Vorgabe.[a]

---

[a] Dieser Denkfehler bestimmt alle politischen Debatten ein wenig. Populisten setzen voll auf ihn: Mit

Derzeit glauben viele von uns, in der Politik „das Richtige" zu wählen. Ihre schnelle Stimme lacht über die Anweisungen der langsamen wie ein eigensinniger Fußballer über die Anweisungen seines Trainers: Sie macht, was sie will. Der Coach kann sagen, er habe alles so angeordnet. Damit nimmt er sich aber wichtiger, als er ist. Um unsere schnelle Stimme mit unserer langsamen Stimme zu trainieren, müssen wir sie erst trainierbar machen.

Zum Populismuserkennen müssen wir mehr tun, als mit unserer langsamen Stimme ihr schnelles Gegenstück trainieren. Wir müssen unsere schnelle Stimme erziehen, der langsamen auch bei moralischen Botschaften zuzuhören. Andernfalls ködern uns Populisten, indem sie alle Themen zu Moralfragen aufpeitschen.

Jetzt werden Sie denken: „Die menschliche Natur ändern – das klappt nie." Stimmt. Doch unser Ziel bleibt eine Nummer kleiner. Warum, erklärt ein Sinneswandel des US-Senators Rob Portman.

Haben Populisten die schnellen Systeme ihrer Anhänger trainiert, in ihnen das Gute und Richtige zu sehen, lassen sich diese kaum umstimmen.

Die Gleichgeschlechtliche Ehe und die Bibel

„Gewöhnen wir uns daran, die Wahrheit unseren politischen Erwartungen oder Parteizielen zu unterwerfen, wird unsere Demokratie scheitern."

Barack Obama

Nichts deutete darauf hin, dass Rob Portman im März 2013 seinen jahrzehntelangen Kampf gegen die gleichgeschlechtliche Ehe aufgab.[72] 1996 hatte der erzkonservative US-Republikaner ein Gesetz mit vorgelegt, das die Anerkennung gleichgeschlechtlicher Ehen auf US-Bundesebene verbot. 1999 hatte er dafür gestimmt, gleichgeschlechtlichen Paaren Adoptionen zu untersagen. Seine gesamte Politikkarriere lang hatte Portman gleichgeschlechtliche Ehen als falsch angegriffen. Im März 2013 gestand er einen Sinneswandel.

Kurz nach seinem 57. Geburtstag unterstützte Portman als erster republikanischer Senator überhaupt öffentlich die gleichgeschlechtliche Ehe. „Ich denke, wir sollten homosexuellen Paaren die Freude und Stabilität der Ehe erlauben", sagte er der Zeitschrift *Cincinnati Enquirer*. „Ich bin zu folgender Überzeugung gelangt: Wollen sich zwei Personen ihr Leben lang

---

Feindbildern und Gewinnrede erheben sie jede Entscheidung zum Kampf Gut gegen Böse. Sie verwandeln alle Themen in maximale Moralfragen. Wo hilfreiche Politiker kleine Siege versprechen, geht es für Populisten immer um alles oder nichts.

in Liebe umeinander kümmern, in guten wie in schlechten Zeiten, sollte ihnen die Regierung das nicht verbieten."

Portman opferte für seine neue Überzeugung seine Karriere. Vor seiner Meinungsänderung galt er als möglicher Präsidentschaftskandidat für die Wahl 2016. Danach rieten immer mehr konservative Vereinigungen Wählern von der Unterstützung Portmans ab. Seine Präsidentschafts-Chancen verpufften.

Trotzdem blieb Portman bei seiner Meinung. Er nahm für seinen Sinneswandel Nachteile in Kauf, ohne politische Vorteile zu genießen. Er handelte aus Überzeugung. Auch wenn diese Überzeugung Werten widersprach, die er jahrzehntelang für unumstößlich erklärt hatte.

Portmans Beispiel zeigt: Wir können unsere Meinung ändern, selbst zu moralbehafteten Themen wie der gleichgeschlechtlichen Ehe und selbst gegen Widerstände. So eigensinnig unsere schnelle Stimme die Welt nach ihren Neigungen auslegt, sie ist offenbar nicht allmächtig. Haidts Forschungen erklären den *Großteil* unserer Moralurteile, aber nicht alle.

Wie wir unser Moralempfinden steuern, zeigt die Geschichte hinter Portmans Sinneswandel. Sein Sohn hatte ihm 2011, zwei Jahre vor seiner öffentlichen Erklärung, offenbart, schwul zu sein: „[Unser Sohn] Will kam zu [meiner Frau] Jane und mir und sagte uns, dass er schwul sei und dass dies keine Entscheidung von ihm sei", erinnert sich Portman in einer Stellungnahme auf seiner Webseite. „Er sei, wer er ist, und er sei so, seit er denken kann."[73]

Das Moraldenken unserer schnellen Stimme schreibt uns nicht lebenslang immer gleiche Meinungen vor. Wir besitzen einen Hebel, mit dem wir unsere schnelle Stimme kontrollieren.

Portmans Beispiel ist für uns wichtig, denn es zeigt: Wir können das Moralempfinden unserer schnellen Stimme steuern. Eine Möglichkeit sind einschneidende Erfahrungen. Wir können uns aber nicht darauf verlassen, die richtigen Erfahrungen zu machen:

- Wäre Portmans Sohn nicht schwul, der Senator kämpfte weiter gegen die gleichgeschlechtliche Ehe. Gründen wir Überzeugungen auf Zufälle wie diesen, wissen wir nie, ob wir Hilfreiches vertreten oder Unsinn.
- Durch den Bestätigungsfehler suchen wir Erfahrungen, die unsere Meinungen verstärken statt widerlegen. Zwingt uns die Welt nicht zu gegensätzlichen Eindrücken – wie Portman –, machen wir diese nie.
- Populisten tischen uns gezielt Horrorberichte über ihre Feindbilder auf. Diese Berichte beeinflussen uns genauso wie Absturzvideos Menschen mit Flugangst. Wahrscheinlich machen wir eher verzerrende als

realistische Erfahrungen.

Erfahrungen bringen unserer schnellen Stimme nie automatisch verlässliches Moralempfinden bei.

Wie wir das Dilemma lösen, zeigt das Beispiel Finanzen: Die wenigsten Menschen treffen in Geldfragen intuitiv richtige Entscheidungen. Geldprobleme überfordern unsere schnelle Stimme genauso wie Gesellschaftsthemen. Von der Evolution nie auf das Denken in Euro und Cent vorbereitet, hat, wer beim Einkaufen blind seiner schnellen Stimme folgt, am Ende des Geldes viel Monat übrig.

Finanzexperten empfehlen gegen dieses Problem Tricks, die am Ende alle das Gleiche tun: Unserer langsamen Stimme mehr Kontrolle über die Entscheidungen der schnellen Stimme verschaffen. Die Umschläge-Strategie rät Haushalten, für alle wichtigen Ausgaben Briefumschläge anzulegen und am Monatsanfang gemäß ihren finanziellen Möglichkeiten zu befüllen. Ein Kuvert für Einkäufe, eines für Ausgehen, eines für Urlaub und so weiter. Ist der Ausgehumschlag leer, wartet der nächste Kinobesuch bis in den kommenden Monat. Bleibt am Monatsende ein Rest im Shopping-Kuvert, hat man künftig mehr zur Verfügung. Andere Experten empfehlen nach ähnlichem Muster mehrere Konten, Handy-Apps oder Excel-Listen.

In allen Fällen sollen Menschen einmal mit ihrer langsamen Stimme über ihr Geld nachdenken und eine Strategie aufstellen, die sie per Autopilot zu guten Entscheidungen leitet. Wie bei Populismus bestimmt diese Strategie, ob wir unsere schnelle Stimme selbst steuern oder ob sie jemand anderes für uns steuert.

Wie schaffen wir in Moralfragen, was diese Tricks bei Finanzen schaffen? Diese Frage beantworten wir, indem wir die vier Tricks entschlüsseln, mit denen Populisten uns daran hindern, unser Moralverständnis selbst festzulegen. Haben wir ihnen die Kontrolle entrissen, entwerfen wir die Autopilotstrategie, die unsere schnelle Stimme automatisch zu hilfreichen Entscheidungen leitet.

Trick 1: Sengende Hitze, 50 Flaschen Wasser und ein Dilemma

Machen wir ein Experiment: Stellen Sie sich vor, Sie sitzen mit 49 Fremden in einem engen Raum. Alle sind in ihrem Alter, alle sind gesund, niemand kennt sich. Es ist heiß, die Klimaanlange kaputt, die Luft stickig. Jeder schwitzt. Der Testleiter fordert Sie auf, 50 Flaschen Wasser zu verteilen. 50 Menschen, 50 Flaschen. Alle brauchen Wasser. Niemand braucht es dringender als die anderen. Wie gehen Sie vor?

Wahrscheinlich denken Sie jetzt: „Gleiches Recht für alle. Ich gebe jedem eine Flasche."

Vielleicht würden Sie das in diesem Fall tun. Eine kleine Änderung bringt

Sie aber sehr wahrscheinlich dazu, das Wasser ungleich zu verteilen.

Unterteilen wir die Personen im Raum nach dem Zufallsprinzip in zwei Gruppen, geben Sie, wenn Sie handeln wie fast alle Teilnehmer in Studien zu diesem Thema, den Mitgliedern ihrer eigenen Gruppe mehr Wasser als den Mitgliedern der anderen.

Es spielt keine Rolle, wie wir die Menschen unterteilen. Lassen wir sie Nummern ziehen und schicken alle Einsen nach links, alle Zweien nach rechts, geben Sie, sind Sie eine Eins, der Einser-Gruppe mehr als die Hälfte aller Flaschen. Sind Sie eine Zwei, geben Sie der Zweier-Gruppe mehr als die Hälfte. Ich nehme an, das streiten Sie jetzt ab. Aber achten Sie im Alltag auf ähnliche Situationen. In einem Monat geben Sie mir recht.

Entdeckt hat diesen Effekt der polnisch-amerikanische Psychologe Henri Tajfel in den 1970er-Jahren. Tajfels Erfahrungen als polnischer Jude in Frankreich während und unmittelbar nach dem Zweiten Weltkrieg trieben ihn an, Vorurteile, Diskriminierung und Konflikte zu erforschen.

Tajfel nutzte ähnliche Experimente wie unser Beispiel mit dem heißen Raum: Er unterteilte Menschen willkürlich in Gruppen – manchmal per Münzwurf, manchmal nach erfundenen Kriterien – und ließ sie Geldprämien vergeben. Die Teilnehmer kannten sich nicht, in manchen Versuchen sahen sie sich nicht einmal oder entschieden geheim. Sie wussten: Die anderen Teilnehmer können ihnen weder danken noch sich rächen. Trotzdem bevorzugten sie die eigenen Gruppenmitglieder.

Psychologen wiederholten ähnliche Test unzählige Male. In verschiedenen Kulturkreisen, in verschiedenen Jahrzehnten; mal mit Geld, mal mit symbolischen Belohnungen. Das Ergebnis blieb: Wir bevorzugen Personen unserer Gruppe, schlicht *weil* sie unserer Gruppe angehören. Fragt uns jemand, warum wir das tun, erfindet unsere langsame Stimme Argumente, die die Ungleichbehandlung rechtfertigen. Die Feststellung „*Wir verdienen mehr als die*" kommt aber zuerst. So denkt unsere schnelle Stimme einfach. Psychologen nennen diesen Denkfehler den „In-Group/Out-Group-Bias". Wir nennen ihn für dieses Buch den Gruppenfehler.

Wir bevorzugen Mitglieder unserer Gruppe, schlicht weil sie zu unserer Gruppe gehören.

Der Gruppenfehler ließ unsere Jäger- und Sammler-Vorfahren die Evolution überstehen. Sie brauchten die Unterstützung ihrer Gruppen, um zu überleben und Nachkommen zu zeugen. Wer seine Gruppenmitglieder bevorzugte, bewies Loyalität und gab seine Gene eher weiter als egalitäre Zeitgenossen. Über die Jahrtausende brannte sich die Eigene-Gruppen-Bevorzugung in unsere Gene.

Heute kann sie zum Problem werden. Statt unser Leben mit der gleichen

Handvoll Leute zu verbringen, kennen wir über höchstens sechs Verbindungen jeden Menschen. Personen auf verschiedenen Seiten des Planeten leben ähnlicher als je zuvor. Ein arbeitsloser Deutscher und ein chinesischer Millionär verehren womöglich beide Bruce Springsteen, jubeln dem FC Bayern München zu und verschlingen beim Netflix-Schauen McDonalds-Burger. Jeder Deutsche teilt mehr Gemeinsamkeiten mit einigen Bürgern aller anderen Nationen als mit einigen Deutschen.

Dadurch verschwimmen die Übergänge: Was macht einen Deutschen aus? Wo fangen die Reichen an und wo hören die Armen auf? Multi-Billionär Warren Buffett erinnert bei Vorträgen Zuhörer oft, ihn nicht zu beneiden: Er fährt das gleiche Auto wie viele von ihnen, isst das gleiche Essen und lebt in einer ähnlichen Gegend in einem ähnlich großen Haus. Niemand solle denken, großer Reichtum verändere alles. Die meisten Billionäre und die meisten Normalverdiener verbindet deutlich mehr als sie trennt. Sie gehören zur gleichen großen Gruppe: der Menschheit.

Schön, aber beunruhigend: In einer Menschheit, die zu einem einzigen großen Organismus zusammengewachsen ist, mutiert Gruppendenken zum Denkfehler: Unsere schnelle Stimme möchte Mitglieder unserer Gruppe besser behandeln, findet aber keine klare Gruppe, der wir angehören. „Die gesamte Menschheit", ein schwammiges, unkonkretes Gebilde, stillt ihr Verlangen nicht. Unsere Gruppe ist überall. Aber wir trauen uns oft nicht, eines ihrer Mitglieder anzusprechen.

Wie viele Gefühle, die wir in diesem Buch kennengelernt haben, trügt auch dieses, wenn wir es vom Alltag auf weltweite Probleme übertragen: Nie halfen sich Menschen so stark wie heute.

Nehmen wir an, Sie haben einen Unfall: Vor einigen hunderttausend Jahren hätte sich Ihr Körper selbst geheilt oder Sie wären gestorben. Ihnen hätte gar niemand helfen können. Bis ins 20. Jahrhundert schadeten Ihnen Ärzte mehr als sie Ihnen nutzten.

Heute liefert Sie ein Notarzt ins Krankenhaus, wo Doktoren Sie aufschneiden und zusammenflicken, bis es Ihnen besser geht. Brauchen Sie eine Reha oder einen Physiotherapeuten, helfen Ihnen die entsprechenden Ärzte. Ein ganzes Netzwerk bringt Sie wieder auf die Beine. Von so viel Unterstützung träumten Ihre Vorfahren.

Ähnlich viel Hilfe erhalten wir in allen Lebensbereichen: Einige Personen verlegen Schienen, andere schrauben Züge zusammen und wiederum andere bringen uns damit ans Ziel. Hochspezialisierte Experten kochen für uns, schneiden uns die Haare und schreiben die wichtigsten Entwicklungen der Welt in Zeitungen und Internetseiten zusammen.

Wir müssen auch andere unterstützen, um diese Hilfen zu nutzen: Dann verdienen wir Geld, das wir gegen Hilfen eintauschen. Geld macht Hilfen vergleichbar. Jeder Kauf tauscht Hilfen aus. Wichtige Unterstützungen bekommen wir durch soziale Sicherungssysteme umsonst.

Ein ausgeklügeltes System, auf das wir stolz sein können: Nie in der Geschichte halfen sich Menschen mehr als heute. Dennoch bleibt dieser Prozess weniger greifbar als geldfreie Nachbarschafts-Unterstützung. Unsere langsame Stimme kann ihn verstehen. Aber unsere schnelle Stimme fühlt ihn nicht.

Da liegt das Problem. Unser Gehirn sucht Anschluss an Gruppen, aber wir spüren weder eine große Gruppe, zu der wir gehören, noch eine Gruppe, zu der wir gehören könnten. Populisten erfinden Gruppen, die unsere schnelle Stimme beruhigen, und betten sie in ihre Verschwörungstheorien ein. Sie unterteilen die Gesellschaft in Männer und Frauen, Arme und Reiche, hier Geborene und Einwanderer; verschiedene Religionen, Sprachen und Vorlieben. Dann behaupten sie, unsere Gruppe müsse sich gegen eine andere verteidigen. Sie sagen Ärmeren, Reichere seien an allem schuld. Oder hier Geborenen, Zugezogene bringen alle Probleme.

Glauben wir diese klare Trennung, verleitet uns der Gruppenfehler, Mitglieder unserer angeblich eigenen Gruppe überzubewerten und die Mitglieder aller angeblich anderen Gruppen abzuwerten. Diese scheinbare moralische Überlegenheit verdammt unsere langsame Stimme zum Rechtfertiger der schnellen Stimme: Plötzlich verstehen wir, wie *die*, die Schlechten, uns edlen Moralverteidigern Böses zufügen. Uns leuchtet ein, warum Populisten die Angreifer benachteiligen wollen.

Populisten verleihen erfundenen Botschaften Glaubwürdigkeit, indem sie unserem Gehirn erlauben, so zu denken, wie es ihm leichtfällt: in Gruppen, unsere eigene Gruppe bevorzugend und von der moralischen Überlegenheit unserer eigenen Gruppe überzeugt.

Populisten erlauben unseren Gehirnen, ihrer natürlichen Programmierung nachzugehen. Sie versorgen unsere schnelle Stimme mit Argumenten, die die langsame Stimme ausschalten. Damit beseitigen sie den Konflikt der modernen Welt. Die ständige Unsicherheit endet. Alles scheint klar. Eine Illusion: Unsere schnelle Stimme versteht die moderne Welt unmöglich allein. Wahrheiten, die alles zu erklären scheinen, sind immer Lügen. Dennoch fühlen sie sich gut an.

Eine Denkweise, in der alles immer besser oder schlechter sein muss als alles Andere, hat nie Recht.

Nun verstehen wir, warum Populisten seit Jahrhunderten gegen gleiche Feindbilder hetzen: Um unseren Gruppenfehler auszunutzen, müssen sie

Verschwörungstheorien in glaubwürdige Gruppen einbetten. Schimpfen sie auf Blonde, wird das unmöglich. Viele Wähler sind selbst blond, hatten die Haare einmal blond gefärbt oder haben blonde Freunde. Sie stecken Blonde nie in eine andere Gruppe als sich selbst.

Populisten nutzen den Gruppenfehler nur, wenn sie gegen weiter entfernte Minderheiten hetzen:

- Hautfarben liefern bessere Feindbilder als Haarfarben, weil die meisten Menschen weniger Freunde mit anderen Hautfarben haben als mit anderer Haarfarbe.
- Vermögende liefern bessere Feindbilder als Normalverdiener, weil Ärmere oft wenig reiche Freunde haben.
- Die Bundesregierung liefert ein besseres Feindbild als Durchschnittsbürger, weil fast niemand einen Minister kennt.
- Juden liefern bessere Feindbilder als Christen, weil weltweit nur 15 Millionen Juden leben und fast niemand viele jüdische Familien kennt.
- Grüne liefern Anfang der 2020er-Jahre ein besseres Feindbild als CDUler, weil in manchen Gebieten Deutschlands fast niemand einen Grünen kennt, aber jeder ein CDU-Wähler sein könnte.

Gruppen, zu denen uns greifbare Erfahrungen fehlen, liefern ideale Feindbilder, um moralische Überlegenheit aufzubauen.

So weit, so gut. Doch wie schaffen es Populisten, uns unsere angeblich eigene Gruppe als die beste und andere Gruppen als gefährlich einzureden? Wie sie uns Gruppen einreden, haben wir gezeigt. Warum wir die eigene Gruppe bevorteilen wollen auch. Aber wieso entlarven die vielen täglichen Gegenbeispiele ihren Trick nicht? Auch wenn die AfD den Massenmörder Nils Högel verschweigt, ihre Wähler kennen ihn. Wieso sie ihn als Einzelfall abtun, beim Verbrechen eines Migranten aber alle Migranten verurteilen, erklären wir jetzt. Unser Weg beginnt mit einer Geschichte über das, was Deutsche angeblich am besten und Italiener gar nicht können: Autofahren.

Trick 2: Italiener, schlechte Autofahrer und gute Ausnahmen

Stellen Sie sich folgende Situation vor: Sie sitzen im Auto; die Ampel schaltet auf Grün, sie geben Gas. Plötzlich schießt ein Auto aus der Richtung, die vor Ihnen Grün hatte, über die Kreuzung. Sie bremsen und fluchen. Die andere Ampel stand zwei, drei Sekunden auf Rot. Wer rast dann noch über eine Kreuzung? Wütend schauen Sie dem Auto hinterher. Während es die Straße entlangbrettert, erkennen Sie das Kennzeichen: ein Italiener.

Was denken Sie jetzt? Wahrscheinlich etwas wie: „War ja klar. Diese

Italiener fahren alle wie die Verrückten." Richtig?

Stellen Sie sich nun noch einmal die gleiche Situation vor: Sie stehen an der Ampel, bekommen Grün, ein Auto schießt über die Kreuzung. Dieses Mal sehen Sie am Auto das Kennzeichen Ihres Heimat-Landkreises. Was denken Sie? Denken Sie: „War ja klar, wir fahren alle schlecht"? Beziehen Sie den Fehler, wie beim Italiener, aufs Herkunftsland? „Diese doofen Deutschen!" Wohl kaum. Wahrscheinlich denken Sie: „So ein Idiot!" Richtig? Wenn ja, denken Sie wie fast alle Menschen. Wir schieben die Schuld im ersten Beispiel fast alle auf Italiener, im zweiten aber auf die Einzelperson.

Beide Male handeln Fahrer aus unserer Sicht falsch. Im ersten Fall schreiben wir den Fehler einer allgemeinen Eigenschaft der Gruppe zu: „Alle Italiener fahren wie Verrückte. Dieser eine beweist das." In unseren Augen verhält sich der Einzelne wie alle Mitglieder seiner Gruppe. Er ist die Regel, nicht die Ausnahme.

Bei Autos aus unserem Landkreis lasten wir den Fehler dem Fahrer an, statt vom Einzelnen auf die gesamte Gruppe zu schließen. Verständlich: Wir gehören selbst zur gleichen Gruppe. Wir wissen, wie viele gute Fahrer in unserem Landkreis und in Deutschland leben. Und, hier schlägt die Selbstwertdienliche Verzerrung zu, wir glauben gerne an die Überlegenheit unserer Gruppe. Also denken wir: „Diese Person verhält sich für uns untypisch." Oder wir entschuldigen sein Verhalten: „Wahrscheinlich war er im Stress." In jedem Fall sehen wir ihn als Ausnahme, nicht als Regel.

Psychologen nennen dieses Denkmuster den *Attributionsfehler*. Verhalten sich Menschen falsch, beurteilen wir sie mittels Gruppendenken:

- Sehen wir Menschen als Teil unserer Gruppe, denken wir, ihre Fehler seien entweder ihre eigene Schuld oder durch äußere Faktoren bestimmt. Wir sehen sie als Ausnahmen.
- Betrachten wir Menschen als Teil einer anderen Gruppe, denken wir, ihre Fehler seien typisch für die gesamte Gruppe. Wir sehen sie als die Regel. Entschuldigungen und Ausnahmen versagen wir ihnen.

Die Regel funktioniert auch umgekehrt: Sehen wir einen Italiener, der mit 50 Stundenkilometern durch den Ort fährt, an einer gelben Ampel bremst und 100 Meter weiter Fußgänger über den Zebrastreifen lässt, denken wir: „Schau, einige Italiener fahren vernünftig." Vielleicht erfinden wir eine Entschuldigung: „Na, dieser Italiener hat wohl einen guten Tag." Plötzlich sehen wir den Einzelnen als die Ausnahme.

Tut ein Deutscher das Gleiche, denken wir: „Wir Deutsche sind die ordentlichsten Autofahrer." Wir sehen sein gutes Verhalten als typisch für unsere Gruppe, weil wir zu ihr gehören.[a]

---

[a] Für weitere Beispiele dieser Art empfehle ich Rolf Dobellis hervorragende Bücher *Die Kunst des klugen*

- Handeln Menschen unserer Gruppe richtig, werten wir ihr Verhalten als typisch für die Gruppe.
- Handeln Menschen anderer Gruppen richtig, werten wir ihr Verhalten als Ausnahme und untypisch für die Gruppe.

Ähnliche Ereignisse erleben wir regelmäßig. Jedes Mal gefällt uns unsere eigene Gruppe danach besser und alle anderen schlechter. Schnell bewerten wir alles über, was wir mit uns verbinden: Wir glauben, unsere Lieblingsvereine, Lieblingsbands und Lieblingsautoren seien tatsächlich besser, reiner und ehrlicher als die Favoriten anderer Personen. Wir denken, die Einwohner unserer Viertel, Städte und Länder seien tatsächlich besser als die Bewohner anderer Gegenden. Sind sie aber nicht.

Unseren Ur-Ahnen half diese Denkweise beim Überleben. Wer seine eigene Gruppe für die bessere hält, verhält sich loyaler und kämpft härter für sie als jemand, der ihre Mittelmäßigkeit realistisch einschätzt. Dadurch erhält er mehr Unterstützung und erhöht die Chance, seine Gene weiterzugeben.

Heute hilft uns der Attributionsfehler durch den Alltag: Halten wir die Fans unserer Lieblingsmannschaft für intelligenter als die des Gegners, fühlen wir uns zufriedener. Kein Problem.

Im Gegensatz zu unseren Urahnen bietet uns die moderne Welt aber statt klarer Kategorien fließende Übergänge. Dadurch befeuert der Attributionsfehler den In-Group/Out-Group Bias. Sollen wir in einem Raum mit Fremden Wasser verteilen, muss uns nur ein Mitglied der anderen Gruppe unsympathisch erscheinen und wir werten die ganze Gruppe ab. Sitzen in unserer Gruppe Unsympathen, ignorieren wir sie. Deswegen geben wir ihr mehr Wasser.

Andererseits lässt uns der Attributionsfehler fast immer in Gruppen denken. Wie das funktioniert, zeigt wieder das Ampel-Beispiel. Nehmen wir erneut an, das bei Rot über die Kreuzung fahrende Auto kommt aus dem gleichen Landkreis wie Sie. Nehmen wir außerdem an, das Auto dröhnt mit aufgebohrtem Auspuff und lauter Musik, am Steuer sitzt ein Teenager mit Sonnenbrille und Schildmütze. Denken Sie wirklich ausschließlich: „So ein verrückter Mensch." Oder denken Sie auch: „Diese verrückten Teenager." Sind Sie älter als 20 Jahre, wahrscheinlich Letzteres.

Wieder ist eine Gruppe schuld, diesmal die Teenager. Das geht so weiter: Sitzt am Steuer ein Senior, denken Jüngere: „Alte Leute sollten kein Auto fahren." Fährt eine Frau, denken Männer: „Frau am Steuer…" Ist es ein Mercedes, denken Skoda-Fahrer: „Diese Protzer nehmen sich alles heraus." Ähnelt der Fahrer uns – gleiches Geschlecht, gleiches Alter, gleiches Auto – erfinden wir notfalls Gruppen: „*Echte* Männer machen so etwas nicht."

---

*Handeln*s und *Die Kunst des klaren Denkens*, an die viele Beispiele dieses Kapitels angelehnt sind.

Anderen Gruppen versagen wir diese Ausnahmen. Fährt ein jugendlicher Italiener schlecht, schreiben wir den Fehler allen Italienern zu, statt zu denken: „Schau, die Italiener plagen sich mit den gleichen Jugendrasern herum wie wir."[a]

Gruppendenken lässt uns unsere eigenen Gruppen über- und alle anderen Gruppen abwerten. Der Verallgemeinerungsfehler lässt uns selbst bei deutlichen Gegenbeispielen an unserem Gruppendenken festhalten. Teilen wir die Welt einmal in Gruppen, halten wir unsere eigenen Gruppen für moralisch überlegen.

Dank Gruppendenken und Verallgemeinerungsfehler erheben sich Populisten leicht zu Schützern der Moral: Sie müssen uns nur Gruppen einreden. Teilen wir die Welt, halten wir unseren Teil für *die Guten*. Schon brauchen wir einen Beschützer vor den vermeintlich Verdorbenen.

Wie vermeiden wir diese Falle? Sollen wir aufhören, die Welt in Gruppen zu unterteilen? Sollen wir jeden Menschen immer als einzelne Person sehen, losgelöst von allen Gruppen, in die wir ihn einteilen könnten? Im Idealfall ja. Doch dieser Ansatz funktioniert kaum. Warum, erklärt eine weitere Abkürzung unseres Gehirns, die Populisten ausnutzen.

Trick 3: Schwere Fragen und einfache Antworten

Jedes Jahr zeigt der Organspende-Bericht von Eurotransplant, wie ein Denkfehler täglich Europäer tötet: Anteilig an der Gesamtbevölkerung spenden rund doppelt so viele Österreicher nach ihrem Tod ihre Organe wie Deutsche. In Österreich kamen im Jahr 2019 auf eine Million Einwohner rund 20 Organspender, in der Bundesrepublik waren es nur rund zehn — europaweit der zweitniedrigste Wert.[b]

Die übrigen Eurotransplant-Mitgliedsländer überbieten die deutsche Spenderquote größtenteils deutlich: In Kroatien (rund 31 Organspender auf

---

[a] Hier schlägt ein weiterer Denkfehler zu: der Verallgemeinerungsfehler (aus dem Englischen: generalization bias): Lernen wir eine Person kennen, die wir zu einer Gruppe zählen, glauben wir, diese Person teile alle Eigenschaften, die wir der Gruppe zuschreiben.
Glauben wir, Italiener fahren schlecht Auto, und begegnen jemandem aus Rom, halten wir ihn für einen schlechten Autofahrer. Ohne etwas über ihn zu wissen, nehmen wir an, er liebe Pasta und rufe täglich seine Mama an. Halten wir Deutsche für fußballverrückte Bierliebhaber, erwarten wir von Deutschen, denen wir erstmals begegnen, diese Eigenschaften zu teilen. Gäbe es charaktergleiche Römer und Münchner, sähen wir im Münchner den typischen Deutschen — mit kleinen Abweichungen, die die Regel bestätigen — und im Römer den typischen Italiener — wieder mit kleinen Abweichungen.
[b] Luxemburg (8,1 Organspender auf eine Million Einwohner) unterbietet als einziger der acht übrigen Eurotransplant-Mitgliedsstaaten die deutsche Quote. Im kleinen Großherzogtum schwankt der Spenderanteil wegen der niedrigen Einwohnerzahl aber stark. Schon ein paar Spenden mehr oder weniger treiben den Wert deutlich in die Höhe oder in den Keller. 2017 zählte Eurotransplant auch für Luxemburg rund doppelt so viele Organspenden pro eine Million Einwohner wie in der Bundesrepublik.

eine Million Einwohner) retten fast dreimal so viele Sterbende Leben. In Belgien (rund 27) tun es ähnlich viele. Ungarn und Slowenien (je rund 18) liegen in etwa auf dem Niveau Österreichs, die Niederlande (rund 15) zwischen Österreich und Deutschland.

Die niedrige deutsche Quote verurteilt in allen acht Ländern jedes Jahr Menschen zum Tod. Laut Bundeszentrale für gesundheitliche Aufklärung erhielten zwischen 2010 und 2020 jährlich von den rund 9000 Personen, die auf lebenswichtige Herzen, Lungen und Nieren warteten, nur rund 900 ein Spenderorgan. 90 Prozent hofften weiter oder starben.

Weil die Eurotransplant-Mitgliedsstaaten Spenderorgane untereinander austauschen, gleichen die höheren Spenderquoten der meisten anderen Länder die niedrigen deutschen Zahlen teils aus. In Deutschland wohnen aber deutlich mehr Menschen als in den übrigen Eurotransplant-Mitgliedern zusammen. Die knapp zehn Millionen Ungarn können Organe spenden, so viel sie wollen. Die Geberfaulheit der über 80 Millionen Deutschen gleichen sie nie aus.

Interessantes offenbaren die harten Grenzen, die das Spendenverhalten durch Europa zieht: Nichts zwingt Oberbayern zu einer anderen Einstellung als einige Kilometer entfernt lebende Tiroler. Trotzdem spiegeln beide Regionen die Unterschiede ihrer Länder.

Den Grund liefert ein einziges Kreuz auf einem Ausweis.

- Österreich setzt bei der Organspende auf die Widerspruchslösung. Jeder volljährige Österreicher spendet Organe, bis er einer Spende ausdrücklich widerspricht.
- In Deutschland gilt die Zustimmungslösung: Wer Organe spenden will, muss einen Organspenderausweis bestellen, ausfüllen und bei sich tragen. Nur dann dürfen ihm Ärzte nach seinem Tod Organe entnehmen. Deutsche ohne Ausweis nehmen Herz, Lunge und Nieren mit ins Grab.

Dass dieser Unterschied die Spenderquoten erklärt, zeigt ein Blick auf andere Länder. In Kroatien, Luxemburg, Ungarn und Slowenien spendet jeder Volljährige Organe, bis er es ausdrücklich ausschließt. In allen Ländern übersteigen die Spenderquoten die der Bundesrepublik deutlich.

In Irland, Rumänien, Litauen, Dänemark und der Schweiz halten Zustimmungslösungen die Spenderquoten ähnlich im Keller wie hierzulande. Weltweit liegen Staaten mit Zustimmungssystem durchschnittlich deutlich hinter Staaten mit Widerspruchlösung.[74]

Wie schnell und wie häufig Menschen auf der Organwarteliste eine lebensrettende Spende erhalten, hängt Großteils davon ab, ob ihre Mitbürger einer Organentnahme nach dem Tod zustimmen müssen oder ob sie diese nur durch Widerspruch verhindern. Wechselt ein Land vom Zustimmungs- zum Widerrufsystem, wird ein guter Teil seiner Bevölkerung zum

Organspender.

Diese Zahlen enttäuschen alle, die glauben, wir treffen eine Entscheidung zur Organspende und bleiben dabei. Eine moralbelastete Frage wie die Verwendung unseres Körpers nach dem Tod sollte eigentlich ähnlich feste Überzeugungen schaffen, wie der Geschwistersex in Haidts Experiment. Viele Menschen folgen aber einfach der Vorgabe. Eine bürokratische Änderung erklärt sie widerstandslos über Nacht zum Spender oder Nicht-Spender.

Diese Menschen verfallen einem Denkfehler, den auch Populisten nutzen.[a] Einige Psychologen nennen diesen Denkfehler den *Default-Bias*: Im Zweifel bevorzugen wir die Standardeinstellung (Englisch: default), statt Dinge zu verändern. Bevor wir in Bereichen, die wir begrenzt verstehen, mit eigenen Entscheidungen Unheil riskieren, verlassen wir uns lieber auf die, die sich die Vorgaben ausdenken. TÜV, Papierformate, Standardeinstellung beim Drucker – oft ein sinnvoller Ansatz. Beim Organspenden tötet er.

Die Ursache des Default Bias erklärt den Erfolg populistischer Botschaften: Unsere schnelle Stimme verkleinert sie überfordernde Entscheidungen auf einfache, lösbare Fragen. Dann löst sie die einfachen Fragen und hofft, damit das schwere Problem zu lösen: Überlastet uns die Seelenpartner-Suche mit Ungewissheiten („Wer passt wirklich zu mir?"), wählen wir den hübschesten Bewerber und hoffen das Beste. Das kann unser Gehirn immerhin sicher.

Dieses evolutionär programmierte Schätzen rettete vielen unserer Vorfahren das Leben: Handelten sie im Zweifel nach der besten Schätzung, überlebten sie häufiger als Menschen, die an unvollkommenen Antworten verzweifelten. Heute lösen wir Herausforderungen oft ebenfalls sinnvollerweise mit Ersatz-Antworten: Wer neue Projekte bis zur Perfektion verfeinert, verärgert seinen Chef mit verpassten Abgabefristen. Besser mit der besten vorhandenen Erklärung anfangen und nachbessern.

Auch die Frage: „Soll ich Organe spenden?", fordert uns. Kann unsere schnelle Stimme auf philosophische Überzeugungen und im Gehirn gespeicherte Statistiken zu Unfalltoten zurückgreifen, setzt sie dieser Entscheidung womöglich vielschichtige Antworten entgegen. Kann sie es nicht, ersetzt sie die Überforderung durch eine einfachere Frage: „Welche Entscheidung wird mir vorgegeben?"

- Lautet die Antwort „Organspende", erfindet die langsame Stimme Gründe, bei dieser Entscheidung zu bleiben.
- Lautet die Antwort „keine Organspende", erfindet die langsame Stimme Gründe, bei dieser Entscheidung zu bleiben.

---

[a] Sicher vergessen auch einige eigentlich spendenwillige Deutsche, einen Organspenderausweis zu beschaffen. Da dies aber relativ einfach funktioniert – beim Hausarzt mitnehmen oder kostenlos online beantragen – dürfte ein großer Teil dieser Menschen tatsächlich dem Denkfehler zum Opfer fallen.

Der Default-Bias ist eine Sonderform des Fragentausches. Überfordert ein Problem unsere schnelle Stimme, antwortet diese mit der Standardeinstellung. Die langsame Stimme verwischt mit Rechtfertigungen ihre Spuren.

Populisten geben uns mit Verschwörungstheorien und Gruppendenken Standardlösungen vor, auf die unsere schnelle Stimme bei sie überfordernden Themen zurückgreift. Politische Themen überfordern sie fast immer. Hier nutzt sie Standardlösungen besonders gern.

Hier setzen Populisten an. Sie schieben die Schuld für alle Probleme Feindbildern zu und liefern unseren schnellen Stimmen so Abkürzungen, die Schwieriges vereinfachen: Egal was passiert, die Reichen sind schuld oder die Ausländer oder die Altparteien. Oder alle zusammen.

Wir vermeiden Populismus, wenn unsere schnelle Stimme schwierige Gesellschaftsfragen statt mit populistischen Abkürzungen mit einer dieser drei Optionen beantwortet:

1. **Schnell verfügbare sachkundige Infos:** Der Idealfall, aber weitgehend unmöglich. Niemand weiß alles. Erst recht nicht bei neuen Entwicklungen.
2. **Eingeständnis der Unwissenheit:** Besser, als Falsches zu glauben. Aber eine herausfordernde und wenig aufschlussreiche Denkweise.
3. **Hilfreiche Abkürzungen:** Eine anwendbare Lösung. Abkürzungen, die uns schlimme Fehler vermeiden lassen. Unsere Antworten mögen mal gut, mal besser ausfallen. Hilfreich bleiben sie immer. Ideal.

Gruppendenken liefert ideale, scheinbar alles erklärende Vereinfachungen. Fallen wir einmal darauf herein, vertiefen Attributions- und Bestätigungsfehler die angeblichen Gräben stetig. Bald sehen wir nur noch „uns" und „die".

Unsere wohlüberlegten Anti-Populismus-Grundsätze müssen also einen Trick enthalten, der Gruppendenken verhindert. Warum das so schwer ist, erklärt ein weiterer Denkfehler.

Trick 4: Kerngesunde Geimpfte und unsichtbare Widersprüche

Im Herbst 2021, als sich kaum noch jemand in Deutschland gegen das Coronavirus impfen lässt, dämmert Politikern, die lange von einer hohen Impfbereitschaft ausgingen, wie falsch sie das Denken vieler Menschen eingeschätzt haben.

Ein Jahr zuvor hat die Corona-Pandemie Europa und die Welt überrollt. In italienischen Krankenhäusern stapelten sich Leichen, Lockdowns legten monatelang das öffentliche Leben lahm, die deutsche Wirtschaftsleistung schrumpfte um fünf Prozent. Übersterblichkeit, Unsicherheit, übervolle Intensivstationen. Doch als das Mainzer Unternehmen Biontech im Frühjahr 2021 einen Impfstoff gegen das Virus auf den Markt brachte, glaubten viele Deutsche – mich eingeschlossen –, im Winter 2021 kehre die Bevölkerung vollständig immunisiert zur Normalität zurück.

Im Herbst 2021, als weiterhin zwei von fünf Deutschen ungeimpft bleiben und eilig eingerichtete Impfzentren mangels Nachfrage ihre Kapazitäten herunterfahren, erkennen viele, dass Weihnachtsmärkte und Großveranstaltungen wahrscheinlich auch im Winter 2021/22 ausfallen. Eine Impfquote von 90 Prozent, einst als Ziel für entlastete Intensivstationen vorgegeben, scheint unerreichbar.

Was war passiert? Warum überschätzten Experten, Politik und Durchschnittsbürger die Impfbereitschaft?

Die Antwort auf diese Frage liefern zwei weitere Denkabkürzungen unserer schnellen Stimme, die Populisten ausnutzen. Die erste, der Absichtliche-Blindheits-Effekt (vom Englischen „intentional blindness effect"), zerstörte die Prognosen. Selbst optimistische Experten ahnten, dass Populisten die Impfkampagne für Feindbilder nutzen. Das hatten sie mit der Coronakrise von Anfang an getan. Die Experten hatten auch damit gerechnet, dass einige Menschen Populisten glauben und Impfungen anfänglich meiden.

Doch die Experten irrten, als sie dachten, diese Menschen legten ihre Spritzenscheu ab, wenn zehn, 20 oder 30 Millionen ihrer Mitbürger Impfungen ohne Schwierigkeiten überstehen. Sie lagen falsch, als sie meinten, eine Erfolgswelle überzeuge im Vergleich zu den Langzeitfolgen einer Corona-Infektion selbst die größten Skeptiker. Sie tat es nicht.

Genauer formuliert: Wahrscheinlich hätten die vielen Vorteile einer Impfung selbst den größten Skeptiker überzeugt – hätte er sie wahrgenommen. Doch das haben viele Impfgegner wohl tatsächlich nicht. Hier schlägt der Absichtliche-Blindheits-Effekt zu.

Den Absichtliche-Blindheits-Effekt erklärt am besten ein Experiment, dessen Video Sie auf Youtube finden.[a] In dem knapp anderthalb Minuten langen Film werfen sich sechs Studenten Basketbälle zu. Drei tragen weiße Oberteile, drei tragen schwarze. Testteilnehmer sollten zählen, wie oft das weiße Team den Ball spielt. Wollen Sie sich testen, schauen Sie sich das Video an und zählen Sie die Ballkontakte von Team weiß. Den Link finden Sie in der Fußnote. Merken Sie sich Ihre Antwort.

---

[a] Hier das Original-Video zum Versuch: www.simonslab.com/videos.html.

Fertig? Sollten Sie den Versuch durchgeführt haben, vergessen Sie Ihre Antwort. Die Aufgabe war ein Trick. Die entscheidende Frage lautet: Haben Sie den schwarzen Affen bemerkt, der nach knapp einer halben Minute den Raum betritt, sich auf die Brust trommelt und wieder verschwindet?

Wenn ja, herzlichen Glückwunsch! Sie gehören zu den nur rund 50 Prozent der Versuchspersonen, die den Affen sehen. Die andere Hälfte konzentriert sich so auf ihre Aufgabe, dass ihr selbst dieses eigentlich unübersehbare Ereignis entgeht.[75]

Das Experiment, das die Psychologen Daniel J. Simons und Christopher Chabris in ihrem Buch *Der unsichtbare Gorilla: Wie unser Gehirn sich täuschen lässt* beschreiben, zeigt: Glaubt unser Gehirn zu wissen, wonach es suchen muss, sammelt es nicht nur durch den Bestätigungsfehler die dafür nötigen Beweise. Es blendet selbst Offensichtliches aus, das nicht zur Aufgabe passt.

Wer die Pässe des weißen Teams zählt, übersieht den Affen. Wer sich auf Verbrechen von Migranten konzentriert, übersieht deutsche Massenmörder wie Nils Högel. Wem die Risiken einer Impfung den Schlaf rauben, dem entgeht, wie Millionen Mitbürger nach ihrer Spritze mopsfidel durchs Leben tanzen. Er ignoriert diese Dinge nicht absichtlich. Er übersieht sie tatsächlich.

Der Absichtliche-Blindheits-Effekt hilft uns im Alltag: Wer im Büro konzentriert arbeitet, muss die Menschen auf der Straße ausblenden. Wer beim Autofahren Straßenschilder erkennen will, sollte nicht gleichzeitig den Himmel bewundern. Indem die Evolution unser Gehirn lehrte, Unwichtiges auszublenden, erleichtert sie uns das Leben.

In gesellschaftlichen Fragen lässt uns der Absichtliche-Blindheits-Effekt selbst an eindeutig falschen Überzeugungen festhalten. Haben uns Populisten ihre Gruppen und Feinbilder eingeredet, bleiben diese in unseren Köpfen selbst gegen offensichtliche Gegenargumente immun. Viele Deutsche unterstellten Bundeskanzlerin Angela Merkel auch noch Diktatur-Bestrebungen, als diese bereits ihren Rückzug aus der Politik angekündigt hatte.

Der Absichtliche-Blindheits-Effekt befeuert unser Gruppendenken, indem er uns alles, was unserer Überzeugung widerspricht, tatsächlich übersehen lässt.

Die zweite Denkabkürzung, die die deutsche Impfquote im Sommer 2021 niedrig hielt, ist unsere Vorliebe für Negativität: Schlechte Nachrichten erregen mehr Aufmerksamkeit als gute. Weil die Evolution uns auf das Gefahrenerkennen gedrillt hat, statt auf Achtsamkeit und Glücksgefühle, fischt unser Gehirn aus den Informationen, die täglich auf uns einprasseln, jene heraus, die uns gefährlich werden könnten: die negativen. Wir unterhalten uns den ganzen Abend angenehm mit Freunden, denken danach aber an den einen seltsamen Blick, den wir abbekommen zu haben glauben.

Wir hören dutzende Fakten über eine Person, aber morgen fallen uns vor allem die extremen und schlechten ein.

Diese Denkweise ließ im Jahr 2021 verblassen, was kommende Generationen als Errungenschaften sehen werden: Vollbeschäftigung, weltweit dramatisch abnehmende Armut und Impfstoffe, die binnen eines Jahres ganz Deutschland hätten immunisieren können. Alles vergessen, sobald jemand am Impfzentrum etwas zu lange anstand oder nach dem Besuch hustete. Gutes nehmen wir hin, schlechtes bestimmt unsere Gedanken.

Diese Denkweise treibt die Menschheit an. Statt uns auf unseren Lorbeeren auszuruhen, suchen wir ständig Probleme und lösen diese. Niemand sagt: „Wir haben das Internet erfunden. Machen wir Pause." Wir machen das Internet jedem verfügbar, bis selbst Einsiedler auf hosentaschenkleinen Geräten binnen Sekunden alle Informationen anzapfen. Beeindruckend.

Bei politischen Themen schafft dieser Antrieb manchmal Probleme. Viele Deutsche überschätzten im Sommer 2021 das Risiko einer Impfung, weil Populisten immer wieder Geschichten von Senioren wiederholten, die kurz nach einer Impfung starben. Zwischen beiden Ereignissen fehlt jeder Zusammenhang. Von fast einer Million hochbetagten Heimbewohnern in Deutschland starben auch nach dem WM-Sieg der deutschen Fußball-Nationalelf 2014 Tausende. Dennoch löste das eine Ereignis das andere nicht aus. Die Corona-Impfung beeinflusste ihren Tod genauso wenig wie der WM-Sieg oder der Besuch der Urenkel.

Trotzdem blieben unzähligen Deutschen negative Populismus-Botschaften besser in Erinnerung als Millionen kerngesunder geimpfter Senioren. Ihre schnellen Stimmen gingen auf Nummer sicher – ein sinnvoller Ansatz bei echten Gefahren. Bei erfundenen Gefahren führt er uns in die Irre. Viele mieden den einzigen Schutz vor einer gefährlichen Krankheit.[76]

Ähnliches erreichen Populisten mit vermögenden und nicht in Deutschland geborenen Personen: Sie verbreiten Negatives über ihr Feindbild so effektiv, weil unser Gehirn diese Botschaften aus einer Flut an Positivbeispielen herausfiltert. Begeht ein Geflüchteter ein Verbrechen wirkt die Nachricht stärker auf unser Gehirn, als wenn sich Millionen Menschen gleicher Herkunft gut integrieren.

Eine Auswirkung unserer Vorliebe für Negativität erkennen wir im Alltag: Wer in politischen Diskussionen besonders klug wirken will, beschwert sich über Regierungsentscheidungen. Kritik wirkt gescheit, Zustimmung naiv. Wer nörgelt sagt indirekt: „Ich habe das Thema besser durchdacht als diese dummen Politiker." Populisten liefern Munition, Miesmacher verschießen sie auf Arbeitskollegen und Freunde. Weil diese Munition meist auf Gruppen zielt – Kriminelle, Migranten, Reiche – befeuert unsere Vorliebe für Negatives das Gruppendenken.

Glauben wir Populisten einmal ihre Gruppen, versorgt uns unser Gehirn von ganz allein mit den Schreckensnachrichten, die die jeweils andere Gruppe böse und gefährlich erscheinen lassen.

An dieser Stelle alle für Populismus anfälligen mentalen Abkürzungen aufzuzählen, würde zu weit führen. Für uns wichtig bleibt: Gruppen liefern Populisten ideale Feindbilder, weil eine Heerschar an Denkfehlern dieses Gruppendenken moralisch auflädt. Dadurch erheben sie die Populisten in den Augen ihrer Anhänger von Politikern zu Vertretern des Guten im Kampf gegen das Böse.[a]

Wer nun fordert, wir sollen einfach aufhören, in Gruppen zu denken, macht es sich zu leicht: Fest in unsere Gehirne programmiert, schalten wir Gruppendenken unmöglich aus. Wir hegen es bestenfalls ein. Manchmal hilft es uns auch.

Gegenmittel: Gruppen, aber richtig!

„Als ich die Türen des Gefängnisses durchschritt, war dies meine Mission: zugleich den Unterdrückten und den Unterdrücker zu befreien."

Nelson Mandela

Als Nelson Mandela am 10. Dezember 1993 in Oslo zusammen mit Frederik Willem de Klerk den Friedensnobelpreis entgegennimmt, lächeln zwei südafrikanische Politiker, die sich spinnefeind sein könnten, freundschaftlich ins klatschende Publikum. Die Urkunde jeweils in der linken Hand, die goldene Medaille in der rechten, verkörpern beide, wofür das Nobelkomitee sie ehrt: Sie überwanden das Gruppendenken, das ihr Heimatland jahrzehntelang in Unruhen und Unterdrückung zermürbte. Die Denkweise, mit der beide das schafften, verrät uns, wie wir Gruppendenken auch in anderen Fällen überwinden: Nicht, indem wir es ausblenden. Sondern indem wir es in hilfreiche Bahnen lenken.

Einen wichtigen Schritt auf diesem Weg ging de Klerk im Februar 1990. Der weiße Sohn einer europäisch-stämmigen Politikerfamilie hatte sich seit den 1960er-Jahren in der Nationalen Partei, die Südafrika seit 1948 durchgängig regierte, nach oben gearbeitet. Als Innen- und Bildungsminister vertrat er in den 1980ern deren rassistische Apartheidpolitik, die die

---

[a] Für eine weiterführende Denkfeler-Übersicht empfehle ich Jonathan Haidts hervorragendes *The Righteous Mind: Why Good People are Divided by Politics and Religion* oder Michael Shermers ebenso interessantes *The Believing Brain: From Spiritual Faiths to Political Convictions - How We Construct Beliefs and Reinforce Them as Truths.* Auch Kahnemans *Schnelles Denken, langsames Denken* behandelt Denkfehler aus Politik und Gesellschaft.

Bevölkerung per Gesetz in vier Gruppen unterteilte. Menschen mit nicht-weißer Haut durften nicht wählen, mussten in ärmlichen Gegenden leben und ihre Kinder in schlechtere Schulen schicken. Jahrzehntelang teilte de Klerk die Südafrikaner gemäß dieser Politik in Gruppen.

Doch schon als ihn die Südafrikaner im September 1989 zum Präsidenten wählten, galt de Klerk nur noch öffentlich als Apartheid-Anhänger. Während Zehntausende auf den Straßen gegen den Mann demonstrierten, den sie für einen Vertreter der Unterdrückung hielten, kündete schon dessen Entscheidung, sie demonstrieren zu lassen, von den bevorstehenden Veränderungen.

De Klerk glaubte das Apartheidregime am Ende. Er verstand es als Aufgabe seiner Präsidentschaft, dieses Ende so friedlich wie möglich zu gestalten. Deswegen erlaubte er Aufmärsche gegen seine Person, die seine Vorgänger niedergeschlagen hätten. Deswegen suchte er Wege aus dem Gruppendenken.

Den wichtigsten Schritt ging de Klerk im Februar 1990, als er vor dem südafrikanischen Parlament ankündigte, Südafrika in eine freiheitliche Demokratie nach westlichem Vorbild zu verwandeln. Er öffnete öffentliche Gebäude allen Menschen, hob den jahrelang geltenden Ausnahmezustand auf und erlaubte den African National Congress (ANC), die wichtigste Anti-Apartheid-Bewegung, als offizielle Partei. Anhänger und Funktionäre des ANC ließ er aus dem Gefängnis frei. Unter ihnen Nelson Mandela.

Vor de Klerks Präsidentschaft eine undenkbare Entscheidung. Auf Mandelas Betreiben hatte der ANC im Juni 1961 seinen ausschließlich friedlichen Widerstand gegen die Apartheid aufgegeben und die militärische Untergrundorganisation *Speer der Nation* gegründet. Damit begann er den Prozess, der im Ausnahmezustand endete, den de Klerk wieder aufhob.

Im Jahr 1961 hatte Mandela diese Aktion eindeutig mit Gruppen begründet. Polizisten hatten auf schwarze Protestierende geschossen, Frauen und Kinder niedergestreckt, fliehenden Demonstranten in den Rücken gefeuert. Halte gewaltloser Protest das Apartheidregime nicht vom Morden ab, meinte Mandela. müssten sich ANC-Mitglieder mit Gewalt wehren dürfen.

Unter Mandelas Führung überzog der *Speer der Nation* Südafrika mit hunderten Anschlägen, griff Straßen, Stromnetze und andere Infrastrukturen an. 1963 verhaftete die Polizei Mandela. Lebenslange Haft.

In den 1980er-Jahren, als Mandela schon lange im Gefängnis saß, zündete der *Speer der Nation* Bomben in einer Bar und in einem Einkaufszentrum. Dutzende Südafrikaner starben, Hunderte wurden verletzt. Die Organisation tötete Zivilisten mit Landminen, folterte Gefangene und exekutierte Gegner. Zwar hatte Mandela stets gefordert, Todesopfer um jeden Preis zu vermeiden. Anschlägen auf Zivilisten hätte er wohl nie zugestimmt. Trotzdem verbanden viele Südafrikaner ihn mit dem Terror.

Als das Nobel-Komitee de Klerk und Mandela 1993 den Friedensnobelpreis verlieh, ehrte es den ehemaligen Apartheidpolitiker und den früheren Untergrundkämpfer dafür, diese Gräben überwunden zu haben.

Einen Grundsatz, mit dem beide dies erreichten, leiten wir von den antiken Stoikern ab, deren Bücher sich Mandela während seiner Haft in die Zelle schmuggeln ließ. Die auf Lehren antiker Griechen und Römer zurückgehende Stoa erklärt es zum obersten Ziel eines Menschen, seinen Platz in der Welt mit Ruhe, Weisheit und emotionaler Selbstbeherrschung auszufüllen. Die emotionale Selbstbeherrschung liefert uns den Trick, mit dem Stoiker ähnliche Herausforderungen überwinden wie wir beim Gruppendenken.

Weil Stoiker Menschen als vernunftbegabte, soziale Wesen verstehen, stellt ein gutes Leben aus ihrer Sicht die Vernunft in den Dienst der Allgemeinheit. Indem wir Dinge verbessern, die unserem Einfluss unterliegen – Überzeugungen, Ziele, Motivationen –, und ausblenden, was nicht in unserer Macht liegt – Ansehen, Gesundheit, Meinungen anderer –, verbessern wir unser Handeln. Das Richtige tun – ja. Hoffen, deswegen geliebt zu werden – nein. Selbst der beste Charakter trifft auf Verachtung, selbst der gesündeste Körper stirbt. Wer alles tut, um so richtig wie möglich zu handeln, nimmt die Dinge, wie sie kommen.

Der stoische Innen-Fokus hilft uns zu sinnvollem Leben, steht aber vor dem gleichen Problem wie alle, die Gruppendenken ausblenden wollen: Schlechte Meinungen über uns zu ignorieren, ist leicht gesagt. Weißt uns die Liebe unseres Lebens zurück, leiden wir trotzdem.

Ähnlich wie beim Gruppendenken regen sich in uns dem stoischen Ideal widersprechende Emotionen. Das können wir nicht verhindern. Doch, und das ist erste Lehre der Stoiker, wir müssen es auch nicht: Es reicht, unsere instinktiven Reaktionen in hilfreiche Bahnen zu lenken.

Bremst uns auf dem Arbeitsweg ein in zweiter Reihe geparkten Lieferwagen, ärgert das fast jeden. Wir entscheiden aber, wie wir auf den Ärger reagieren: Schreiend aus dem Auto springen? Oder eingestehen, dass wer hofft, störungsfrei alle Ziele zu erreichen, mehr irrt als jeder Falschparker?

Überdenken wir unsere Einstellung zum Straßenverkehr, erleichtern wir uns das Leben und handeln im Einklang mit der Welt – eine für alle bessere Entscheidung, als uns in Rumpelstilzchen zu verwandeln.

Ähnlich ist es bei Zurückweisungen: Statt unser Selbstmitleid über ein Beziehungsende in Alkohol zu ertränken, profitieren alle, wenn wir die Lehrstunde für bessere Entscheidungen nutzen: Jeder erfährt in Liebe, Freundschaft und Beruf gelegentlich Zurückweisungen. Warum sollte es bei uns anders sein? Lernen wir daraus, profitieren alle.

Ein Leben als Abfolge unüberlegter Affekthandlungen belastet andere vorübergehend. Uns selbst ruiniert es. Wir verschwenden unsere wenige Zeit auf der Welt damit, uns wie vernunftlose Tiere aufzuführen.

Verstehen wir die Einsicht der Stoiker, verwandeln wir richtiges Handeln vom Zwang zur alternativlosen, Gemeinnutz und Eigennutz vereinenden Entscheidung. Es bleiben sinnvolle Handlungen, die uns *und* anderen dienen, und sinnlose Handlungen, die allen schaden.[a]

Die Stoiker zeigen uns auch bei emotionalen Themen den Weg zu nach Cipolla intelligenten Entscheidungen: Wie wir gegen Gruppendenken kämpfen, ringen Stoiker täglich mit Impulsen, die ihre Ziele gefährden. Statt sie zu ignorieren, entreißen sie ihnen die Kontrolle.

Stoiker verstehen die Kontrolle ungebetener Denkweisen als grundmenschliches Schicksal. Wie wir es erdulden, bestimmt, ob wir unser Leben sinnvoll nutzen oder verschwenden. So wie wir nicht jedem Appetitschub nachgeben sollten, lehren uns die Stoiker, alle ungebetenen Impulse zu steuern, indem wir sie als Schaden an uns selbst verstehen. Die Reue über ein verschwendetes Leben bemerken wir zwar Jahrzehnte später als die Speckringe nach Heißhungerattacken. Trotzdem verstehen wir: Die Reue kommt. Wir spüren die Folgen von Entscheidungen mit späten, ungenauen Rückmeldungen sofort; unsere schnelle Stimme trifft bessere Entscheidungen. Eine geniale Leistung, die die Nachteile unserer überforderten Gehirne ausgleicht.

Genauso genial: Dieses Denkschema verpackten die Stoiker in klare Anweisungen. Sie wollten uns anwendbare Alltagshilfen vermitteln, statt mit abstrakten Abhandlungen Bibliotheken füllen.

Eines der beliebtesten stoischen Bücher, das *Handbüchlein* mit Redeauszügen des römischen Philosophen Epiktet, listet kurze Abschnitte voller Hinweise wie „Vergiss nie…" und „denke daran…". Punkt eins: „Einige Dinge sind in unserer Gewalt, andere nicht. In unserer Gewalt sind: Meinung, Trieb, Widerwille, kurz: Alles, was unser eigen Werk ist. Nicht in unserer Gewalt sind: Leib, Vermögen, Ansehen, Ämter, kurz: Alles, was nicht unser eigen Werk ist." Und Punkt drei: „Wofern du nun Dinge, die von Natur völlig abhängig sind, für frei und Fremdes für Eigentum ansiehst, so vergiss nicht, dass du auf Hindernisse stoßen, in Trauer und Unruhe geraten und Götter und Menschen anklagen wirst."

Kurz, klar, verständlich. Soll der Leser künftig für Geld gegen seine Überzeugungen verstoßen, weiß er: „Tue ich das, werde ich auf Hindernisse

---

[a] Wer sich jetzt an Carlo Cipolla und die Prinzipien der menschlichen Dummheit erinnert fühlt, erkennt: Kluge Lebensphilosophien vereinen alle auf die eine oder andere Art Gemeinnutz und Eigennutz. Es besteht kein Unterschied zwischen Eigennutz und Gemeinnutz. Es gibt nur kluges und dummes Handeln.

stoßen, in Trauer und Unruhe geraten und Götter und Menschen anklagen." Anwendbare Philosophie.

Mit ihrem Anwendbarkeits-Fokus spiegeln die Stoiker das Grundziel dieses Buches: Obwohl die Politikwissenschaft spätestens seit den 1960er Jahren die Gefahren von Populismus kennt, verstaubt dieses Wissen in Universitätsbibliotheken statt Wege in Wähler-Köpfe zu finden. Epiktet lehrt uns: Das ändern wir durch klare, leicht verständliche Grundsätze.

Springen wir dafür zurück nach Südafrika. Das Ende der Apartheid leiteten Mandela und de Klerk wie zwei Stoiker ein: Statt Gruppendenken zu ignorieren, lenkten sie es in nützliche Bahnen. Einerseits bauten sie rechtliche Barrieren ab, mit denen Gruppendenken die Südafrikaner teilte:

- 1991 nahm de Klerk das Gesetz zurück, nachdem sich Einwohner des Landes als eine von vier Rassen registrieren mussten.
- 1992 setzte de Klerk ein Referendum an, bei dem sich rund zwei Drittel der weißen Südafrikaner für die Abschaffung der Rassentrennungspolitik aussprachen. Damit war das Ende der Apartheid besiegelt.

De Klerk machte die Menschen gleichwertig, indem er gesetzlich verankertes Gruppendenken auslöschte.

Andererseits beeinflussten Gruppen weiter das Handeln de Klerks und Mandelas: Obwohl Mandela die Wahl 1994, bei der erstmals alle Südafrikaner abstimmen durften, mit großer Mehrheit gewann, regierte er nicht alleine. Er und de Klerk schufen eine „Koalition der nationalen Einheit" mit Vertretern von Minderheiten und Nationaler Partei, den ehemaligen Unterdrückern.

Die Regierung, die die neue Verfassung Südafrikas ausarbeitete, blendete Gruppen nicht aus. Sie achtete darauf, alle Gruppen einzubeziehen. Die bessere Version des Gruppendenkens.

Die Gefahr liegt weniger darin, die Welt in Gruppen einzuteilen. Die Gefahr liegt in der Annahme, die scheinbare Zugehörigkeit eines Menschen zu einer Gruppe sage etwas über ihn aus.

Gleichzeitig arbeitete sie an einer Zukunft ohne Gruppen: Im Januar 1996 setzte Mandela die *Wahrheits- und Versöhnungskommission* ein, die einen Dialog zwischen Opfern und Tätern des Apartheidregimes begann: Angeklagte, die in öffentlichen Anhörungen Verbrechen zugaben, blieben straffrei. Ihre Opfer erhielten finanzielle Entschädigungen und die offizielle Anerkennung erlittenen Unrechts.

Die Kommission behandelte Vergehen von Menschen mit weißer Hautfarbe. Dennoch sollte sie Gruppendenken überwinden, statt es zu verstärken. Sie sollte Verständnis fördern statt strafen, geschehenes Unrecht anerkennen statt rächen.

Unser Gehirn denkt unweigerlich in Gruppen. Wer Schäden dieses Denkens in der Vergangenheit berichtigen, in der Gegenwart beheben, und in der Zukunft vermeiden will, muss Gruppendenken in seine Lösungen einbeziehen.

Das Vorbild Mandelas und De Klerks zeigt uns: Jeder Mensch gehört zu vielen Gruppen. Männer und Frauen, Städter und Dorfbewohner, Schüler, Arbeiter und Senioren. Keine dieser Zuordnungen bestimmt einen Menschen. Ich fühle mich weder als Deutscher, noch als Mann oder Autor. Ich bin ein Mensch. Gruppen beschreiben Bruchstücke meines Charakters, meiner Interessen, meiner Gene. Sie bestimmen nicht, wer ich *bin*.

Solange wir jeden Menschen stets als einzelnen Menschen behandeln, nicht als Teil einer scheinbaren Gruppe, solange wir nie allen Mitgliedern angeblicher Gruppen bestimmte Eigenschaften zuschreiben und solange wir Gruppen als gleichwertig behandeln, statt eine zu bevorzugen, schadet es nicht, sich einzugestehen, dass Personen, die mit den Flüchtlingsströmen 2015 und 2016 nach Deutschland einwanderten, im Durchschnitt vor anderen Herausforderungen stehen, als jene, die hier geboren sind. Natürlich tun sie das. Nur ist deswegen keine Gruppe besser oder schlechter, Deutsche stehen teils vor den gleichen Herausforderungen und alle Probleme verdienen Lösungen.

Auch wer leugnet, dass Jugendliche im Durchschnitt andere Schwierigkeiten bewältigen als Rentner, übersieht mögliche Spannungen zwischen beiden Gruppen. Damit verschenkt er die Chance, sie zu beseitigen. Bei Themen wie Staatsverschuldung, Umverteilung und Strafrecht treffen wir bessere Entscheidungen, wenn wir ihre Auswirkungen auf mehrere Gruppen bedenken, als wenn wir tun, als gäbe es nur eine.

Wir erzielen bessere Ergebnisse, wenn wir Gruppendenken nutzen, um Menschen zu einen, als wenn wir es einfach ausblenden. Ignorieren wir Gruppendenken, überlassen wir es denen, die Menschen damit teilen.

Ob Gruppendenken hilfreiche oder schädliche Lösungen schafft, hängt davon ab, wie wir es einsetzen: Wer behauptet, eine vermeintlich bessere Gruppe müsse die anderen bekämpfen, schadet den Menschen. Wer für alle Gruppen nützliche Lösungen sucht, hilft ihnen. Menschen sind nicht gleich, aber gleichwertig.

Wie Mandela und de Klerk verbessern wir das Leben aller, indem wir Gräben schließen. Jeder Mensch strebt nach Sicherheit, Hoffnung,

Gemeinschaft. Das eröffnet uns Einigungsmöglichkeiten über alle Gruppen hinweg.[a]

Gehen wir sinnvoll mit Gruppen um – Ausgleich und Hilfe statt Angst und Verallgemeinerungen – entreißen wir Populisten ihre Moralisierungsmacht. Sie können kaum noch Feindbilder aufbauen. Ohne Feindbild stürzt ihre Weltsicht zusammen.

Nun bleibt uns eine letzte Herausforderung: Gruppen erklären einen Großteil populistischen Moralgeredes. Aber sie erklären nicht alles.

Denken Sie zunächst an die Finanzkrise ab 2007, die Corona-Pandemie, den Ukraine-Krieg: Große Krisen erleichtern Populisten das Feindbilder-Erfinden. Probleme werfen die Frage nach Schuldigen auf, überfordern aber unser Gehirn mit abstrakten Vorgängen und schwammigen Rückmeldungen. Feindbilder beantworten diese Frage für unsere schnelle Stimme leicht verständlich.

Nun denken Sie an die Zeit zwischen großen Krisen. Auch in diesen Phasen fanden Populisten Anhänger. Wohlstand und Sicherheit halten uns nicht davon ab, Verschwörungstheoretiker zu unterstützen. Populisten überzeugen selbst in den besten aller Zeiten einige Wähler, als moralisch überlegene Vertreter des Guten gegen das Böse zu kämpfen. Wie schaffen sie das? Wie erfinden sie Bedrohungen, wenn es der Welt immer besser geht?

Für wirksame Grundsätze gegen Populismus, müssen wir diesen letzten Trick entschlüsseln. Die Antwort zeigt uns ein Zeitungsartikel, der in gleicher Form fast jährlich erscheint.

Fazit

1. Populisten erzeugen Glaubwürdigkeit, indem sie die Moral der Menschen in ihrem Sinne verzerren. Sie wiederholen ständig Geschichten, die ihre Feinbilder zu beweisen scheinen. Gruppendenken, attraktive Negativität und unsere Suche nach einfachen Ersatzantworten für schwierige Probleme basteln aus diesen Erfindungen bereitwillig Weltbilder, nach denen wir nur noch die Populisten wählen können.
2. Gruppen täuschen eine falsche Einheitlichkeit vor. Ihre Mitglieder besitzen immer unterschiedliche Charakter-Eigenschaften und Persönlichkeiten. Mitglieder einer Gruppe sind Mitgliedern anderer

---

[a] Eine wichtige Erkenntnis lautet auch: Tun wir das, handeln wir weder uneigennützig noch großmütig. Wir tun das einzig Sinnvolle, indem wir unsere Zeit und Energie zum Nutzen aller einsetzen statt unser Leben, vom Gruppendenken fehlgeleitet, im Kampf gegen erfundene Feinde zu verschwenden.

Gruppen nie alle über- oder unterlegen.
3. Gruppendenken verdeutlicht Probleme und Betroffene. Wer mit seiner Hilfe aber die vermeintlich beste Gruppe finden und bevorteilen will, tut immer Unrecht.

Lesetipps

Jonathan Haidt: The Righteous Mind: Why Good People are Divided by Politics and Religion (Englisch)
Haidts eindrucksvolle Analyse der Einflüsse, die wohlmeinende Personen politisch verfeinden. Ein hervorragendes Buch für alle, die sich fragen, wieso Begriffe wie Gerechtigkeit und Freiheit für manche Menschen so unterschiedliche Dinge bedeuten, dass sie sich deswegen hassen.
Link: https://amzn.to/3RnEAhE

Nelson Mandela: Der lange Weg zur Freiheit
Mandelas Autobiographie, die sein Denken und seine Erfahrung von der Kindheit bis zur Amtseinführung als südafrikanischer Präsident darstellt. Ein beeindruckendes Dokument für jeden, der mehr über die Auswirkungen von Gruppendenken und einen Weg, es zu überwinden, lernen will.
Link: https://amzn.to/3RjC383

Kapitel 10: Warum Populisten von einer goldenen Vergangenheit sprechen

Erfundene Krisen, ständige Bedrohungen und alles wird immer schlimmer

Populismus ist wie eine Fata Morgana:
Er schafft aus dem Nichts Gefahren.

„Während Menschen altern, verwechseln sie Veränderungen in sich selbst mit Veränderungen in der Welt und Veränderungen in der Welt mit moralischem Verfall. So entsteht die Illusion der guten alten Zeit.“

Steven Pinker

Im Dezember 2014 erklärt Autor Michael Hanlon mit einem Artikel im Wissenschaftsmagazin Aeon unfreiwillig, wie Verschwörungstheoretiker Wähler jederzeit vom drohenden Weltuntergang überzeugen. Die Engländer sahen damals im inzwischen verstorbenen Hanlon einen Wissenschaftserklärer, wie ihn die Deutschen in Harald Lesch oder Ranga Yogeshwar sehen. Hanlon schrieb für Zeitungen, trat im Fernsehen und Radio auf. Viele Briten vertrauten ihm. Doch im Aeon-Artikel entwirft er Populismus in Reinkultur.

Hanlon schreibt, die Menschheit sei vom rechten Weg abgekommen. Jede wichtige Entwicklung unserer Zeit entstamme einem "Goldenen Vierteljahrhundert" von 1945 bis 1971. Computer, iPhones und Internet? Angeblich nur vorsichtige Verbesserungen jahrzehntealter Technik.

Laut Hanlon wagt die Menschheit seit 1971 nichts Neues. Sie sei zu verängstigst für große Ziele. Die hyperkonforme Jugend schreibe anderen lieber ihre Sprache vor und unterdrücke Debatten, als Neues zu wagen.

Hanlon spricht seinem "Goldenen Viertel" unter anderem folgende Erfindungen zu: Pille, Elektronik, Computer, Internet, Kernenergie, Fernsehen, Antibiotika, Raumfahrt, und Menschenrechte. Alle habe die Menschheit 1945 bis 1971 erfunden oder zumindest grundlegend erforscht. Da diese Entwicklungen laut Hanlon auch unsere heutige Zeit bestimmen, verkomme diese zur Nachwirkung des Goldenen Viertels.

Hanlon begründet seine Aussage ausschließlich mit dieser Liste angeblicher Goldenes-Viertel-Erfindungen. Sie sagt aus seiner Sicht offenbar alles. In Wahrheit fällt mit ihr sein Argument auseinander.

Nur das Internet entstammt tatsächlich der Zeit zwischen 1945 und 1971. Die anderen Ideen reichen teils Jahrtausende weiter zurück.

1843 schrieb die Britin Ada Lovelace das erste Computerprogramm, 1938 stellte Konrad Zuse einen frei programmierbaren Rechner vor, ab 1942 entwickelte die Universität Pennsylvania den ersten vollelektronischen Universalrechner. Mit Beginn des Goldenen Viertels beherrschte die Menschheit einen Großteil aller bis heute erfundenen Computertechnologien. Hanlon ignoriert diese Vorarbeit, beansprucht aber alle Entwicklungen nach 1971 für sein angebliches Goldenes Viertel.

Das tut er bei seiner gesamten Liste. Den ersten Fernseher patentierte Paul Nipkow im Jahr 1886. Die deutschen V2-Raketen erreichten den Weltraum im Zweiten Weltkrieg ungefähr 3000 Mal. Die ersten Menschenrechte schrieb das Römische Reich 2300 Jahre vor dem Goldenen Viertel nieder. Wer glaubt, die Medizin trete seit 1971 auf der Stelle, soll sich in einem OP-Saal auf Stand der 1960er-Jahre operieren lassen – ohne Computer, MRT und Robotik.

Hanlon argumentiert populistisch: Er legt alle Argumente auf eine Seite und weiß von Anfang an, was er beweisen will. Er fragt nicht, ob 1971 viele Leute genauso über ihre Zeit dachten, wie er über unsere (das taten sie). Er schreibt die Erfindungen von Jahrtausenden einem Vierteljahrhundert zu. Wirkt dieses dann wie Superman verglichen mit einem Durchschnitts-Bürger, verurteilt er die Gegenwart. Das liegt am Aufbau seines Arguments statt an tatsächlichen Entwicklungen.

Wir könnten Hanlons Beispiele weiter zurückverfolgen. Die ersten Raketen stiegen in China um 1300 in den Himmel, die ersten Mediziner heilten Menschen um 3000 vor Christus. Auch sie haben Mondlandung und Neurochirurgie vorbereitet, auch sie nutzten die Vorarbeit anderer. Kaum eine Erfindung besitzt einen exakten Anfang. Sicher entstammen nicht alle Neuerungen unserer Zeit einem Goldenen Vierteljahrhundert.

Fortschritt ist ein ständiger Prozess. Die Menschheit entwickelt sich laufend weiter und kombiniert Bestehendes zu Neuem, Besserem.

Fast jede Epoche liefert im Rückblick Gründe, sie zu lieben. Niemand ahnte 1971, als Computer Häuser füllten, dass wir bald tausendfach leistungsfähigere Versionen dieser Technik in die Hosentasche stecken. US-Fernsehmoderator David Letterman fragte Bill Gates noch im Jahr 1995, was am Internet so toll sei: „Vor ein paar Wochen gab es die große Nachricht, dass man dort eine Baseball-Übertragung hören konnte. Ich dachte nur: Kennen die kein Radio?"

Erst heute wissen wir, wie Computer und Internet die Welt verändern. Bei den Erfindungen der Gegenwart fehlt uns diese Voraussicht. Also unterschätzen wir sie. E-Autos, iPhones, mRNA-Impfstoffe – bald sehen künftige Generationen in unserer Zeit die goldene Vergangenheit, die alle wichtigen Erfindungen ihres Jahrzehnts ermöglichte. Auch wir entwickeln aber lediglich die Vorarbeit von Jahrtausenden weiter.

Wir entlarven Hanlons Populismus, indem wir seine einseitige Herangehensweise umdrehen. Sammeln wir Beispiele für ein Schwarzes Viertel statt ein Goldenes, verurteilen wir die Zeit zwischen 1945 und 1971 leicht als schlimmste aller Epochen:

- Nach dem zweiten Weltkrieg drohte sich die Menschheit mit einem Nuklearkrieg erstmals selbst auszulöschen.
- In den 1960er-Jahren überzogen politische Morde die USA. John F. Kennedy, sein Bruder Robert, Martin Luther King Jr. – viele Menschen fürchteten, in der mächtigsten Nation der Welt sterbe jeder, der sich für das Gute einsetzt.
- In Ostdeutschland durchzog die sozialistische Regierung 1961 Berlin mit einer Mauer und ließ Grenzer auf jeden schießen, der in den Westen floh.
- Der Vietnam-Krieg tötete ab 1955 über zwei Jahrzehnte Millionen Menschen. Fotos brennender Zivilisten und schreiender Kinder schockierten die Welt.
- Zwischen 1958 und 1961 verhungerten durch den Großen Sprung Nach Vorn 45 Millionen Chinesen.
- In den 1950er-Jahren führten Ärzte bei der sogenannten Lobotomie einen kleinen Eispickel durch die Augen ihrer Patienten in deren Gehirne und durchtrennten unkontrolliert Synapsen. Trotz fehlender Beweise behaupteten sie, geistige Krankheiten zu heilen. Behandelte erlitten oft schwere lebenslange Schäden.

Hanlon blendet diese Gegenargumente aus. Stattdessen verurteilt er über Sprache diskutierende Studenten als Erfindung des 22. Jahrhunderts, blendet aber aus, dass die von ihm gelobten Bürgerrechtler der USA in den 1960er-Jahren ihre Leben riskierten, um Landsleuten abwertende Bezeichnungen für schwarze Amerikaner zu verbieten. Das Goldene Viertel erlebte so viele Sprachdebatten wie unsere Zeit. Verurteilt Hanlon diese Debatten, muss er auch die Zeit von 1945 bis 1971 verurteilen.

Hanlon verfällt der Nostalgie und pickt Beispiele heraus, die seine Ansicht bestätigen, früher sei alles besser gewesen. Mondlandung ja, Vietnam nein. Nostalgie, Bestätigungsfehler, keine Suche nach Gegenbeweisen – fertig sind glorreiche Vergangenheit und hoffnungslose Gegenwart.

Artikel wie dieser liefern die Vorlage für Populismus wie *Make America Great Again*. Donald Trump verkaufte im Wahlkampf des Jahres 2016 seinen

Anhängern ebenfalls ein nostalgisches Bild: Er versprach, Amerika *wieder* groß zu machen. Irgendwann bestand nach Trumps Logik eine goldene Vergangenheit. Dieser Irrglaube bot ihm den Nährboden, den steten Abstieg der USA zu beschwören.

Ähnlich wie in tatsächlichen Krisen, schuf er damit selbst im Jahr 2016, im längsten Wirtschaftsboom der US-Geschichte, die Notwendigkeit für ein Feindbild. Seine Anhänger suchten Schuldige für den vermeintlichen Abstieg. Trump lieferte perfekt auf ihre schnellen Stimmen zugeschnittene Antworten. Nur mittels Nostalgie konnte er Hillary Clinton und Barack Obama als korrupte, alte Art verteufeln.

Wähler, die Trumps Botschaft glaubten, dachten ähnlich lückenhaft wie Hanlon. Sie rissen gute Entwicklungen der Vergangenheit aus dem Zusammenhang und ignorierten alle schlechten. Für die Gegenwart taten sie das Gegenteil. Dann verglichen sie die ungleichen Bilder und forderten radikale Veränderungen.

Populisten nutzen den Irrglauben, die Weltgeschichte ende bald. Wie mittelalterliche Marktschreier liefern sie die vermeintlichen Zerstörer für dieses Ende.

Diesen Trick nutzen auch deutsche Politiker. Die AfD unterstellte im Bundestagswahlkampf 2021 mit ihrem Motto „Deutschland. Aber normal.", Deutschland haben seine Normalität verloren. Dann verspricht die Partei, das Land in seinen angeblichen Normalzustand zurückzuführen – „Make America Great Again" in neuen Kleidern.[a]

Kein Einzelfall: Soziale Ungleichheit, Umweltverschmutzung, Armut – alles wird angeblich immer schlimmer. Diese Aussagen radikalisieren. Von Krawallen im Rahmen der G20-Gipfel bis zu Straßenklebern und routinemäßiger 1.-Mai-Randale – wer glaubt, alles stehe auf dem Spiel, glaubt, sich alles erlauben zu dürfen. So harmlos Nostalgie im Privaten meist bleibt – besser, sich selektiv an die guten Dinge erinnern und jeden Tag mit einem

---

[a] Haben Sie sich schon einmal gefragt, warum AfD und Linke in Ostdeutschland so viele Wähler finden? Als gebürtiger Thüringer würde ich als Erklärung folgende These aufstellen, die ich allerdings noch nicht wissenschaftlich prüfen konnte: Ich vermute, das liegt zwar auch daran, dass die DDR ihren Schülern von klein auf das Denken in Verschwörungs-Weltbildern eingeimpft hat. Ich würde aber sagen: Die Menschen halten auch mehr als drei Jahrzehnte nach der Wiedervereinigung an diesen Verschwörungs-Denkmustern fest, weil sie auf einen besonders nostalgischen Nährboden treffen. Die Wiedervereinigung veränderte alles. Wessen Leben sich seitdem schlechter als erhofft entwickelte, denkt eher, im alten System wäre es ihm besser ergangen. Er fühlt eher, etwas verloren zu haben oder die Bundesrepublik zerfalle. Das befeuert Nostalgie. Und die macht empfänglich für Untergangsszenarien. In Westdeutschland denken zwar auch viele Menschen nostalgisch zurück. Sie tun es aber frei von diesem Einfluss.

guten Gefühl angehen, als im vollen Bewusstsein stetig wiederkehrender Ärgernisse Depressionen bekommen –, in politischen Fragen besitzt Nostalgie Sprengstoff.[a]

Nostalgie befeuert Zukunftsangst. Zukunftsangst befeuert Populismus. Je stärker jeder Einzelne von uns der Nostalgie verfällt und je mehr von uns es tun, umso leichter finden Populisten Anhänger.

Im Idealfall kontern wir Nostalgie einfach aus: Genau zurückdenken, richtig erinnern. Schon entstünde ein realistisches Vergangenheitsbild. So einfach macht es uns unser Gedächtnis aber leider nicht. Wieder einmal.

Rosarote Erinnerungen und überschätzte Kontrolle

„Ich hoffe auf Gespräche am Kaffeeautomaten, die die Lektionen, die wir aus der Vergangenheit lernen können, auf intelligente Weise erkunden, während sie der Verlockung rückblickender Verzerrung und der Illusion der Gewissheit widerstehen."

Daniel Kahneman

Die Superkraft, die Nostalgie vor Realismus-Bemühungen schützt, nennen Psychologen die *Rosarote-Erinnerungsverzerrung* (aus dem Englischen „Rosy retrospection bias"): Unsere Erinnerungen bilden einen kleinen Teil der Gefühle ab, die uns früher bewegten. Weil unser Gehirn unmöglich alle unserer Gedanken speichern kann, merkt es sich nur direkt mit Ereignissen verbundene Emotionen.

Denken wir an Glücksgefühle bei Ausflügen mit Studienfreunden, übersehen wir Unsicherheiten über Karriere und Beziehung, die uns zeitgleich plagten. Erinnern wir uns an die wohlig warmen Familienausflüge mit unseren Eltern, vergessen wir unseren Frust über Museumsbesuche und lange Fahrten. Bei einer alten Liebe fallen uns Höhepunkte ein und nicht tägliche Nervigkeiten. Das Schöne bleibt, die Sorgen blenden wir aus. Schon strahlt die Vergangenheit rosarot glücklich und einfach. War sie aber nicht.[77]

Die Rosarote-Erinnerungsverzerrung beschönigt auch unsere Politik-

---

[a] Picken Sie sich nach Belieben eine Zeit heraus, von der Sie sagen, dass die Welt zu diesem Zeitpunkt zweifellos besser war als zehn, 50 oder 100 Jahre zuvor. Dann schauen Sie sich die Nachrichten der Epoche an. Sie finden sofort mehrere Populisten, die aus heute lächerlich wirkenden Gründen den Weltuntergang herbeireden. Sie werden sich fragen: „Denkfehler hin oder her – diese Leute hätten froh sein sollen. Wieso glaubten Sie trotzdem derart offensichtlichen Unsinn?" Oder denken Sie an ein Land, in dem Sie gerne leben würden. Dann lesen Sie die Nachrichten dieses Landes. Ich wette, Sie finden zahlreiche Themen, über die Sie die Augen rollen.

Erinnerungen: Die Vergangenheit erlebte ebenfalls Wirtschaftskrisen, Kriege und Skandale. Nichts davon stürzte die Welt aber in den Untergang. Also blenden wir die tiefgreifenden Ängste aus, die Terrorismus und Finanzkrise, Kalter Krieg und drohende atomare Vernichtung in den Menschen auslösten. Wir idealisieren die 1960er-Jahre dank Mondlandung, Rock ‚n‘ Roll und hübscher Autos. Wir ignorieren, dass die ersten Astronauten in ihren umgebauten Nuklearraketen vor allem die Fähigkeit der Supermächte bewiesen, jeden Ort der Welt vernichten zu können. Wir vergessen, dass die hübschen Autos mit Abgasen aus verbleitem Benzin die Luft vergifteten. Dann folgern wir, die Welt sei nie derart in Gefahr gewesen wie heute. Dabei sollten wir heilfroh sein, nicht länger als atomares Erstschlagsziel zweier spinnefeinder Blöcke toxische Luft zu atmen.

Gleichzeitig übersehen wir versteckte Erfolge: Die weltweite Armut nimmt seit den 1960er-Jahren dramatisch ab. Milliarden Menschen leben heute mit einer Sozial- und Gesundheitsversorgung, von der sie vor einigen Jahrzehnten nicht zu träumen wagten. Die Menschheit bekämpft den Klimawandel, schützt die Umwelt und schafft neues Wissen mit nie dagewesener Geschwindigkeit. Sie tut nichts davon perfekt. Aber sie tut es. Kein Zeitreisender von heute hielte es lange in den 1960ern aus.

Weil wir vergangene Ängste vergessen, können Populisten behaupten, es habe sie nie gegeben. Schon suchen wir einen Schuldigen für heutige Sorgen. Die Spirale aus Feindbild und Gewinnschema beginnt, bis sie in der scheinbaren moralischen Überlegenheit der Populisten endet.

Einen ähnlichen Trick wie durch die Rosarote-Erinnerungs-Verzerrung vollführen Populisten mit der Kontrollillusion *(The illusion of control)*. Diese beschreibt unseren Glauben, Dinge zu kontrollieren oder zu beeinflussen, die wir nicht beeinflussen können.[78] Weil unser Gehirn unsere Umgebung zu unserem Vorteil gestalten will, gesteht es sich ungern ein, manchmal machtlos zu sein.

Wieder ist die Evolution schuld: Unsere Vorfahren, die Dinge zu verändern versuchten, gaben ihre Gene häufiger weiter, als jene, die sich in ihr Schicksal ergaben. Über die Jahrtausende lernte unser Gehirn, sich im Zweifel Kontrolle einzureden.

Wieder hilft uns die Denkweise auch heute: Nur weil wir glauben, alles zu kontrollieren, gehen wir riesige Herausforderungen wie den Klimawandel überhaupt an. Wer seine Kontrolle überschätzt, erreicht seine Ziele zwar langsamer als geplant. Er sucht aber Lösungen. Es mag einige Generationen kluger Köpfe erfordern, aber bislang hat die Menschheit alle Probleme überwunden.

Wir überschätzen aber auch, wie viel Kontrolle Politiker auf vergangene

Ereignisse ausübten.

- Weil uns unvorstellbar scheint, dass die stärkste Militärmacht der Geschichte einem Angriff schlecht organisierter Fanatiker hilflos gegenübersteht, entstehen Verschwörungstheorien um die Terroranschläge vom 11. September 2001.
- Weil uns unglaublich scheint, dass fast kein Politiker und Banker der Welt die Verkettung von Auslösern der Finanzkrise 2008 vorhersah, schieben linke Populisten die Schuld angeblichen skrupellosen Geschäftemachern und profitierenden Abgeordneten zu.
- Weil unmöglich wirkt, dass niemand Millionen Menschen aus Nordafrika und dem Nahen Osten aufhalten kann, die Richtung Deutschland laufen, behaupten rechte Populisten, die damalige Bundeskanzlerin Angela Merkel könne endlose Kilometer deutscher Grenze einfach schließen und diese Menschen abweisen.

Politiker standen diesen Ereignissen genauso machtlos gegenüber wie wir. Unsere schnelle Stimme will Bundeskanzlern, US-Präsidenten und ranghohen Bankern aber unbegrenzten Einfluss zuschreiben. Erliegen viel mächtigere Personen als wir Zufällen, könnten auch wir jederzeit Unkontrollierbarem zum Opfer fallen. Bevor unsere schnelle Stimme diesen Gedanken annimmt, glaubt sie lieber an alles entscheidende US-Präsidenten und Bundeskanzler.

Populisten liefern unseren schnellen Stimmen die Vorlagen, um weiter an allmächtige Politiker zu glauben: Sie behaupten, Regierende könnten alle Probleme verhindern, unterlassen es aber. Fertig sind Feindbild und Moralfragen.

Rosarote-Erinnerungsverzerrung und Kontrollillusion erschweren eine realistischen Vergangenheitsbewertung. Populisten nutzen diese Denkfehler, um mit Früher-war-alles-besser-Gerede den Untergang herbeizuschwafeln.

Wie das Beispiel Hanlon zeigt, ordnen wir die politische Vergangenheit besser ein, wenn wir Gegenbeweise suchen statt weitere Bestätigungen für unsere Überzeugungen. Im Alltag fehlt uns aber die Zeit, dies so ausführlich zu tun wie im Fall des Goldenen Viertels. Wir können uns also nicht ausschließlich auf Gegenbeweise verlassen. Wir brauchen ein Denkmuster, mit dem wir die Vergangenheit intuitiv richtig bewerten. Wie dieses Denkmuster aussieht, erklärt uns ein etwas eigenwilliger Schwede.

Überlegene Affen und überforderte Professoren

„In den USA behaupten Demokraten wie Republikaner, ihre jeweiligen Gegenüber würden die Fakten nicht kennen. Würden sie ihr eigenes Wissen ermitteln, statt mit dem Finger auf die anderen zu zeigen, wären alle vielleicht ein wenig bescheidener."[a]

Hans Rosling

Hans Rosling hätte fast alles dafür getan, Menschen die Zahlen zu nennen, die sie aus seiner Sicht hören mussten. Der 2017 verstorbene Schwede, im Hauptberuf Professor für Internationale Gesundheit an der Uni Uppsala in Schweden, hatte festgestellt, dass selbst Affen die Entwicklung der Welt genauer einschätzen als wir. Er zog aus, diesen Missstand zu korrigieren.

Rosling, der Mann mit schmalem Gesicht, wilder Frisur und dicker Brille, hat Staatschefs getroffen und Bücher geschrieben, die sein Freund Bill Gates als weltverändernd bezeichnet. Berühmt gemacht haben den Schweden vor allem seine TED-Talks.[79] Bei einem Auftritt auf der Innovationskonferenz wettete Rosling gegen das größtenteils hochgebildete Publikum, dieses werde bei Fragen zur Entwicklung der Welt aus drei Antwortmöglichkeiten seltener die richtige Option wählen als Schimpansen, die für jede Möglichkeit eine Banane hingehalten bekommen und nach Zufall entscheiden.

Rosling gewann; wie immer bei diesem Versuch. Weil er gleichzeitig ein Denkmodell mitlieferte, mit dem selbst Anfänger die Affen schlagen, verstand ein Internet-Millionenpublikum, dass dieser Mann etwas zu sagen hat. Wir bremsen mit seiner Botschaft falsche Nostalgie aus.

Rosling hätte auch gewettet, dass Sie im Quiz gegen die Affen verlieren. Lassen Sie uns testen, ob er Recht behalten hätte. In seinem Buch *Factfulness: Wie wir lernen, die Welt so zu sehen, wie sie wirklich ist* lädt Rosling den Leser zum Selbstversuch. Er stellt dreizehn einfache Fragen über die Entwicklung der Welt. Die je drei Antwortmöglichkeiten unterscheiden sich deutlich. Die richtige müsste eigentlich leicht zu finden sein. Dennoch schafft es fast niemand. Hier sind vier von Roslings Fragen für Sie zum Selbsttest.

Schreiben Sie Ihre Antworten auf. Die Auflösung folgt.

Frage 1: In den letzten 20 Jahren hat sich der Anteil der in extremer Armut lebenden Weltbevölkerung …

A) nahezu verdoppelt.
B) nicht oder nur unwesentlich verändert.
C) deutlich mehr als halbiert.

Frage 2: Weltweit haben 30-jährige Männer durchschnittlich zehn Jahre lang eine

---

[a] Dieser Hinweis trifft nach meiner Erfahrung in allen Ländern zu.

Schule besucht. Wie viele Jahre haben gleichaltrige Frauen eine Schule besucht?

A) Neun Jahre
B) Sechs Jahre
C) Drei Jahre

Frage 3: 1996 wurden der Tiger, der Riesenpanda und das Spitzmaulnashorn in die Liste der gefährdeten Tierarten aufgenommen. Wie viele dieser drei Spezies sind heute stärker vom Aussterben bedroht als 1996?

A) Zwei
B) Eine
C) Keine

Frage 4: Wie viele Menschen auf der Welt besitzen ein gewisses Maß an Zugang zu Elektrizität?

A) 20 Prozent
B) 50 Prozent
C) 80 Prozent

Die richtigen Antworten lauten:

1: C – Der Anteil der in extremer Armut lebenden Weltbevölkerung hat sich in den letzten 20 Jahren deutlich mehr als halbiert.

2: A – 30-jährige Frauen haben durchschnittlich neun Jahre lang eine Schule besucht.

3: C – Keine dieser drei Spezies ist heute stärker vom Aussterben bedroht als 1996.

4: C – 80 Prozent der Menschen auf der Welt haben ein gewisses Maß an Zugang zu Elektrizität.

Wie haben Sie abgeschnitten? Lagen Sie weit daneben, ärgern Sie sich nicht. Von den 12.000 Befragten Roslings im Jahr 2017 fand keiner alle richtigen Lösungen, nur einer schaffte es mit einem Fehler. Selbst die überwältigende Mehrheit der getesteten Politiker und Journalisten lag meist daneben.

Nehmen wir als Beispiel die Antworten auf Frage 1:

Nach: Hans Rosling: Factfulness.

Die weltweite Armutsentwicklung schätzten nur die durch Roslings jahrelange Medientour vorgebildeten Skandinavier zu mehr als einem Zehntel richtig ein. Trotzdem fänden Affen nach dem Zufallsprinzip häufiger die korrekte Antwort: Mit ihren 33 Prozent Genauigkeit schlagen ahnungslose Primaten selbst die Schweden (25 Prozent richtige Antworten). Die Deutschen (sechs Prozent) deklassieren sie. All unser Wissen, all die Zeitungsartikel, Nachrichtensendungen und Reisen verschlechtern unser Weltverständnis eher als es zu verbessern.

Unser Wissen führt uns nicht nur in die Irre, es verleitet uns systematisch. Wer von einer sich verbessernden Welt ausgeht, beantwortet alle Fragen Roslings beim ersten Versuch richtig. Immer die beste Option wählen, passt. Weil aber die Mehrheit von uns glaubt, alles werde immer schlimmer, beantworten in Deutschland 94 Prozent der Teilnehmer einfache Fragen falsch. Rosling: „Jede Gruppe, die ich befrage, glaubt, die Welt sei weitaus bedrohlicher, gewalttätiger und hoffnungsloser – in einem Wort: dramatischer – als sie in Wirklichkeit ist."

Interessanterweise schützt mehr Bildung nicht vor diesem Fehler: Rosling erhielt einige der schlechtesten Ergebnisse überhaupt von einer Gruppe Nobelpreisträger. Herrje! Diesen Schrecken beseitigen wir nicht durch mehr denken. Wir beseitigen ihn durch anders denken.

Rosling liefert dazu den Grundsatz, mit dem wir die Fragen seines Buches richtig beantwortet hätten: Die Welt wird immer besser. Das stimmt nicht für jeden Einzelfall. Die Welt ist heute schlechter, als hätte es Ukraine-Invasion und Coronavirus nie gegeben. Dass wir nicht mit Höchstgeschwindigkeit vorwärtsrasen, bedeutet aber nicht, dass wir rückwärtsfahren. Trotz Krisen ist die Welt heute besser als vor zehn Jahren. Vor zehn Jahren war sie besser als vor 20 Jahren und so weiter. Verschließen wir uns Populismus, wird sie auch in zehn Jahren besser sein als heute. Weniger Armut, weniger Probleme, weniger Leid.

Die Welt wird seit Jahrhunderten immer besser. Wer von einer sich verbessernden Welt ausgeht und diese Erwartung bei Pandemien und Kriegen etwas nach unten anpasst, versteht die Vergangenheit besser und sagt die Zukunft genauer vorher als jemand, der das Ende herbeiredet und bei guten Nachrichten etwas aufschiebt.

Rosling erklärt unsere systematische Falscheinschätzung mit vielen Denkfehlern, die wir bereits angesprochen haben: Wir verklären die Vergangenheit, blenden aus, was unsere Meinung widerlegen könnte, und bewerten über, was uns leicht einfällt, meist Katastrophen. Weil die Evolution unsere Gehirne auf das Gefahrenerkennen trimmte, nehmen wir Bedrohungen besonders stark wahr und erinnern uns unter hunderten guten Nachrichten selbst dann an die eine möglicherweise gefährliche, wenn wir damit die Wahrscheinlichkeiten völlig verzerren. Wen wundert es da, dass wir die Welt als immer gefährlicher und schlechter wahrnehmen?

Ich würde hinzufügen: Wir schätzen die Welt nicht nur dramatischer ein, weil wir schlechte Nachrichten stärker wahrnehmen als gute. Wir schätzen sie auch dramatischer ein, weil einige diesen Denkfehler ausnutzen und uns gezielt gefährliche Nachrichten auftischen: von Populisten bis Boulevard-Medien, dem ins Nachrichtenformat gepressten Populismus.[a] Wer die Welt nur durch die Linse der Medien beurteilt, schreibt Rosling, könne genauso gut ihn anhand eines Bildes seines Fußes beurteilen.

Deswegen gibt es neben Politikern und Medien, die die Welt realistisch

---

[a] Die vielen seriösen Medien der Welt, unter anderem Münchner Merkur, SZ und Spiegel, FAZ, Focus und Zeit, vermitteln realistische Weltbilder. Trotzdem lesen viele Menschen lieber Boulevardmedien. Ein Musterbeispiel für die Anziehungskraft von Negativität und Populismus.

darstellen, Untergangspropheten. *Deswegen* bekommen wir im Durchschnitt zu viele schlechte Meldungen serviert. Und *deswegen* schätzen wir die Welt als viel schlechter ein, als sie ist.

Populisten nutzen unser Weltuntergangsdenken, um uns selbst in den besten Zeiten endlose Krisen vorzugaukeln. Bewerten wir die Welt als gefährlichen, schlechten Ort, unterstützen wir eher radikale Meinungen.

Nicht nur unsere Auswahl der Nachrichten ist verzerrt. Schon deren Angebot tendiert zu Katastrophen. Berichten einige genau und einige dramatisch, kippt das Gesamtangebot Richtung Dramatik.

Mit diesen Erkenntnissen wissen wir alles, um Populismus zu erkennen: Wir kennen die Sprachmittel, wir kennen das Ziel und die Themen. Als letztes Puzzleteil entwerfen wir nun die Alternative: Ein Denkmodell, mit dem wir genauer über Politik nachdenken und Populismus alleine mit unserer schnellen Stimme vermeiden.

Warum wir dieses Denkmodell brauchen, zeigt der zweite Punkt, den ich Roslings Erklärung hinzufügen würde: Wir nehmen die Welt dramatischer wahr als sie ist, weil wir Fortschritte in unserer komplexen Zeit oft kaum erkennen. Sie laufen im Hintergrund ab oder erfordern Maßnahmen, die sich erst nach Jahrzehnten auszahlen. Schwierigkeiten wie Kriege und Wirtschaftskrisen drängen sich uns hingegen unmissverständlich auf.

Gute politische Entscheidungen erfordern ein Denkmodell, mit dem unsere schnelle Stimme versteckte Fortschritte wie im Kampf gegen die weltweite Armut besser einordnet als mit Alles-wird-immer-schlimmer-Verallgemeinerungen.

Schaffen wir also dieses Denkmodell. Unser Weg zu einfachen Anti-Populismus-Grundsätzen beginnt mit der Frage: Wie entsteht der Fortschritt, der unsere Welt verbessert? Unser Denkmodell muss wissen, was es erkennen und schützen soll. Beantworten wir diese Frage.

Schnelle Quantensprünge und langer Stillstand

„Gute Erklärungen erschweren es uns, uns selbst zu belügen."

David Deutsch

Als Neil Armstrong am 20. Juli 1969 als erster Mensch einen Fuß auf den Mond setzt, geht er Schritte, die einen Wimpernschlag der Geschichte zuvor unmöglich schienen. Im Jahr 1903 erhob der Doppeldecker der Gebrüder Wilbur und Orville Wright als erste Maschine eine Person aus eigener Kraft in die Luft.[a] Weniger als ein Menschenleben später schießt die Saturn-V-Rakete der NASA, ein 3000 Tonnen schweres Monster, Armstrong, Landefähren-Kommandanten Buzz Aldrin und Kommandokapsel-Pilot Michael Collins in drei Tagen zum Mond. Ein unglaublicher Fortschritt.

Oder doch nicht? Haben Sie im vorangegangenen Absatz schnell auf dem Handy die Details der Saturn V gegoogelt, haben Sie über ein Gerät mit der millionenfachen Leistungsfähigkeit des Saturn-V-Bordcomputers den größten Wissensschatz der Geschichte angezapft. Der nächste Quantensprung. Seit etwas mehr als 300 Jahren vollzieht die Menschheit ständig Quantensprünge wie diese.

Das tat sie nicht immer. Als die Stadt Florenz im 15. Jahrhundert eine Kuppel für ihre Kathedrale plant, eifert sie dem Pantheon in Rom nach, das seit dem zweiten Jahrhundert die größte Kuppel der Welt trägt. Zwischen beiden Bauwerken liegen rund 1300 Jahre, 200 Mal mehr als zwischen erstem Motorflug und Mondlandung. Statt Quantensprünge zu erzielen, verlernte die Menschheit in dieser Zeit, den Beton herzustellen, aus dem die Römer die Pantheon-Kuppel gossen. Die Florentiner scheitern zunächst am Kuppelbau und schließen das Dach ihres Gotteshauses erst nach einem langjährigen Baustopp mit Kunstgriffen wie einer doppelten Decke.

So schnell antike Griechen und Römer ihr Wissen mehrten und so zuverlässig die Menschheit heute Quantensprünge vollbringt, zwischen beiden Zeitaltern entwickelte sich die Welt lange Jahrhunderte kaum weiter. Auch auf antike Hochkulturen in China, Ägypten und Persien folgten Jahrtausende weitgehenden Stillstands.

In seinem Buch *Der Anfang der Unendlichkeit* erklärt David Deutsch, was Zeiten des Fortschritts von Zeiten des Stillstands unterscheidet. Denken wir zurück an Benjamin Franklins Blitzexperiment. Jahrhundertelang glaubten Christen, Gott sende Gewitter aus Zorn. Franklin tat drei Dinge, die seit Beginn der Aufklärung im 17. Jahrhunderts den Fortschritt der Menschheit treiben:

1. **Franklin wies von Autoritäten vorgegebene Erklärungen zurück.** Hätte Franklin die Erklärung der Kirche unhinterfragt akzeptiert, hätte er nie den Ursprung der Blitze erforscht. Weil er selbst dachte, statt vorgegebene Antworten zu übernehmen, fand er eine bessere Erklärung.
2. **Franklin lieferte eine überprüfbare Erklärung.** Indem Franklin seine Blitz-Theorie mit Drachen, Schnur und Batterie belegte, musste sie niemand unhinterfragt hinnehmen. Andere Forscher können den Test wiederholen. Die Option für bessere Antworten bleibt. Nichts gilt als

---

[a] Strenggenommen handelt es sich beim Flug der Wright-Brüder um den ersten *belegten* Motorflug der Geschichte. Womöglich führten Tüftler schon vor ihnen Motorflüge durch – bestenfalls allerdings kurz zuvor. Für dieses Kapitel bleibt dieser Unterschied unerheblich, weswegen wir dieses Fass an der Stelle geschlossen lassen.

unumstößlich wahr.[a]

3. **Franklin suchte eine bessere Erklärung.** Die christliche Blitze-Erklärung hatte lange vor Franklin andere Gewittermythen abgelöst, im antiken Rom etwa die Idee des blitzeschleudernden Jupiters. Sie passte die bestehende Erklärung („Ein Gott war's!") aber lediglich einer neuen Vorgabe an und ersetzte daher eine falsche Antwort durch eine genauso falsche. Indem Franklin nach Verbesserung strebte, brachte er die Menschheit voran. So selbstverständlich uns dieser Schritt heute scheint, sein Fehlen zwang die Welt jahrhundertelang zum Stillstand.

Zusammen entrissen diese drei Denkweisen die Menschheit dem Mittelalter und treiben die Fortschritte der Gegenwart. In einer Welt ohne vorgegebene Weltbilder, in der bessere Erklärungen schlechtere verdrängen, folgt Quantensprung auf Quantensprung. Bewahren wir diese Stützen des Fortschritts, lösen wir alle Probleme. Geben wir sie auf, erlahmt unsere Entwicklung, bis schlimmstenfalls Generationen in 1000 Jahren erneut den Kuppelbau erlernen.

Deutschs drei Grundsätze hilfreicher Ideen treiben auch politische Verbesserungen. Denken wir zurück an Kapitel eins dieses Buches: Daron Acemoglu und James A. Robinson beschrieben in ihrem Buch *Warum Nationen scheitern* offene Gesellschaften als Grundlage von Wohlstand und Sicherheit. Nun können wir ergänzen: Offene Gesellschaften ermöglichen es besseren Ideen, schlechtere zu verdrängen, indem sie Autoritäten zurückweisen, Beweise für Behauptungen verlangen und bessere Ideen suchen statt scheinbarer Belege einer Ideologie. Freier Wettbewerb und Demokratie, statt staatlich gesteuerter Wirtschaft und vorgegebenem Weltbild.

Den Unterschied verdeutlicht das Deutschland der Nachkriegszeit. Wie die frühen Christen eine falsche Blitzerklärung durch die nächste ablösten, ersetzte die Sowjetunion in ihrer Besatzungszone einen Staat mit vorgegebenem Weltbild, ohne freie Wahlen und ohne freie Wirtschaft durch den nächsten. Das Dritte Reich und die DDR krankten an den gleichen Problemen. Deswegen gingen beide unter.

Die westlichen Besatzungsmächte schufen den Rahmen für Verbesserungen: freie Wahlen, freie Wirtschaft. Folglich wuchs im Westen der Wohlstand.

Populisten bremsen Fortschrittsdenken nicht nur, sie kehren es um:

1. **Sie schaffen Autoritäten,** von Donald Trump bis Wladimir Putin, von Karl Marx bis Adolf Hitler, von Sahra Wagenknecht bis Björn Höcke.

---

[a] Fast nichts. Der wichtigen Einschränkung dieser Aussage widmen wir uns im nächsten, letzten Kapitel dieses Buchs.

2. **Sie schreiben unumstößliche Wahrheiten vor**, von Klassenkampf bis Rassenideologie, von „mein Gott gegen dein Gott" bis „meine Tradition gegen deine Tradition", von „arm gegen reich" bis „hier geboren gegen nicht hier geboren".
3. **Sie liefern auf alle Fragen die gleichen Antworten, statt nach Verbesserungen zu suchen,** von „Superreiche sind schuld" bis „die Ausländer waren es", von „die korrupte Bundesregierung" bis „das dumme links-grün versiffte Milieu".

Populismus zerfrisst technischen, wissenschaftlichen und gesellschaftlichen Fortschritt.

Vereint mit Roslings Bild einer sich verbessernden Welt und Hanlons Zukunftsangst, liefert uns Deutschs Fortschrittserklärung einen realistischen Ausblick: Die Zukunft ist kein Selbstläufer. Sie strahlt weder sicher leuchtend hell noch verdunkelt sie sich mit Gewissheit zu Stillstand und Rückschritt. Jeder Mensch entscheidet jeden Tag mit, wie sich die Zukunft entwickelt. Jedes Mehr an Populismus, an vorgegebenen Weltbildern, an Bandbreiten-Debatten zu Fakten und an Faktendebatten zu Bandbreiten, bremst den Fortschritt. Weniger Fortschritt verstärkt die Probleme der Zukunft.

Indem wir Fakten von Bandbreiten trennen, starre Weltbilder zurückweisen und Feindbilder und Untergangsszenarien ablehnen, beschleunigen wir den Fortschritt. Was Populismus bremst, bringt uns einen Schritt näher an Lösungen für den Klimawandel, Medikamente gegen Krebs und eine bessere Welt.

Fortschritt ist ein zerbrechlicher Prozess. Kleine Änderungen bringen ihn zum Stillstand. Stimmen jedoch die Rahmenbedingungen, wird Fortschritt zur Sicherheit. Die Menschheit löst ihre Probleme, indem sie diese Rahmenbedingungen schützt. Sie schützt diese Rahmenbedingungen, indem sie Populismus vermeidet.

So vielversprechend dieses Ziel klingt, es bleibt ein Problem: Jeder kennt überdramatisierte Vergangenheitsprobleme. Trotzdem dramatisieren wir jede neue Herausforderung. Wir denken: „Diesmal ist es *wirklich* das Ende."

Wir brauchen ein Werkzeug, künftige Krisen genauer einzuordnen. Nichts überdramatisieren, aber auch nicht alles auf die leichte Schulter nehmen. Dieses Werkzeug sind bessere Vorhersagen.

Das Gegenmittel: Gute Vorhersagen statt gefühlsmäßiger Panik oder falscher Sicherheit

*„Der Rationalist ist ein Mensch, dem mehr daran liegt zu lernen,
als recht zu behalten."*

Karl Popper

Am Abend des 23. Februar 2022, wenige Stunden bevor Wladimir Putin knapp 200.000 russische Soldaten die Ukraine überfallen lässt, sagen Medien, Politiker und einfache Bürger in Interviews meist Ähnliches vorher: Putin blufft. Der russische Alleinherrscher habe zwei Drittel seiner Armee nur an der ukrainischen Grenze zusammengezogen, um Druck auf das Land und den Westen aufzubauen. Weil er in einem Krieg nur verlieren könne und weil er dies als rational denkende Person wisse, greife er niemals an.

In der gleichen Nacht schlagen die ersten Bomben in der Ukraine ein. Politiker, Experten und Bürger irrten. Zwar ordneten sie die Folgen eines Angriffs richtig ein: Putin konnte nur verlieren. Er einte große Teile der Welt gegen sich, verheizte seine Armee und riskierte einen Atomkrieg. Kein rational denkender Politiker trifft diese Entscheidung. Doch Putin dachte nicht rational. Umgeben von Ja-Sagern glaubte er, die Ukraine ohne große Einmischung anderer Länder schnell zu erobern. Viele Vorhersagende übersahen diese Möglichkeit. Sie bedachten nur eine Sichtweise („Kein rationaler Mensch befiehlt diesen Angriff.") und blendeten aus, was ihrer Einschätzung widersprach („Denkt Putin rational?").

Diese Vorhersagenden fielen auf die *Unsicherheitsintoleranz* herein. So wie sich unsere Vorfahren lieber falsche Sicherheiten über die Entstehung von Blitzen einredeten, als ihre Unwissenheit einzugestehen, klammert sich unsere schnelle Stimme bei politischen Prognosen lieber an erfundene Gewissheiten, als Unsicherheiten zu ertragen. „Ich weiß, ob Krieg ausbricht", fühlt sich besser an als: „Ich weiß nicht, ob Krieg ausbricht, und kann diese möglicherweise lebensbedrohliche Entwicklung nicht beeinflussen".

Muss unsere schnelle Stimme dafür Fragen beantworten, die sie unmöglich beantworten kann, tauscht sie, wie beim Organspende-Dilemma (Kapitel acht), die schwere Frage gegen eine leichtere. Aus „Greift Putin die Ukraine an?" wurde „Macht es für Putin aus meiner Sicht Sinn, die Ukraine anzugreifen?". Experten und Bürger übersahen, dass der Kreml-Chef auch Fehler anordnen kann.

Die Macht dieser Denkabkürzung überstieg die Kraft eindeutiger Beweise: Die USA hatten wochenlang vor einem russischen Einmarsch gewarnt; Putin hatte schon andere Gebiete überfallen und ein Truppenaufmarsch dieser Größe birgt immer Eskalationspotenzial. Niemand konnte am 23. Februar einen Krieg ausschließen.

Falsche Sicherheiten verleiten uns zu schlechten Entscheidungen. Sie führen uns in die Irre, verstellen uns die Sicht auf Probleme und machen uns empfänglich für die vermeintlich sicheren Weltbilder von Populisten, die allen Andersdenkenden vorwerfen, Offensichtliches zu ignorieren.

Wir verstehen die Welt, indem wir diesen Fehler vermeiden. Gute Vorhersagen denken in Wahrscheinlichkeiten statt in absoluten Sicherheiten.

Gesellschaftliche Entwicklungen kennen keine Garantien. Wir können berechnen, wo der Mond in zehn Jahren stehen wird. Aber wir können unmöglich exakt absehen, wie viele Arbeitslose dann in Deutschland leben, ob unser Land Krieg führen wird und wie sich dessen Beziehungen zu Russland und China entwickeln.[80] Diese Dinge bleiben unsicher.

Hilfreiche Prognosen bilden Unsicherheiten ab statt falscher Gewissheiten.

Wer hoffte, der russische Überfall auf die Ukraine habe allen Menschen die Unsicherheit politischer Prognosen verdeutlicht, wurde enttäuscht: Die Schreiber von Leserbriefen und Online-Kommentaren dieser Zeit beschäftigte weniger der eigentliche Krieg. Dieser werde angesichts der russischen Übermacht schnell enden, meinten sie. Sie interessierte eher der nach diesem Ende vermeintlich zu erwartende lange Bürgerkrieg. Der ukrainische Präsident Wolodymyr Selenskyj werde in einigen Tagen tot sein. Sein Mut, in Kiew auszuharren, motiviere die Ukrainer, lange aus dem Untergrund weiterzukämpfen. Wieder verkündeten viele Menschen Sicherheiten. Wieder kam es anders.

Die Ukraine widerstand dem russischen Militär. Dieses litt, in der Überzeugung eines schnellen Sieges nur mit begrenzter Ausrüstung gestartet, an Versorgungsproblemen. Soldaten ließen Panzer mangels Benzins am Straßenrand zurück, wo die Ukrainer sie begeistert übernahmen. Der russische Vormarsch stockte, der Krieg verwandelte sich in einen Abnutzungskrieg. Weil fast niemand russische Planungsfehler in seine Kriegsprognose einbezogen hatte, sagten viele Menschen wieder Falsches voraus.

Erst als die zweite Flut vermeintlich todsicherer Prognosen an der Realität zerschellte, erkannten die Deutschen, zumindest für diesen einen Fall, die Unsicherheit politischer Entwicklungen. Sie standen vor einem neuen Problem: Wissen wir nicht sicher, was passiert, bleibt alles möglich – auch ein Atomkrieg. Diese Erkenntnis ersetzte bei einigen Menschen falsche Sicherheit durch Panik. Sie kauften Wasser- und Nudelregale leer, oder bunkerten Jodtabletten, obwohl diese in den bei Apotheken erhältlichen

Dosierungen nicht vor Strahlung schützen. Ihre Endzeit-Vorbereitungen schossen genauso an der Realität vorbei wie ihre falsche Sicherheit Tage zuvor.

Von einer Überreaktion zur nächsten – politische Debatten verlaufen oft nach diesem Muster. Das spielt Populisten, die immer Überreaktionen bewerben, in die Hände.

Unsere schnelle Stimme vermittelt uns lieber auf kreativem Wege Sicherheit, als Unsicherheit zuzulassen. Zerstört die Realität immer wieder scheinbar sichere Prognosen, bekommen wir Panik. Beide Denkweisen verzerren die Realität zugunsten populistischer Allwissenheitsansprüche.

Falsche Sicherheiten und Panik entspringen der gleichen Ursache: Menschen sagen politische Entwicklungen schlecht vorher. So wie wir im Geschichtsunterricht die Ursachen des Zweiten Weltkriegs lernten, wollen wir die Zukunft lückenlos vorzeichnen. Das können wir aber nicht: Nur in der Rückschau wirkt eindeutig, dass die für Deutschland harten Bedingungen des Versailler Friedensvertrags nach dem Ersten Weltkrieg den Aufstieg des Nationalsozialismus begünstigten. Niemand zwang die Deutschen der 1920er- und 1930er-Jahre, wegen Versailles Hitler zu wählen. Nur weil sie die vielen anderen Optionenen ausschlugen, entwickelte sich die Welt, wie wir es heute in der Schule lernen.

In der Gegenwart stehen uns alle Möglichkeiten offen. Ob Putin die Ukraine besiegt, hängt davon ab, welche wir ergreifen. Wir schreiben die Zukunft. Wer sie mit der gleichen Sicherheit vorhersagt wie die Rückschau des Geschichtsunterrichts, liegt zwangsläufig daneben.

Gute Vorhersagen ersetzen falsche Sicherheiten durch Wahrscheinlichkeiten. Sie verwenden zumindest grobe Abstufungen wie „sehr wahrscheinlich", „wahrscheinlich", „50/50", „unwahrscheinlich" und „sehr unwahrscheinlich". Genaue Prognosen verwenden Prozentvorhersagen. Wer im Februar 2022 vorhersagte: „Russland überfällt die Ukraine in diesem Jahr mit fünf Prozent Wahrscheinlichkeit", ließ Platz für Ungewissheit und lieferte daher eine bessere Vorhersage als die falsche Gewissheit: „Das passiert nie".

Gute Vorhersagen vermeiden auch Panik. Denken wir nur in den Kategorien „sicher" und „ausgeschlossen", verschwimmen alle Unsicherheiten zwischen diesen Extremen zum undurchsichtigen „vielleicht". Greift Putin Deutschland an? Vielleicht. Eskaliert der Ukraine-Krieg zum Atomkrieg? Vielleicht. Steht die Welt vor dem Untergang? Vielleicht. Schwitzen Ihre Hände schon?

Sinnvolle Einordnungen trocknen ihre Hände. Im Oktober 2023, als ich diese Zeilen schreibe, sehe ich die Lage in etwa so: „Greift Putin Deutschland an, wenn die Bundesrepublik der Ukraine Waffen liefert und seine Truppen dort bindet?" Sehr unwahrscheinlich. Dazu fehlen ihm wohl die Kräfte. „Greift Putin, sollte er die Ukraine erobern, weitere Länder an?" Wahrscheinlich. „Womöglich auch Deutschland?" 50/50.[a] Diese Einschätzungen liefern mir eine klare Handlungsanweisung: Besser Waffen liefern und den Krieg eindämmen statt Eskalation riskieren. Statt aus Unsicherheit in Panik zu geraten, findet meine schnelle Stimme in Abstufungen der Ungewissheit Sicherheit.

Zwischen „wahrscheinlich" und „sehr wahrscheinlich" liegt mehr Weisheit als zwischen „ganz sicher" und „niemals".

Die richtige Unsicherheits-Abstufung zwischen sehr wahrscheinlich und sehr unwahrscheinlich finden wir, indem wir drei Dinge tun:

1. Mit einem sinnvollen Ausgangswert beginnen,
2. Mehrere Sichtweisen vereinen,
3. Gegenbeweise suchen.

Stellen Sie sich vor, angesichts des Ukraine-Überfalls bringt Sie die Angst vor einem Atomkrieg um den Schlaf. Zur Einordnung ihrer Sorgen sagen Sie die Wahrscheinlichkeit einer Nukleareskalation vorher. Als erstes brauchen Sie einen Ausgangswert, der ihre Prognose realistisch und unemotional verankert. Oft lohnt sich der Rückgriff auf Statistiken:

- Wer wissen will, wie wahrscheinlich er seinen 100. Geburtstag erlebt, blickt für seinen Ausgangswert in die durchschnittliche Lebenserwartung seiner Altersklasse.
- Wer wissen will, wie wahrscheinlich seine Ehe in Scheidung endet, nimmt als Ausgangswert die durchschnittliche Scheidungsrate.
- Wer wissen will, wie wahrscheinlich er Opfer eines Gewaltverbrechens wird, blickt für seinen Ausgangswert in Statistiken über die Häufigkeit von Mord und Totschlag.

Ausgangswerte retten uns vor der Statistikschwäche unserer schnellen

---

[a] Putin würde nach einem Sieg in der Ukraine kaum direkt Deutschland angreifen (sehr unwahrscheinlich). Er könnte aber sehr wohl Nato-Mitglieder angreifen (sehr wahrscheinlich). Schreitet die Bundesrepublik zu deren Verteidigung ein, greift er sehr wahrscheinlich auch Deutschland mittels Raketen an. Schreitet die Bundesrepublik nicht ein, setzt er seine Angriffe sehr wahrscheinlich fort, bis er entweder irgendwann auch Deutschland angreift oder Nato und Bundesrepublik doch einschreiten. Putins Alter senkt die Wahrscheinlichkeit eines Angriffs: Womöglich stirbt er, bevor er diese Kette vollständig durchläuft. Dann bliebe allerdings die Frage seines Nachfolgers. Womöglich folgt auf ihn ein noch schlimmerer Scharfmacher.

Stimme, indem sie gefühlsmäßige Schätzungen auf Basis von Nachrichtenfetzen verhindern.

Im Fall des Ukraine-Kriegs könnten Sie fragen, wie viele Atomkriege die Menschheit bislang ausgelöst hat. Die Antwort („Keinen") lässt hoffen, diese Eskalation erneut zu vermeiden. Offensichtlich halten gute Gründe Staatschefs von Atommächten seit 1945 vom Einsatz ihres Nukleararsenals ab. Wer rational denkt, weiß, mit einem Atomkrieg sich selbst und alles, was ihm wichtig ist, auszulöschen. Die Vorhersage: „Kommt es jetzt zum Atomkrieg?", könnten Sie also mit einem Ausgangs-Wahrscheinlichkeit von einem Prozent beginnen.[a]

Um falsche Sicherheiten zu vermeiden, lohnt sich die Suche nach Gegenbeweisen und weiteren wichtigen Ideen. Wie wir das im Beispiel des Ukraine-Kriegs tun, erklärte ich bei einem Vortrag rund sechs Wochen nach Kriegsbeginn, am 1. April 2022[81]: Will kein rational denkender Mensch einen Atomkrieg, fragen wir: Denken in diesem Krieg alle Staatschefs rational? Für Joe Biden (USA), Emanuel Macron (Frankreich) und Boris Johnson (Großbritannien), nahm ich dies im März 2022 fast sicher an. Bei Wladimir Putin nicht.

Der während der zweijährigen Corona-Pandemie vor dem Ukraine-Krieg weitgehend isolierte Putin handelte schon beim Ukraine-Überfall irrational. Keine Achtung vor menschlichem Leben, denken nach dem Recht des Stärkeren, Nato und EU offenbar als Feiglinge abgestempelt. Dass jemand, der so denkt, einen misslungenen Angriff durch weitere Eskalation zu seinen Gunsten wenden will, schien wahrscheinlich. Er könnte sich im Glauben, die Nato vergelte einen Nuklearschlag nicht, an die atomare Eskalation herantasten. Grund genug, die Gefahr eines Nuklearkriegs zumindest nicht auszuschließen.

Statt diese Gefahr überzubewerten, lohnt sich erneut die Suche nach Gegenbeweisen. Was spricht dagegen, dass Putin einen Nuklearangriff wagt – selbst, wenn er ein größenwahnsinniger, über Leichen gehender Despot sein sollte? Auch dafür gab es Gründe: Putin hatte durch Bestechungsgelder und Unterschlagungen ein riesiges Vermögen angehäuft. Er besaß Schlösser und Eishockeyarenen, war unter Umständen der reichste Mann der Welt. Ein materiell motivierter Politiker riskiert eher keinen Weltuntergang, bei dem er alles verliert. Putins Besitzstreben steigerte die Chance, er werde sich aus dem

---

[a] Ich wähle hier ein Prozent statt null Prozent, weil die Menschheit dem Einsatz von Nuklearwaffen in der Vergangenheit einige Male sehr nahekam. Aus politischen Gründen – Kubakrise – und technischen Fehlern: Am 26. September 1983 verhinderter Stanislav Petrov die Katastrophe, weil er die auf seinem Bildschirm angezeigten fünf amerikanischen Nuklearraketen Richtung Russland ignorierte statt seine Vorgesetzten zu informieren. Diese hätten sehr wahrscheinlich den Gegenschlag befohlen und einen Nuklearkrieg ausgelöst. Petrov verschwieg die Anzeige und behielt recht: Das System hatte Sonnenspiegelungen mit den leuchtenden Abgasen startender Raketen verwechselt. Solange Länder Nuklearraketen auf einander richten, müssen wir alleine wegen der Möglichkeit dieser Fehler jährlich zu einem Prozent Wahrscheinlichkeit mit der Vernichtung rechnen.

Krieg herauswinden und ein Patt als Sieg verkaufen.[a]

Die Wahrscheinlichkeit für einen Atomkrieg in Folge der Ukraine-Krise stufte ich daher auf fünf bis zehn Prozent ein. Niedrig genug, um nicht vollständig in den Krisenmodus zu schalten, aber hoch genug, um künftig alles zum Vermeiden ähnlicher Krisen zu tun.

Eine wichtige, weil hilfreiche Vorhersage: Niemand weiß genau, wie hoch die Wahrscheinlichkeit eines Atomkriegs am 1. April 2022 lag. Wer von einem Wert um fünf bis zehn Prozent ausging, vermied aber falsche Sicherheiten („Passiert nie!") und Panik („Wir werden alle sterben!"). Er leitete aus Unsicherheiten handfeste Handlungsweisen ab: Für Frieden einsetzen? Ja. Putin dafür schenken, was er will? Nein. Den Job kündigen und in eine Berghöhle ziehen? Keinesfalls.

Gute Vorhersagen führen zu guten Entscheidungen, privat wie politisch.

Auch Hans Rosling vermittelte den Menschen mit seinen Vorträgen vor allem einen sinnvollen Basiswert. Der Prognose: „Entwickelt sich die Welt zum Guten oder zum Schlechten?", setzte er ein schallendes „Zum Guten" entgegen. Das stimmt nicht in allen Einzelfällen, aber seit Beginn der Aufklärung über längere Zeiträume: Besser vom grundsätzlich guten Weg ausgehen und die Tragpfeiler dieses Wegs stützen, als die Tragpfeiler im Kampf gegen eingebildete Ängste einreißen und die Welt verschlechtern. Wer so denkt, nimmt populistischen Bedrohungsszenarios ihre Wucht.

Populisten vermeiden jede Unsicherheit: Droht angeblich die Islamisierung Deutschlands oder beuten Vermögende vermeintlich die Armen aus, bleibt wenig Spielraum für Unvorhergesehenes. Die Feindbilder bedrohen angeblich zweifellos ihre Opfer, letztere müssen sich wehren. Basiswerte und Gegenbeispiele? Fehlanzeige. Wer diese sucht, findet schnell Unsicherheiten, wo Populisten Gewissheiten herbeireden. Dadurch relativiert er die angebliche Bedrohung und entlarvt überzogene Gegenmaßnahmen.

Gute Vorhersagen zeigen Verbindungen auf, statt falsche Sicherheiten und Panik zu schüren.

---

[a] Außerdem bestand die Chance, Putin könnte bei seiner Entscheidung zum Ukraine-Überfall durch seine Isolation eher falschen Informationen seines furchterfüllten Umfelds aufgesessen sein als den Bezug zur Realität derart verloren zu haben, dass er selbst den Weltuntergang in Kauf nimmt.

Fazit

1. Die Menschheit steuert weder per Autopilot in eine bessere Zukunft noch in den Untergang. Wir entscheiden selbst, wie sich die Welt entwickelt.
2. Populisten reden uns mittels Nostalgie den angeblich sicheren Untergang ein, um ihre dramatischen Forderungen zu rechtfertigen.
3. Gute Zukunftsvorhersagen kontern Populismus, indem sie falsche Sicherheiten und Panik durch Wahrscheinlichkeiten und Verständnis ersetzen. Dadurch wirkt die Zukunft weniger düster.

Lesetipps

Hans Rosling: Factfulness: Wie wir lernen, die Welt so zu sehen, wie sie wirklich ist

Roslings hervorragende Hilfe zu einem realistischen Weltbild hilft Lesern zu einer faktenbasierten Sicht statt falschen Sicherheiten und Weltuntergangsszenarien. Es wird eben nicht alles immer schlimmer.

Link: https://amzn.to/3Lo1PV9

David Deutsch: Der Anfang der Unendlichkeit: Erklärungen, die die Welt verwandeln

Selbst hochgebildete, intelligente Bekannte sagten mir nach dem Lesen von Deutsch' Buch, sie denken jetzt logischer und strukturierter über die Welt nach als vorher. Ein Tipp für jeden, der die Dinge sehen will, wie sie sind.

Link: https://amzn.to/44YPpcZ

Philip Tetlock und Dan Gardner: Superforecasting – Die Kunst der richtigen Prognose

Tetlocks beeindruckende Analyse beeindruckender Analysten, garniert mit hilfreichen, leicht anwendbaren Tipps für bessere Vorhersagen. Ein gutes Buch für alle, die besser abschätzen wollen, was künftig passiert.

Link: https://amzn.to/45T6Xsk

Kapitel 11: Wie wir es besser machen als Populisten

Recht haben, nicht recht haben wollen und eine unmögliche Folgerung

Populismus ist wie ein schlechter Schlagzeuger:
Er zerstört, was uns gut zusammenspielen lässt.

---

*"Lernen wir nicht, miteinander als Brüder zu leben,
gehen wir als Narren miteinander unter."*

Martin Luther King Jr.

Bei einem Wahlkampf-Auftritt im US-Bundesstaat Minnesota im Jahr 2008 beweist US-Präsidentschaftskandidat John McCain mit wenigen Sätzen seine Eignung als Staatschef. Im Frage-Antwort-Teil der Veranstaltung erklärt ein Anhänger dem Republikaner, er fürchte seinen Konkurrenten im Rennen ums Weiße Haus, Barack Obama: „Wir haben Angst", sagt der Mann mit Baseball-Mütze. „Uns beunruhigt ein Kandidat, der mit Terroristen im Land zusammenarbeitet."

Eine unmoralische Steilvorlage. McCains besorgter Anhänger glaubt, was ihm weit rechte Populisten in Radio, Fernsehen und Internet eingeredet haben. Sie verunglimpfen Obama als in Kenia geborenen US-Hasser, als Al-Qaida-Sympathisanten, als Nazi. Oft rassistisch getriebene Feindbilder bauen den Mann, der als erster schwarzer Präsident der Vereinigten Staaten in die Geschichte eingehen will, zur größtmöglichen Bedrohung auf. Verkauft sich McCain als Beschützer vor dieser Bedrohung, sichert er sich viele Stimmen.

Stimmen, die er braucht. McCain liegt in Umfragen deutlich hinter Obama. Bis zur Abstimmung im November bleiben ihm wenige Wochen, den Rückstand aufzuholen. Der Mann mit Baseballmütze liefert ihm eine letzte Chance zum Endspurt.

Doch McCain stellt sein Gewissen über seinen Erfolg. „Ich will Präsident werden und ich will nicht, dass Senator Obama es wird", antwortet er seinem Anhänger. „Ich muss Ihnen aber sagen, dass er ein ehrbarer Mensch ist und jemand, vor dem Sie sich nicht fürchten brauchen."

Immer wieder entkräftet McCain in diesem Wahlkampf Lügen, die ihm dienen sollen. Als nach dem Mann mit Baseball-Mütze eine Frau im roten Kleid zu McCain sagt, sie könne Obama nicht vertrauen – „Ich habe viel gelesen. Er ist ein Araber." – entgegnet dieser: „Nein. Er ist ein ehrenwerter Familienmensch und Bürger, mit dem ich bei einigen grundlegenden Themen unterschiedlicher Meinung bin."[82]

Zehn Jahre später erklärt McCain einer Fernsehmoderatorin, warum er sich selbst Mitgliedern der eigenen Partei widersetzte, die Obama verunglimpften: „Wenn jemand sagt, Obama wäre ein Moslem oder ein Terrorist, kann man das nicht einfach stehen lassen. Man muss für das Richtige einstehen." Was ist das Richtige? „Wir müssen andere Sichtweisen akzeptieren. Wir brauchen eine Debatte, die auf der Wahrheit basiert und nicht auf Anschuldigungen und persönlichen Angriffen."[83]

Einen wichtigen Grund, warum McCain so denkt, liefert seine Vorgeschichte: Im Jahr 1967, während des Vietnam-Krieges, schoss der Vietcong das Flugzeug des Navy-Piloten über Hanoi ab und nahm ihn gefangen. Bald boten ihm seine Fänger die Freilassung an. Ein Trick: McCains Vater oberkommandierte die US-Streitkräfte. Akzeptieren privilegierte Soldaten Sonderbehandlungen, während die übrigen Gefangenen in Haft schmoren, arbeitet der enttäuschte Rest eher mit dem Vietcong zusammen.

Schon damals musste McCain kurzfristigen Eigennutz und kluges Handeln abwägen. Schon damals handelte er klug: Er verweigerte die Freilassung, bis alle vor ihm gefangenen Soldaten ebenfalls freikommen. Obwohl ihn seine Wärter mehrmals pro Woche verprügelten, wartete er auf seinen Platz in der Reihe.

Fünfeinhalb Jahre nach seiner Gefangennahme verließ McCain das Gefängnis als körperliches Wrack. Bis an sein Lebensende hob er seine Arme nie wieder selbstständig über den Kopf.

Wissend, was es heißt, zum Spielball der Politik zu werden, verteidigt er in seiner zweiten Karriere als Politiker einen Grundsatz: Jeder Mensch hat Rechte, die ihm niemand nehmen darf. Schlicht, weil er ein Mensch ist. Punkt.

McCain kämpft gegen das amerikanische Foltergefängnis in Guantánamo Bay, während viele Republikaner es unter dem Eindruck der Anschläge vom 11. September als notwendiges Übel im Kampf gegen den Terrorismus verteidigen. Er unterstützt die Rechte von Homosexuellen und Transgendern, als viele Politiker seiner Partei sie einschränken wollen. Während seiner gesamten Politikkarriere bleibt McCain seinem Gewissen treu.

Auch im Wahlkampf 2008. Statt als Gegner und Bedrohung behandelt McCain Obama als Menschen, der Respekt und Achtung verdient, wie alle Menschen. Er nimmt die Sorgen seiner Anhänger ernst, vermeidet aber Bandbreiten-Debatten über gesicherte Fakten. Die Herkunft Obamas und dessen Einstellung zu Amerika zweifelt er nie an. Er stellt Menschen über Wahlsiege. Damit erfüllt er die wichtigste Voraussetzung guter Politiker.

Barack Obama lebt diese Überzeugung genauso überzeugend vor wie McCain. Er streitet über Inhalte, vermeidet aber Feindbilder und Populismus. Die Amerikaner entscheiden daher 2008 zwischen zwei Kandidaten, die beide gute Präsidenten wären.[a] So deutlich Obama und McCain sich in manchen Themen widersprechen, weil sich beide Populismus verweigern, stimmen sie im wichtigsten überein.[b]

Die Bedeutung dieser Denkweise beweist zwei Wahlen später Donald Trump, indem er sie über Bord wirft: Statt Verschwörungstheorien weitrechter Radio- und Fernsehsendungen zu entkräften, nutzt er sie für seinen Wahlkampf. Statt Feindbilder zu zerstören, befeuert er sie mit erfundenen Anschuldigungen. Statt Populismus weitmöglichst zu vermeiden, setzt er fast ausschließlich auf ihn. Als am 6. Januar 2021 ein bewaffneter Mob im Namen Trumps den US-Senat stürmt, blicken die Vereinigten Staaten in den Abgrund, in den diese Denkweise zwangsläufig führt.

Für unser Buch wichtig sind die Beispiele McCains, Obamas und Trumps, weil sie uns vor dem größten Fehler bewahren, zu dem uns das bislang Gelernte verleiten könnte: dem Alles-ist-verhandelbar-Fehler. Dieser unterläuft uns, wenn wir bei *allen* Gesellschaftsfragen Bandbreiten-Debatten führen. Schlimmstenfalls verwandeln wir dadurch selbst beste Absichten in tödliche Ideen. Wieso, zeigt eine Historikerin, deren Forschungsgebiet mehr Bedeutung gewinnt, als ihr lieb ist.

Gesellschaftsdebatten brauchen einen unverhandelbaren Anker für politische Debatten.

---

[a] Der Respekt zwischen Obama und McCain reichte so weit, dass McCain nach seiner Krebserkrankung im Jahr 2018 Obama bat, eine Rede auf seiner Beerdigung zu halten. Wenige Monate später tat dieser das. Obama sprach von seiner Bewunderung für McCain, lobte dessen Fähigkeit, bei Meinungsverschiedenheiten Gemeinsamkeiten zu suchen, und dessen Glauben an ehrliche Debatten und das Anhören aller Argumente. Dass McCain 2008 ihn gegen erfundene Anschuldigungen verteidigte, habe ihn nicht überrascht. „Er hat unser Land verteidigt, nicht nur mich. Er sah es als die höchste Aufgabe jedes Bürgers, der sein Land liebt, alle Menschen gerecht zu behandeln." Die Sicherheit der USA hingen nicht nur von ihrer militärischen Stärke oder ihrem Wohlstand ab, sondern von ihrer Fähigkeit, andere zum Befolgen universeller Werte wie Rechtsstaatlichkeit, Menschenrechte und die Würde jedes einzelnen Menschen zu motivieren.
[b] Zwar veröffentlichen beide einige negative Werbespots übereinander. Verglichen mit den Anschuldigungen Donald Trumps gegen Hillary Clinton bleiben sie jedoch Nichtigkeiten. Hier ein Beispiel: Associated Press: McCain Ad Calls Obama a Celebrity, https://www.youtube.com/watch?v=xmFrBaskrlQ.

Holocaust-Leugner und Debatten, die keine sind

„Im Namen der Toleranz sollten wir uns das Recht vorbehalten,
die Intoleranz nicht zu tolerieren."

Karl Popper

Als Deborah Lipstadt Mitte der 1990er-Jahre die vermeintliche Chance ihres Lebens ausschlägt, verliert der Fernsehproduzent, der ihr diese Chance anbietet, die Fassung. Die US-Geschichtsprofessorin, die wir bereits kennengelernt haben, hat zu diesem Zeitpunkt jahrzehntelang Holocaust-Leugner erforscht, kritisiert und ihre Methoden offengelegt. Doch als eine TV-Sendung Lipstadt einlädt, vor der gesamten Nation mit einem Holocaust-Leugner zu debattieren, lehnt sie ab.

„Die Existenz des Holocausts ist keine Debatte", schreibt die Professorin, als sie sich in ihrem Buch *Denying the Holocaust* der Geschichte erinnert. Der Holocaust ist ein Fakt. Dem Versuch, diesen Fakt durch Scheindebatten in eine Bandbreite zu verzerren, verweigert sie sich wie McCain Diskussionen über Obamas Einstellung zum Terrorismus. Über den Holocaust und seine Leugner reden? Ihre Ziele aufzeigen? Gerne. Ihren Argumenten durch gemeinsame Auftritte unverdiente Glaubwürdigkeit verleihen? Niemals.

Der Produzent der Sendung fragt noch, ob die Zuschauer es nicht verdienen, beide Seiten der Geschichte zu hören, von der Lipstadt weiß, dass sie nur eine Seite besitzt. Dann gibt er auf.

Kein Einzelfall. Fernsehmacher laden Lipstadt mehrfach ein, mit Holocaust-Leugnern zu diskutieren. Sie behaupten, „die andere Seite" darzustellen, „beide Seiten der Debatte" oder „die andere Sicht". In Wahrheit geht es ihnen wohl ums Spektakel. „Die Bereitschaft, den Leugnern und ihren Mythen die Legitimität einer Sichtweise zuzuschreiben", schreibt Lipstadt, „ist genauso beunruhigend wie die Leugner selbst. Wenn nicht beunruhigender".

Lipstadt zitiert den Anthropoligisten Marshal Salins, der beschreibt, wie Holocaust-Leugner Erfundenes glaubwürdig schwafeln: Professor X veröffentlicht eine den Fakten widersprechende Theorie, in der er Andersdenke in den höchsten moralischen Tönen verurteilt. Angegriffene Professoren verteidigen sich. Medien berichten über den Konflikt. Schon bereden Wissenschaft und Nachrichten Erfundenes. Professor X tingelt fortan als kontroverser Kopf durch Polit-Talkshows, erlangt immer mehr Bekanntheit und erzählt einem Millionenpublikum von seiner angeblich moralischen Weltsicht. Die Öffentlichkeit bemerkt die Diskussion. Weil vielen Zuschauern das Hintergrundwissen fehlt, Fakten von Erfundenem zu trennen, glauben sie an eine Debatte mit gleichwertigen Meinungen. Einige Ideen von Professor X bleiben hängen. Schon hinterfragen tausende

Menschen in Arbeitspausen und an Stammtischen den Holocaust. Politikern und Einrichtungen, die ihn als unhinterfragbaren Fakt akzeptieren, misstrauen sie ein wenig.[84]

Die gleiche Taktik verwenden Populisten bei allen faktenbasierten Debatten. Klimawandel, Coronavirus, Kriminalität. Immer verzerren vermeintlich kontroverse Köpfe Eindeutiges in moralisch aufgeladene Sinnlos-Bandbreiten.

Nun könnten wir sagen: Wer Holocaust oder Klimawandel leugnet, diskutiert in Bandbreiten über Fakten – offensichtlicher Populismus. Doch damit ignorieren wir, dass diese Extremmeinungen Endpunkte langer Prozesse darstellen. Ihre Anfänge bemerken wir deutlich schwerer.

Nehmen wir an, Populisten leugneten nicht gesamten Holocaust. Sie rechtfertigten ihn aber als notwendiges Mittel für eine bessere Welt oder als „Vogelschiss" in Deutschlands Geschichte.[85] Diese vielfach geäußerten Sichtweisen zwingen uns schnell in faktenlose Debatten. Wer sagt, in einer ähnlichen Situation hätte jedes Land gehandelt wie Nazideutschland, vertritt eine nicht durch Fakten widerlegbare Meinung. Reden wir mit ihm also in Bandbreiten? Antworten wir: „Erklär mir deine Gründe und wir einigen uns"?

Schlimmstenfalls müsste, wer so denkt, selbst Vorschläge wie einen neuen Holocaust ernsthaft besprechen. Behauptet unser Gesprächspartner, das Auslöschen einiger Menschen verbessere die Welt, fehlen uns klar faktenbasierte Argumente. Wer bei allen Gesellschaftsthemen Kompromisse sucht, müsste einem Antisemiten vorschlagen: „Wie wäre es, wenn wir nur jeden zweiten Juden töten?" Absurd. Wer will ein Weltbild, das Massenmord achselzuckend hinnimmt?

Wer bei allen sozialen Themen Bandbreitendebatten führt, rechtfertigt schnell die zerstörerischsten Ideen der Geschichte.

Auch ohne Massenmorde schafft Alles-ist-verhandelbar-Denken Probleme: Wer allen nicht-faktenbezogenen Meinungen Glaubwürdigkeit einräumt, öffnet Populisten die Tür. Diese verzerren nach dem Muster der Holocaust-Leugner Debatten und gewinnen immer mehr Anhänger.

Indem US-Medien im Wahlkampf 2016 nach Donald Trumps Twitter-Tiraden stets fragten, was daran wahr sein könnte, führten sie Bandbreitendebatten über Erfundenes. Trump bestimmte, worüber geredet wird. Ohne diese Glaubwürdigkeitshilfe wäre Trump nie US-Präsident geworden.

Auch in Deutschland blenden Medien Populisten zu häufig aus oder steigen auf ihre Scheindebatten ein. Zu selten zeigen sie, wie diese Populisten Bandbreiten und Fakten tauschen und damit ähnlich sinnentleert daherreden, wie ein Heimwerker, der einen Hammer als Alternative zum Schraubendreher propagiert.

Beide Probleme teilen eine Ursache: Fehlt unseren gesellschaftlichen Debatten ein Fundament, rechtfertigen wir leicht Grausamkeiten oder verfallen populistischen Scheindiskussionen. Wir brauchen einen Schutz, der den Alles-ist-verhandelbar-Fehler eindämmt.

Wer bei allen sozialen Themen Bandbreitendebatten führt, überlässt Populisten die Debatte. Schnell bespricht die Gesellschaft nur Erfundenes und Unsinniges. Ohne einen unverhandelbaren Ausgangspunkt für politische Diskussionen haben Populisten leichtes Spiel.

Damit gelangen wir zu unserer größten und letzten Herausforderung: Wir suchen ein unverhandelbares Fundament für gesellschaftliche Debatten. Wir haben aber festgelegt, in sozialen Fragen immer Bandbreitendebatten ohne unverhandelbare Fundamente zu führen. Wie überwinden wir diesen Gegensatz? Die Lösung erfordert auf den ersten Blick Unmögliches:

- Obwohl wir bei gesellschaftlichen Themen allgemeingültige Grundsätze ausschließen, suchen wir einen allgemeingültigen sozialen Grundsatz.
- Unter vielen verhandelbaren sozialen Themen suchen wir eines, das wir nicht verhandeln.
- Wir suchen einen Grundsatz, der uns davor schützt, die Verfolgung anderer Menschen in Betracht zu ziehen, der uns aber nicht in seinem Namen selbst zu Diktatoren macht.
- Wir suchen eine Definition des Richtigen, die den Glauben an das eine Richtige verhindert.

Damit sind wir am alles entscheidenden Punkt dieses Buches angelangt. Populisten überleben, wenn Menschen vor der Größe dieser Aufgabe kapitulieren. Glücklicherweise löste einer der größten Philosophen der Geschichte vor fast vier Jahrhunderten eine ähnliche Herausforderung mit einem Geniestreich. Davon schauen wir uns etwas ab.

Unbestreitbare Zweifel und ein neues Fundament

„Die Frage, wer herrschen soll, ist falsch gestellt.
Es genügt, wenn eine schlechte Regierung abgewählt werden kann.
Das ist Demokratie.“

Karl Popper

Mit fünf Worten befreit der französische Philosoph René Descartes im Jahr 1641 die Menschheit von einem jahrhundertealten Problem: Die Wissenschaft hat die Bibel entkräftet und die Täuschbarkeit unserer Sinne bewiesen. Woran glauben wir, fragen also die Denker, wenn alles, was wir seit Ewigkeiten unhinterfragt als wahr hinnahmen, im Zweifel steht? Wie finden wir gemeinsame Werte und Ziele, wenn einige sogar die Zehn Gebote hinterfragen? Auf welches Fundament gründen wir unsere Gesellschaft? Oder, um es ähnlich zu formulieren, wie unser Problem aus dem vorangegangenen Abschnitt: Wie verhindern wir eine Welt, in der alles verhandelbar, aber nichts sicher und nichts ausgeschlossen scheint, selbst Mord und neuer Holocaust?

Zu Descartes' Zeit sahen die Philosophen ein Jahrtausende altes Weltbild einstürzen, wie wir in diesem Buch Weltbilder basierend auf Populismus, der Manipulation unserer schnellen Stimme und erfundene Fakten einstürzen sahen. Sie fragten, wie sie aus den Ruinen Neues errichten. Wie beweisen sie ohne Bibel Morden, Stehlen und Lügen als falsch? Descartes löste das Dilemma, indem er es auf die Spitze trieb.

Descartes erklärte den Zweifel, der das alte Weltbild einriss, zur Grundlage seines neuen Denkens. Er beschloss, an allem zu zweifeln, was er nicht beweisen konnte. „Alles nämlich, was mir bisher am sichersten für wahr gegolten hat“, schrieb er in *Meditationen über die erste Philosophie*, „habe ich von den Sinnen oder durch die Sinne empfangen; aber ich habe bemerkt, dass diese mitunter täuschen, und die Klugheit fordert, Denen niemals ganz zu trauen, die auch nur einmal uns getäuscht haben. (…) Ich werde von mir selbst annehmen, dass ich keine Hände habe, keine Augen, kein Fleisch, kein Blut, keine Sinne, sondern dass ich mir nur den Besitz derselben fälschlich einbilde.“

So wie wir bei gesellschaftlichen Themen unumstößliche Wahrheiten ausschließen, eliminierte Descartes alles, was er sah und dachte als Philosophie-Grundlage. Für sein Denkfundament, erfand er den Trick, den wir uns von ihm abschauen.

Descartes fragte: Wenn ich an allem zweifle, was ist das eine, an dem ich nicht zweifeln kann? Daran, dass ich zweifle! Ich kann nicht an meiner eigenen Existenz zweifeln. Da ich zweifle, muss es mich geben. Descartes: „Da es ja immer noch ich bin, der zweifelt, kann ich an diesem Ich, selbst wenn es träumt oder fantasiert, selber nicht mehr zweifeln." Ich denke, also bin ich.[a]

Dieser Gedanke barg mehr Sprengkraft als alle Atombomben der Geschichte, denn er gebar der Welt den unausweichlichen Individualismus. Nach Descartes Wende richteten Philosophen ihr Denken nicht länger nach dem vermuteten Willen eines Gottes, der Natur oder eines Königs. Wer weiß, ob diese Dinge überhaupt existieren, ob wir ihre Absichten richtig verstehen und ob sie es wert sind, sich nach ihnen zu richten! Der einzelne Mensch ist alles, dessen wir uns sicher sind. Dort muss der Ausgangspunkt jeder Philosophie liegen.

Descartes' Geniestreich schenkte dem Denken neue Wurzeln. Ausgehend vom Einzelnen erdachte die Menschheit bessere, weil allgemeingültige Gründe gegen Mord, Diebstahl und Lügen. Niemand hebelte diese Gründe aus, indem er die Existenz des Gottes bezweifelte, der sie angeblich einforderte. Die Existenz des Menschen, aus der sie entsprangen, blieb unverhandelbar.

Descartes Vorbild zeigt uns, wie wir eine allgemeingültige Grundlage für Gesellschaftsthemen finden, obwohl wir allgemeingültige Grundlagen in Gesellschaftsthemen als populistischen Trick ausschließen: Weil Descartes an allem zweifelte, konnte er nicht daran zweifeln, dass er zweifelt. Wenn wir die Suche nach dem einen Richtigen bei sozialen Themen ausschließen, können wir diesen Ausschluss nicht ebenfalls ausschließen.

Das einzig Richtige in der Politik ist es also, nicht an das eine Richtige zu glauben. Recht hat, wer nicht allgemeingültig recht haben will. Die Wahrheit liegt nicht im Durchsetzen einer Meinung, sondern im Kompromiss mehrerer. Die Wahrheit liegt in uns allen. Kompromisse und Einigung bringen sie zum Vorschein. Kompromisse *schaffen* Wahrheit. Einigung *schafft* Wahrheit. Der ständige Wechsel von Kompromiss und nachbessern überträgt wahrheitsschaffende wissenschaftliche Methoden auf gesellschaftliche Themen, wo wir ihn so dringend brauchen.[b]

---

[a] Descartes, der auf Lateinisch schrieb, werden die Worte „Cogito ergo sum" zugeschrieben, die er in dieser Form allerdings nie formulierte. Weil er ähnliche Sätze schrieb und die deutsche Übersetzung „Ich denke, also bin ich" seine Position perfekt zusammenfasst, verwenden wir an dieser Stelle dennoch diese Form.

[b] Kahneman bezweifelt, dass wir unsere eigenen Denkfehler erkennen können. Dennoch wissen wir dank Kahneman, dass auch wir Denkfehler begehen. Wenn jeder diesen Fehlern zum Opfer fällt, wie wahrscheinlich bleiben wir als einzige von ihnen verschont? Ausgeschlossen. Als Gesellschaft aus Personen mit verzerrten Weltbildern treffen wir gute Entscheidungen nicht, indem wir ein verzerrtes Weltbild allen anderen aufzuzwängen. Wir treffen sie mittels Kompromissen, die die Verzerrungen der vielen Weltbilder gegeneinander so gut es geht ausgleichen und zerstörerische Lollapalooza-Effekte wir das Dritte Reich verhindern. Wir treffen sie mittels Demokratie und Debatten statt Populismus.

Recht hat, wer sich einigen will. Wer Kompromisse ausschließt wird immer eine unwahrere Meinung vertreten als jemand, der sie mit allen ebenfalls kompromissbereiten Meinungen eingeht.

Diese Erkenntnis ebnet unserem Weltbild die Grundlage. Wenn Kompromisse Wahrheit schaffen, liegt die einzig unumstößliche politische Wahrheit in Strukturen, die Kompromisse fördern und das Durchsetzen einer einzelnen Überzeugung verhindern. Die Wahrheit liegt im Respekt für Andersdenkende, in Demokratie, Meinungsfreiheit und Menschenrechten. Sie liegt darin, jeden Menschen als Menschen selbst zu schätzen, statt ihn zum Werkzeug der Politik herabzuwürdigen. Die Wahrheit liegt im Denken Obamas und McCains statt Trumps.

Erinnern wir uns an Kapitel vier zu Chad Fleischer, Manuel Neuer und unendlichen Spielen: Wir hatten gesagt, niemand könne die Politik endgültig gewinnen, weil ständig neue Gegenspieler auftreten. Nun erkennen wir: Die Wahrheit liegt in Strukturen, die Siegstreben in der Politik verhindern. Indem Demokratien Kompromisse erzwingen, verdeutlichen sie Wählern, nie endgültige Siege erringen zu können. Endgültige Siege versprechende Populisten bekämpfen demokratische Grundordnungen daher immer. Auch wenn sie das leugnen.

Diese Erkenntnis erlaubt uns eine wichtige Einordnung:

- Politische Gegenspieler sind *weder* andere Personen noch andere Parteien, andere Länder oder Menschen anderer Herkunft; genauso wenig wie Gegenspieler in Beziehungen Nachbarn, Freunde oder Arbeitskollegen sind. Diese Menschen sind Verbündete, mit denen wir gemeinsam Herausforderungen meistern.
- Politische Gegenspieler sind *weder* Klimawandel, Wirtschaftskrisen noch Pandemien, genauso wenig wie Veränderungen, Entlassungen und Krankheiten Gegenspieler von Beziehungen sind. Sie bilden die Herausforderungen, die wir gemeinsam meistern.
- Politische Gegenspieler *sind* Populisten, die Einigung verhindern wollen, genauso wie der Gegenspieler von Beziehungen der Glaube ist, einer habe recht und müsse den anderen besiegen.

Bei nicht-faktenbezogenen Themen führen wir Bandbreitendebatten – immer, bis auf den allerwichtigsten Punkt: Grundrechte, Kompromisse und sie schützende Strukturen bleiben unverhandelbar. Weil Populisten die Menschen zum Werkzeug der Politik machen und ihre Rechte dem Kampf gegen erfundene Feinde opfern, bremsen Menschenrechte und offene Diskussionen Populismus.

Menschenrechte und Demokratie bilden keine Fakten wie Erdanziehung oder Klimawandel. Trotzdem brauchen wir über sie keine Debatten zu führen. Sie sichern die Gleichwertigkeit aller Menschen und deren Beteiligung am Einigungsprozess. Ohne sie werden Kompromiss und Wahrheit unmöglich. Weltbilder, die dieser Grundlage widersprechen, erreichen nie die Ziele, die sie erreichen wollen.

Politik ist ein Werkzeug zum Wohle aller. Mit ihr treffen Gesellschaften Entscheidungen, die sie nun mal gemeinsam treffen müssen, regeln ihr Zusammenleben und handeln Kompromisse aus. Menschenrechte, Demokratie und Einigung zwingen die Politik in den Dienst der Menschen. Wer diese Grundlagen einschränkt, dreht die Funktionsweise um und verurteilt die Menschen zum Werkzeug der Politik. Damit verführt er die Gesellschaft in die Selbstzerstörung.

Jede Gesellschaft kann sich einigen, den Untergang des Dritten Reiches oder der DDR zu vermeiden. Also kann sie sich auch darauf einigen, den ersten Schritt auf dem Weg zu vermeiden, der ohne Vorteile in ähnliche Untergänge führt. Wer diesen Schritt bewirbt, strebt mit populistischen Weltbildern nach Macht oder fällt auf jene herein, die es tun.

Als unverhandelbare Grundlagen verhindern Menschenrechte und Demokratie die Wiederholung der größten Tragödien der Geschichte. Sie retten uns vor den selbstzerstörerischen Kräften, die das Dritte Reich, die DDR und die Sowjetunion vernichtet haben und die die Diktaturen Wladimir Putins in Russland und der Führung der Kommunistischen Partei in China vernichten werden.

Eine Szene der Fernsehsendung *Die Simpsons* verdeutlicht die Folgen von Populismus so anschaulich, wie es nur die Simpsons können: Der liebenswert-trottelige Anti-Held Homer Simpson hat seinen Namen zu Max Power (dt.: Maximale Energie) geändert; hoffend, nun ernster genommen zu werden.

Zu seinem Sohn Bart sagt Homer: „Es gibt drei Möglichkeiten, etwas zu tun. Auf die richtige Art, die falsche Art und die Max Power Art."
Bart: „Ist das nicht die falsche Art?"
Homer: „Ja, aber dafür geht's schneller."
Homer dreht sich um und läuft in einen Kaktus.

Auch die Politik kennt für jedes Problem drei Wege, mit Problemen umzugehen: Hilfreiche, schädliche und populistische. Populistische Wege gleichen den schädlichen, verursachen aber schneller größere Probleme.

Wir schaffen Wohlstand und Sicherheit, indem wir die Hingabe zu gleichberechtigten Entscheidungen mit dem ständigen Zweifel an ihren Ergebnissen und dem Streben nach Besserem verbinden.[a]

Damit haben wir das Ziel dieses Buches fast erreicht: Wir wissen, wie Populismus funktioniert und wie wir uns vor ihm schützen. Nun brechen wir das Gelernte auf einfache, anwendbare Grundsätze herunter.

Das Gegenmittel: Zehn Grundsätze für hilfreiche Politik

*„Demokratie bedeutet, langsam zur richtigen Lösung zu stolpern,
statt mit Höchstgeschwindigkeit zur falschen."*

Unbekannt

1. **Am Ende gewinnen alle oder keiner. Verhalte Dich so, dass alle gewinnen. Sonst verlierst auch Du.**[b] Der wichtigste Grundsatz, aus dem sich alle anderen Grundsätze ableiten. Wer ihn beachtet, vermeidet Feindbilder und Populismus.[c]
2. **Jede politische Idee, die ohne Feindbilder auskommt, Fakten achtet und Bandbreiten wahrt, ist mehr oder weniger richtig.** Diese Ideen sichern die Rechte aller, statt sie einzuschränken. Sie beteiligen alle Menschen an der Lösungsfindung unserer Gesellschaft. Dadurch erzeugen sie hilfreiche Lösungen im Dienste der Bevölkerung.

---

[a] In Anlehnung an ein Zitat von Mary Catherine Bateson: "The capacity to combine commitment with skepticism is essential to democracy."

[b] Natürlich ähnelt dieser Grundsatz Kants Kategorischem Imperativ: „Handle nur nach derjenigen Maxime, durch die du zugleich wollen kannst, dass sie ein allgemeines Gesetz werde." Er verwandelt Kants etwas verschwurbelten Leitspruch allerdings in eine knackige Parole, die eher den sechs Grundsätzen erfolgreicher Botschaften entspricht und daher besser in unseren Köpfen hängen bleiben dürfte – das Gleiche, mit besseren Worten. Wer mehr über diese Denkweise lernen will und sich für Philosophie interessiert, dem empfehle ich Kants Meisterwerk *Kritik der praktischen Vernunft*.
[c] Gründen Politiker ihr Weltbild auf den Kampf gegen eine angebliche Bedrohung, verstoßen sie gegen diesen Grundsatz und entlarven sich als Populisten. Ich betone aber nochmals: Es ist in Ordnung, ab und an gegen Bedrohungen zu kämpfen. Hitler, und Stalin bedrohten die Menschheit tatsächlich. Zum Glück kämpfte die Menschheit gegen sie. Auch heutige Anhänger ähnlicher Überzeugungen und Diktatoren wie Wladimir Putin stellen Bedrohungen dar. Wer das ausspricht, macht sich nicht gleich zum Populisten. Der Unterschied besteht darin, ob ein Politiker ein größtenteils offenes Weltbild vertritt und einige wenige Bedrohungen sieht, oder ob ein Politiker eine große Verschwörung und ausschließlich Bedrohungen sieht.

3. **Alle richtigen Ideen haben Berechtigung.** Versuche Dich mit ihren Vertretern zu einigen, statt sie zu besiegen. Kompromisse richtiger Ideen schaffen Wahrheit.

4. **Falsch sind nur politische Ideen, die Einigung verhindern.** Ideen, die kompromisssichernde Strukturen einreißen, Menschenrechte ignorieren oder Bandbreitendebatten und Faktendebatten vertauschen.

5. **Bereinige die Verzerrungen Deiner Wahrnehmung, so gut es geht, statt sie anderen aufzuzwingen.** Egal wie sicher Du bist, die Wahrheit erkannt zu haben, vergiss nie: Alle Menschen nehmen die Welt verzerrt wahr. Auch Du. Wie wahr sich eine Botschaft für Dich anfühlt, sagt nichts über deren tatsächlichen Wahrheitsgehalt aus. Sei Dir nie zu sicher. Nur Fanatiker kann nichts umstimmen.

6. **Jeder Mensch ist ein einzelner Mensch, nicht Teil einer Gruppe. Behandle ihn entsprechend: als Menschen, der die gleichen Rechte verdient wie Du.** Menschen sind nicht gleich, aber gleichwertig. Wer anderes behauptet, reißt Ereignisse oder Statistiken aus dem Zusammenhang.

7. **Unterstelle anderen im Zweifel gute Absichten:** Fast niemand verhält sich absichtlich böse. Räume anderen zweite Chancen ein und schreibe niemanden ewig ab.

8. **Vermeide Feindbilder, hasse niemandem, halte dich nicht für moralisch überlegen:** Populismus funktioniert stets nach dem gleichen Muster: Er bezeichnet *alle* Andersdenkenden als schlecht informiert, dumm oder böse und verkauft sich als einzigen Schutz vor einer großen Bedrohung. Verweigere Dich allen Ideen dieses Musters.

9. **Vermeide das erste Glied einer Kette, die dich knechtet:** Weil Populisten gegen eingebildete Feinde kämpfen, liefern sie nie die versprochenen Ergebnisse. Zur Rechtfertigung ihres Scheiterns erfinden sie immer neue Feinde, bis sie irgendwann gegen alles und jeden kämpfen. Diesen Kampf verlieren sie und die Gesellschaft mit ihnen. Statt Populisten in die Selbstzerstörung zu folgen, verweigere Dich ihrem Wahnsinn von Beginn an.

10. **Nutze Politiker immer als Werkzeuge. Erkläre sie nie als eigenes Ziel.** Politiker sind Werkzeuge, mit denen Wähler ihre Ziele umsetzen. Wer ihre Wahl zum eigentlichen Ziel erhebt, würdigt sich selbst zu ihrem Werkzeug herab.

Diese Aussagen haben Sie so oder so ähnlich sicher schon gehört. Nun verstehen Sie: Sie zwingen niemanden zum selbstaufopfernden Gutmenschentum. Wissenschaftlichen Erkenntnissen entsprechend, schützen sie uns davor, uns gegenseitig die Köpfe einzuschlagen. Das hat nichts mit Gutmenschentum zu tun.

Es gewinnen alle oder keiner. Diese Grundsätze helfen, dass alle gewinnen, uns selbst eingeschlossen. Füllen wir sie mit Leben, zwingen wir Politiker in den Dienst der Bevölkerung. Ignorieren wir sie, versklaven wir uns im Namen leerer Versprechen. Wählen wir die erste Option!

Fazit

1. So gerne wir in der Politik den Begriff „das Richtige" für Debatten um Heizvorschriften oder ein paar Prozent Steuern mehr oder weniger verwenden, wahrhaft richtig bleibt allein der Schutz der Strukturen, die Einigung und Kompromisse ermöglichen: Menschenrechte, Demokratie, Freiheit.
2. Jede Sichtweise, die diese Grenzen wahrt, ist auf ihre Weise richtig. Welche der vielen richtigen Sichtweisen einem Land am meisten hilft, entscheiden die Wähler.
3. Wer diese Strukturen einschränkt, zerstört die Grundlage guter Entscheidungen. Entscheidet eine Gesellschaft schlecht, leiden alle.

Lesetipp: Andy Weir - Das Ei

Die Kurzgeschichte „Das Ei" von Autor Andy Weir („Der Marsianer") macht den Grundsatz „Es gewinnen alle oder keiner" aus meiner Sicht gut fühlbar. Eine vollständige Übersetzung finden Sie unter folgendem Link: www.masengarb.net/andy-weir-the-egg-das-ei-deutsche-ubersetzung.

In der Geschichte begegnet ein gerade bei einem Autounfall verstorbener Mensch dem Gott seiner Welt. Er fragt Gott nach seinen Todesumständen, den Folgen für seine Familie und dem Leben nach dem Tod. Vor allem letzter Punkt ist für uns interessant.

Gott erklärt dem Gestorbenen, nun wiedergeboren zu werden. Als chinesisches Bauernmädchen im Jahr 540.

Der Gestorbene fragt überrascht, wie oft er schon wiedergeboren wurde. Und, wenn Gott ihn auch in die Vergangenheit schickt, ob er sich schon einmal selbst begegnet sei.

„Das passiert ständig", antwortet Gott. „Der Sinn des Lebens und dieses Universums besteh darin, dass du erwachsen wirst."

„Du meinst die Menschheit?", fragt der Verstorbene.

„Nein, nur du", antwortet Gott. Er habe das Universum nur für ihn erschaffen.

„Nur für mich? Was ist mit den anderen?", fragt der Verstorbene.

„Es gibt niemanden sonst", sagt Gott. „In diesem Universum leben nur du und ich."

„Aber all die Menschen auf der Erde…", antwortet der Verstorbene.

„Alles du. Verschiedene deiner Leben."

Der Verstorbene sei Abraham Lincoln gewesen und sein Mörder John Wilkes Booth, Hitler und die Millionen, die er ermordete, Jesus und jeder, der ihm folgte.

Nun die Kernbotschaft: „Immer, wenn du jemandem geschadet hast", sagt Gott, „hast du dir selbst geschadet. Jede Liebenswürdigkeit, hast du dir selbst erbracht. Jeden Moment des Glücks oder der Trauer, den Menschen jemals fühlen, hast du gefühlt."

Das Universum sei ein Ei, in dem sich der Verstorbene entwickele. Hat er einmal alle Leben gelebt, erinnere er sich an alles und werde erwachsen.

Ich halte es für sehr unwahrscheinlich, dass alle Menschen Wiedergeburten der gleichen Person sind (unter 0,1 Prozent Chance). Dennoch halte ich es für eine gute Idee, sie so zu behandeln. Mit allen Herausforderungen, die ihre widersprüchlichen Ziele bringen. Die Menschheit überlebt, wenn sie sich als gemeinsamen Organismus versteht, in dem entweder alle gewinnen oder keiner. Ich hoffe, dieses Buch hilft Ihnen dabei. Denken Sie daran: Hat Andy Weir recht, haben Sie es selbst geschrieben.

Damit sind wir am Ende dieses Buches angelangt. Vielen Dank fürs Lesen!

Ich freue mich über eine ehrliche Bewertung bei Amazon.

Danke und alles Gute

Ihr Christian Masengarb

Epilog

Wir schaffen das – oder nicht?

"Das Maß eines Menschen bestimmen nicht seine Standpunkte in Zeiten von Komfort und Sicherheit, sondern in Zeiten von Herausforderungen und Unsicherheit."

Martin Luther King Jr.

Am 31. August 2015 sagt Bundeskanzlerin Angela Merkel in der Berliner Bundespressekonferenz die Worte, mit denen sie Angriffe auf die Grundfesten unserer Gesellschaft ähnlich abwehrt wie John McCain die Verschwörungstheorien seiner Anhänger, die ihr viele Deutsche aber dennoch ewig vorwerfen.

Zu dieser Zeit schwappt eine der größten Flüchtlingswellen der Geschichte aus Afrika und dem Nahen Osten Richtung Europa. Zwei Tage zuvor meldete das Bundesinnenministerium, dieses Jahr mehr als zehnmal so viele Asylanträge zu erwarten wie in durchschnittlichen Jahren. Zwei Tage später verleiht die an der türkischen Küste angespülte Leiche eines zweijährigen Syriers im Mittelmeer ertrinkenden Flüchtenden ein schockierendes Gesicht. Wohl alle Menschen in Deutschland erleben diese Wochen als einschneidende Zeit. Wohl alle fragen sich, wie sie damit umgehen sollen.

Merkel liefert in der Bundespressekonferenz ihre erste Einschätzung. Sie sagt: „Deutschland ist ein starkes Land. Das Motiv, mit dem wir an diese Dinge herangehen, muss sein: Wir haben so vieles geschafft – wir schaffen das! Wir schaffen das, und dort, wo uns etwas im Wege steht, muss es überwunden werden, muss daran gearbeitet werden." Vor allem die drei Worte „Wir schaffen das" prägen ihre Kanzlerschaft wie kaum ein anderer Satz.

Die Worte schreiben Geschichte, weil in diesen Tagen längst nicht alle Deutschen glauben, ihr Land schaffe das. Einige fordern, Flüchtende notfalls mit Waffengewalt am Betreten des Landes zu hindern. „Wer das HALT an unserer Grenze nicht akzeptiert, der ist ein Angreifer", schreibt die damalige AfD-Vizevorsitzende Beatrix von Storch bei Facebook. „Und gegen Angriffe müssen wir uns verteidigen." Als ein Nutzer fragt, ob sie „Frauen mit Kindern an der grünen Wiese den Zutritt mit Waffengewalt verhindern" wolle, antwortet Storch: „Ja."[86] Auch wenn sie später einschränkt, selbstverständlich nur auf die Frauen schießen zu wollen, nicht auf die Kinder, verdeutlicht ihre Aussage, welche Extremmeinungen zu dieser Zeit in Deutschland umgehen.

Europa wählt aus Millionen richtigen Möglichkeiten, wie es

Asylberechtigte verteilt. Gleichmäßig, nach Kriterien, mit Ausnahmen für einige Länder oder ohne. Staaten wählen aus Millionen richtigen Lösungen, wie sie mit Flüchtenden umgehen, die kein Asyl bekommen. Alle ausweisen, alle bleiben lassen, etwas dazwischen. Den idealen Punkt auf der Bandbreite finden sie durch Debatten. Solange sie nach klar festgelegten gleichen Rechten für alle handeln, kein Problem. Wer Einreisende aber lieber niedermetzelt, als ihnen einen Asylantrag zuzugestehen, tritt Menschenrechte mit Füßen. Er findet inmitten von Millionen richtiger, hilfreicher Lösungen die eine falsche. Bewirbt er die dann als „Alternative", ist das Populismus pur.

Auch Merkel benennt die Herausforderung Flüchtlingswelle klar. Sie vergleicht sie mit der Wiedervereinigung, dem Atomausstieg und der Finanzkrise nach 2007. Wie John McCain und Barack Obama im US-Wahlkampf 2008 stellt sie aber den langfristigen Zusammenhalt und Erfolg des Landes über ihren persönlichen Profit. Ihr „Wir schaffen das" vermittelt eine Selbstverständlichkeit: Wir schaffen es, Menschen würdevoll zu behandeln und ihnen ihre Rechte zuzugestehen, auch wenn es gerade bequemer wirkt, dies zu unterlassen. Wir schaffen es, klug zu handeln, statt bei der erstbesten Gelegenheit das Fundament unseres Wohlstands einzureisen.[a]

Zunächst versteht das offenbar ganz Deutschland so. Der Satz sei kaum umstritten gewesen, urteilt beispielsweise die Tagesschau: „Die Berichte über Merkels Pressekonferenz vor einem Jahr gaben ihn überwiegend so wieder, wie er gemeint war: als Vertrauensvotum in die deutsche Verwaltung und Zivilgesellschaft. Doch diese Wahrnehmung hielt nicht lange an."[87]

Populisten greifen Merkels Aussage auf, um den Deutschen scheinbar zu bestätigen, wie die Flüchtlingswelle das Land zerstört. In Dresden erstarkt nach 2015 die fremdenfeindliche Bewegung Pegida (Patriotische Europäer gegen die Islamisierung des Abendlandes) um Gründer Lutz Bachmann; in der AfD setzt der rechtsextreme Björn Höcke mehr und mehr seinen Kurs durch. Beide erheben Merkels „Wir schaffen das" zum Feindbild. Höcke („Wir schaffen das nicht. Und wir wollen das auch nicht schaffen."[b]) und Pegida („die gefährlichste Frau Europas")[88] hetzen gegen Merkel und verkaufen das reine Bestehen ihrer Hetze als angeblichen Beweis einer von ihr verursachten Gesellschaftsspaltung. Sie behaupten, Merkel wolle alle

---

[a] Wichtig zur Einordnung: Merkel sagt an diesem Tag in der Bundespressekonferenz nichts Neues. Schon während der Finanzkrise hatte sie mehrfach betont, Deutschland werde die Herausforderungen meistern. Vizekanzler Sigmar Gabriel (SPD) sagte einige Tage vor der Bundespressekonferenz in einem Videopodcast: „Frieden, Menschlichkeit, Solidarität, Gerechtigkeit: Das zählt zu den europäischen Werten. Jetzt müssen wir sie unter Beweis stellen. Ich bin sicher, wir schaffen das." Damit betonte Gabriel fast wortgleich sein Vertrauen, Deutschland werde seine Grundrechte verteidigen. Für dieses Buch konzentrieren wir uns auf die Aussage Merkels, weil diese stärker aufgegriffen wurde und die künftige Politik stärker beeinflusst hat als alle ähnlichen Botschaften anderer Politiker.
[b] Höckes Aussage, wir wollten es nicht schaffen, Menschenrechte einzuhalten, lässt tief blicken.

Flüchtlinge, am liebsten ganz Afrika in Deutschland aufnehmen, obwohl diese betont: Asylanträge ja. Viele Antragssteller erwarte aber die Abschiebung.

Die AfD beschimpft Merkels „Wir schaffen das" an so vielen Stellen, es würde zu weit führen, hier alle aufzuzählen. Wie weit sie damit geht, zeigt Beatrix von Storch im April 2018. 13 Minuten, nachdem ein psychisch kranker Deutscher in Münster einen Kleinbus in eine Menschengruppe steuert, vier Personen tötet, 20 teils schwer verletzt und sich anschließend erschießt, schreibt die damalige stellvertretende Fraktionsvorsitzende der AfD-Bundestagsfraktion bei Twitter: „WIR SCHAFFEN DAS!" Dazu stellt sie einen wütenden Smiley.[89]

Storch will Gewalt und Merkels Aussage in den Köpfen der Deutschen zu einer Verbindungskette verschmelzen. Wähler sollen beim Wort „Kriminalität" automatisch an Ausländer denken. Selbst als die Polizei die Tat als erweiterten Selbstmord ohne terroristischen Hintergrund einstuft und sich der Täter als Deutscher ohne Verbindung zum Islam entpuppt, bezeichnet Storch ihn grundlos als „Nachahmer islamischen Terrors" und beschimpft ihre Kritiker als Verharmlosungs- und der Islam-ist-Vielfalt-Apologeten. Verschmelzungen stärken, Wahrheit hin oder her.

Über die nächsten Jahre nutzt die AfD Straftaten von Migranten, um die Grundsätze, wegen derer die Bundesregierung diese Migranten nicht an der Grenze niedermetzelte, zum Feindbild aufzubauen. Sie lobpreist das einzig Falsche, das wir in sozialen Themen kennen, und beschimpft Parteien, die dieses Fundament verteidigen, als inhaltsgleiche, moralisch kaputte Altparteien.

Das einzig Gleiche an CDU/CSU, FDP, SPD und Grünen besteht darin, dass sie die Grundordnung schützen, die unsere Gesellschaft vor der Selbstzerstörung rettet. Sie bewahren das einzig Richtige, was wir in politischen Debatten kennen. Die Alternative, die die AfD Wählern bietet, besteht darin, das einzig Richtige rhetorischen Tricks zu opfern.

Erschreckenderweise geht diesen Tausch ein guter Teil der Deutschen nach 2015 ein. Im Jahr 2019 gewinnt die AfD bei den Landtagswahlen in Thüringen, Brandenburg und Sachsen rund jede vierte Stimme. Die Partei zieht in viele westdeutsche Parlamente ein, im Bundestag überspringt sie komfortabel die Fünf-Prozent-Hürde. Bei einigen Landtagswahlen kratzt sie an der absoluten Mehrheit. Gerade dass die AfD mit viel Angstmacherei das einzig Falsche bewirbt, legen ihre Anhänger als Mut aus.[a]

Im Jahr 2023, als erneut viele Menschen nach Deutschland flüchten,

---

[a] Fairerweise muss man hier auch betonen, dass die AfD viele ihrer Wähler von der Linkspartei abwarb, die vorher jahrelang ebenfalls die Grundfesten des Erfolgs der deutschen Gesellschaft zum Feindbild erklärt hatte. Diese Wähler wechselten von einer Partei, die die freie Gesellschaft ablehnt, zur anderen. Dennoch bleibt erschreckend, wie viele Menschen den teils offenen Gewaltverherrlichungen der AfD folgten.

wiederholt sich die Geschichte. Hilfreiche Politiker arbeiten an Maßnahmen, die das Problem lösen *und* das Fundament von Wohlstand und Sicherheit erhalten. Populisten versprechen endgültige Siege, wenn wir das Fundament einreißen: „Die Boote zurück aufs Mittelmeer schicken, die Flüchtenden ertrinken lassen und alles wird gut." Kein Lollapalooza-Denken, keine Gegenbeweis-Suche, keine Bandbreiten. Trotzdem finden die Populisten Anhänger.

Die Tausendste Auflage des uralten Kampfs „Populisten gegen Wohlstand und Sicherheit" zeigt, wie schnell wir langfristige Erfolgsgarantien kurzfristigen Bequemlichkeiten opfern. Auch während der Corona-Krise und nach dem russischen Überfall auf die Ukraine finden Politiker, die an den Grundfesten unserer Gesellschaft sägen, gerade deswegen Unterstützer.

Wir werden weitere Kriege, Flüchtlingswellen und Pandemien erleben. Jedes Mal werden Populisten behaupten, die Basis unseres Wohlstands aufgeben zu müssen. Unsere Zukunft hängt davon ab, ob wir ihnen widerstehen. Schaffen wir das?

In problemfreien Zeiten befürwortet fast jeder Menschenrechte und demokratische Strukturen. Die Herausforderung besteht darin, dies auch bei Problemen zu tun: In einer Welt mit tausenden Atomsprengköpfen, überlebt die Menschheit nur, wenn sie populistische Allheilversprechen auch während Flüchtlingswellen, Pandemien und Angriffskriegen zurückweist.

Derzeit redet Deutschland über Menschenrechte wie Uniabsolventen über ihre Berufe: Sie kennen Schlagwörter, füllen sie aber nicht mit Leben. Alltagsherausforderungen reißen ihre Schlagwörter so schnell ein wie die Erwartungen eines jungen BWLers, der merkt, dass Kunden oft anders handeln als es Uni-Lehrbücher vorhersagen. Der BWLer löst sein Problem durch Erfahrung: Er verbringt die nächsten Jahrzehnte im Büro, füllt seine Schlagwörter mit Leben und wendet sie sinnvoll an. Im Umgang mit Menschenrechten fehlt uns dieser Lebenserfahrungs-Kurs. Deswegen brauchen wir, wie bei unseren Finanzen, Grundsätze, über die wir einmal nachdenken und die wir immer anwenden können. Ordnen wir die Ergebnisse sachlich ein, statt uns die Vergangenheit goldig und die Gegenwart schwarz reden zu lassen, vermeiden wir jeden Populismus.

Diese Grundsätze brauchen wir besonders für neue, überraschende Situationen, zu denen unserer schnellen Stimme jedes Training fehlt. Diese Situationen stellen uns vor Herausforderungen, die wir mit unseren bisherigen Überzeugungen kaum bewältigen. Hilfreiche Grundsätze schenken unserem Denken in diesen Situationen Halt. Ohne sie entwerfen wir ähnlich zum Scheitern verurteilte Antworten wie ein Flugzeugingenieur, der nichts von Physik versteht.

Über den Autor

Christian Masengarb, geboren 1987 in Sonneberg, ist Politikwissenschaftler, Historiker und Redakteur. Nach dem Studium an der Universität Jena und der Journalismus-Ausbildung beim Münchner Merkur wechselte er zu FOCUS online. Da Populismus inzwischen auch in Deutschland als die gesellschaftszerfressende Gefahr gilt, als die er sie schon im Studium und in englischsprachigen Büchern beschrieb, hat er ihm nun sein erstes deutsches Werk gewidmet.

Weitere Infos

Finden Sie auf meinem Blog unter www.masengarb.net.

Fußnoten

ⁱ Das Bild sehen Sie hier:
https://en.wikipedia.org/wiki/Earthrise#/media/File:NASA-Apollo8-Dec24-Earthrise.jpg.

ⁱⁱ Der Link zum Bild:
https://de.wikipedia.org/wiki/Pale_Blue_Dot#/media/Datei:Pale_Blue_Dot.png
.

[3] Zeit.de: Die Rede von Wladimir Putin im Wortlaut, https://www.zeit.de/politik/ausland/2022-02/wladimir-putin-rede-militaereinsatz-ukraine-wortlaut.

[4] Für einen ausführlichen Faktencheck empfehle ich den umfangreichen Artikel der Deutschen Welle *Putins Kriegsgründe im Faktencheck* unter https://www.dw.com/de/putins-kriegsgr%C3%BCnde-im-faktencheck/a-60901735.

[5] Deborah Lipstadt: Denying the Holocaust, S. 37. (eigene Übersetzung)

[6] Lipstadt: Denying the Holocaust, S. 38. (eigene Übersetzung)

[7] Daron Acemoğlu und James A. Robinson: Warum Nationen Scheitern, S. 98.

[8] Lipstadt: Denying the Holocaust, S. 28.

[9] Ian Leslie: Amanda Knox: What's in a face?, The Guardian, 7. Oktober 2011, https://www.theguardian.com/world/2011/oct/08/amanda-knox-facial-expressions.

[10] Malcolm Gladwell: Die Kunst, nicht aneinander vorbeizureden, S. 168.

[11] Amanda Knox: Waiting to Be Heard. A Memoir.

[12] Gladwell: Die Kunst nicht aneinander vorbei zu reden, S. 348 ff.

[13] Carlos Crivelli und James A. Russell: The fear gasping face as a threat display in a Melanesian society, https://www.pnas.org/doi/10.1073/pnas.1611622113.

[14] Carlos Crivelli: Are smiles a sign of happiness? Spontaneous expressions of judo winners. Und: Carlos Crivelli u.a.: Facial Behavior While Experiencing While Experiencing Sexual Excitement.

[15] Gladwell: Die Kunst nicht aneinander vorbei zu reden, 154 ff.

[16] Mary Beard: Laughter in Ancient Rome.

[17] Achim Schützewohl und Rainer Reisenzein: Facial expressions in response to a highly surprising event exceeding the field of vision: A test of Darwin's theory of surprises, Evolution and Human Behavior, 22/6 (November 2012), S. 657-664.

[18] Gladwell: Die Kunst nicht aneinander vorbei zu reden, S. 39.

[19] Josef und Ruth Becker: Hitlers Machtergreifung. Dokumente vom Machtantritt Hitlers, S. 309.

[20] William L. Shirer: Aufstieg und Fall des Dritten Reiches, S. 207.

[21] PublicResourceOrg: Opening Statement of Harry Markopolos, https://www.youtube.com/watch?v=AF-gzN3ppbE.

[22] Gladwell: Die Kunst nicht aneinander vorbei zu reden, S. 94ff.

[23] Zitiert nach: Gladwell: Die Kunst, nicht aneinander vorbei zu reden, S. 103.

[24] Money Games: Charlie Munger: Invert, always invert (Mental models to use in your life): https://www.youtube.com/watch?v=LWpSyYr0mfY.

[25] Der Spiegel: Dr. Guttenberg nennt Plagiatsvorwürfe abstrus, https://www.spiegel.de/politik/deutschland/fussnoten-streit-dr-guttenberg-nennt-plagiatsvorwuerfe-abstrus-a-745919.html.

[26] Roland Preuß: Summa cum laude? - "Mehr als schmeichelhaft", in: Süddeutsche Zeitung, https://www.sueddeutsche.de/politik/guttenbergs-doktorarbeit-summa-cum-laude-mehr-als-schmeichelhaft-1.1060779.

[27] GuttenPlag Wiki: 2. Zwischenbericht, https://guttenplag.wikia.org/de/wiki/2._Zwischenbericht.

[28] Internationale Pressekonferenz des Staatsrats-Vorsitzenden der DDR, Walter Ulbricht, in Ost-Berlin,

15. Juni 1961: https://www.chronik-der-mauer.de/material/178773/internationale-pressekonferenz-des-staatsrats-vorsitzenden-der-ddr-walter-ulbricht-in-ost-berlin-15-juni-1961.

[29] LiveNOW from FOX: WATCH: President Trump Says You Should Never Be Tired Of Winning: https://www.youtube.com/watch?v=cg5Iw_6tZOw.

[30] In Search of Speed: Chad Fleischer Recounts His 1995 Crash At Kitzbuhel | ISOS013: https://www.youtube.com/watch?v=KvOs-_y7RCI.

[31] YaleCourses: 20. Subgame perfect equilibrium: wars of attrition: https://www.youtube.com/watch?v=wR8dqbc6mlQ.

[32] HLN: Video rewind: Bush's 'Mission Accomplished', https://www.youtube.com/watch?v=5BIW6qyrdu4.

[33] Bloomberg Television: Trump to Sanders Supporters: 'Join Our Movement', 22. Juni 2016, https://www.youtube.com/watch?v=7wXfo5tzj1o.

[34] Business Insider: TRUMP: I'm going to be borrowing some of Bernie's 'material' against Hillary, https://www.businessinsider.com/trump-bernie-hillary-election-2016-4?r=DE&IR=T.

[35] NPR: Here's How Many Bernie Sanders Supporters Ultimately Voted For Trump, https://www.npr.org/2017/08/24/545812242/1-in-10-sanders-primary-voters-ended-up-supporting-trump-survey-finds.

[36] MSNBC: Bernie Sanders: Money In Politics Ruins Democracy: https://www.youtube.com/watch?v=wdzPrYAjjG8.

[37] Bernie Sanders im Interview mit Katie Couric, 2. Juni 2015.

[38] NPR: TRANSCRIPT: Donald Trump's Speech Responding To Assault Accusations: https://www.npr.org/2016/10/13/497857068/transcript-donald-trumps-speech-responding-to-assault-accusations?t=1592559461448.

[39] Wall Street Journal: Trump Bashes the 'Corrupt Political Establishment', https://www.wsj.com/video/trump-bashes-the-corrupt-political-establishment/EC37EC26-E12A-45EB-B009-202D73A329DF.html.

[40] NPR: TRANSCRIPT: Donald Trump's Speech Responding To Assault Accusations: https://www.npr.org/2016/10/13/497857068/transcript-donald-trumps-speech-responding-to-assault-accusations?t=1592559461448.

[41] NPR: TRANSCRIPT: Donald Trump's Speech Responding To Assault Accusations: https://www.npr.org/2016/10/13/497857068/transcript-donald-trumps-speech-responding-to-assault-accusations?t=1592559461448.

[42] Die Linke.PDS: Für eine neue soziale Idee: Wahlprogramm zu den Bundestagswahlen 2005, S. 1, https://www.rosalux.de/fileadmin/rls_uploads/pdfs/ADS/Bundestagswahl_2005_-_Programm.pdf.

[43] PDS: Es geht auch anders: Nur Gerechtigkeit sichert Zukunft! Programm der PDS zur Bundestagswahl 2002, S. 1. https://www.rosalux.de/fileadmin/rls_uploads/pdfs/ADS/Bundestagswahl_2002_-_Programm.pdf.

[44] AfD: Wahlprogramm Bundestagswahl 2017 | Verteidigung der Demokratie in Deutschland, S. 9, https://www.afd.de/wp-content/uploads/sites/111/2017/06/2017-06-01_AfD-Bundestagswahlprogramm_Onlinefassung.pdf, S. 9.

[45] AfD-Grundsatzprogramm „Programm für Deutschland", 2016, S. 8.

[46] Tagesschau: Bundestagswahl 2017 Wählerwanderungen, https://www.tagesschau.de/wahl/archiv/2017-09-24-BT-DE/analyse-wanderung.shtml.

[47] Unter anderem: Focus Online: Sahra Wagenknecht gesteht: "Mit meiner Geldanlage enteigne ich mich im Grunde selbst", www.focus.de/finanzen/boerse/interview-sahra-wagenknecht-minuszinsen-enteignen-die-mittelschicht_id_11473045.html.

[48] Lee Ross, David Greene und Pamela House: The "False Consensus Effect": An Egocentric Bias in Social Perception and Attribution Processes, Stanford 1976. http://www.bulidomics.com/w/images/d/d8/4705-Ross-et-al-False-Consensus-Effect.pdf.

[49] Tor Tarantola, Dharshan Kumaran, Peter Dayan und Benedetto De Martino: Prior preferences beneficially influence social and non-social learning, https://pubmed.ncbi.nlm.nih.gov/29018195/.

[50] Ola Svenson: Are We All Less Risky and more skillfull than our fellow drivers?.

https://web.archive.org/web/20120722210701/http://heatherlench.com/wp-content/uploads/2008/07/svenson.pdf.

[51] Adolf Hitler: Mein Kampf, S. 198.

[52] Adolf Hitler: Mein Kampf, S. 202f.

[53] Kahneman: Schnelles Denken, langsames Denken, S. 90.

[54] Daniel Kahneman: Schnelles Denken, langsames Denken, S. 90f.

[55] Merkur.de: Vermeintliche Vergewaltigung von 15-Jähriger in München: Spektakuläre Wende, https://www.merkur.de/lokales/muenchen/vermeintliche-vergewaltigung-von-15-jaehriger-in-muenchen-spektakulaere-wende-zr-10411636.html.

[56] Thomas Hestermann und Elisa Hoven: Kriminalität in Deutschland im Spiegel von Pressemitteilungen der Alternative für Deutschland (AfD), in: Kriminalpolitische Zeitschrift 3/2019, S. 127-139. https://kripoz.de/2019/05/29/kriminalitaet-in-deutschland-im-spiegel-von-pressemitteilungen-der-alternative-fuer-deutschland-afd/.

[57] Bundesministerium des Inneren, für Bau und Heimat: Polizeiliche Kriminalitätsstatistik 2018, Tabelle 62, https://www.bmi.bund.de/SharedDocs/downloads/DE/publikationen/themen/sicherheit/pks-2018.pdf.

[58] CNN: Outrage grows as Trump keeps talking about Mexicans, https://www.youtube.com/watch?v=YxZkg0rOW14.

[59] David Deutsch: Der Anfang der Unendlichkeit: Erklärungen, die die Welt verwandeln, www.amazon.de/dp/1838498605.

[60] Kahneman: Schnelles Denken, langsames Denken, S. 15f.

[61] Kahneman: Schnelles Denken, langsames Denken, S. 17.

[62] Kahneman: Schnelles Denken, langsames Denken, S. 14.

[63] Kahneman: Schnelles Denken, langsames Denken, S. 69.

[64] Kahneman: Schnelles Denken, langsames Denken, S. 100.

[65] Kahneman: Schnelles Denken, langsames Denken, S. 14.

[66] Herbert A. Simon: „What is an Explanation of Behavior?", Psychological Science 3/1992, S. 150-161; zitiert nach: Kahneman: Schnelles Denken, langsames Denken, S. 23.

[67] Alpha Cenauri: Woher kommt unser Gold?, https://www.br.de/mediathek/video/alpha-centauri-astro-physik-woher-kommt-unser-gold-av:62ecca0be129650009a957ca.

[68] Zitiert nach: Andreas Wirsching: „Man kann nur Boden Germanisieren". Eine neue Quelle zu Hitlers Rede vor den Spitzen der Reichswehr am 3. Februar 1933, https://www.ifz-muenchen.de/heftarchiv/2001_3_5_wirsching.pdf.

[69] Jonathan Haidt: The Righteous Mind. Why Good People are Divides by Politics and Religion.

[70] Jimmy Kimmel Live: Clinton Supporters Agree With Donald Trump Quotes, https://www.youtube.com/watch?v=IzC-l7tovFk.

[71] TDC: Trump On Tape: I Grab Women "By The Pu**y", https://www.youtube.com/watch?v=WhsSzlS84ks.

72 BBC: US Republican Senator Rob Portman favours gay unions, https://www.bbc.com/news/world-us-canada-21804506.

[73] Rob Portman: Gay Son leads Rob Portman to Embrace Same-Sex Marriage, https://www.portman.senate.gov/newsroom/articles/gay-son-leads-rob-portman-embrace-same-sex-marriage.

[74] Statista: Durchschnittliche Anzahl postmortaler Organspender in ausgewählten Ländern weltweit im Jahr 2022, https://de.statista.com/statistik/daten/studie/226978/umfrage/anzahl-postmortaler-organspender-in-ausgewaehlten-laendern.

[75] Daniel J. Simons und Christopher Chabris: Gorillas in Our Midst. Sustained Inattentional Blindness for Dynamic Events, Perception 29 (1999), S. 1054-1079.

[76] Michael Shermer: The Believing Brain, S. 324.

[77] Shermer: The Believing Brain, S. 325.

[78] Shermer: The Believing Brain, S. 324.

[79] Hans und Ola Rosling: Wie man seine Ignoranz gegenüber der Welt reduziert:

https://www.youtube.com/watch?v=Sm5xF-UYgdg.

[80] Mehr über hilfreiche Vorhersagen erkläre ich in meinem Vortrag zum Thema:
https://www.youtube.com/watch?v=JwzRYS2dJTQ&list=PL3EVNGR1g4U5bxmi58j_LzC44gdrrOE
kE&index=1.

[81] Der Link zum Vortrag bei YouTube:
https://www.youtube.com/watch?v=JwzRYS2dJTQ&list=PL3EVNGR1g4U5bxmi58j_LzC44gdrrOE
kE.

[82] Business Insider: McCain defended Obama as a 'decent person' during the 2008 election,
https://www.youtube.com/watch?v=OdKEbyNYbFU.

[83] The View: John McCain Talks Standing Up For Obama During Election, Memoir, Regrets In Career
| The View, https://www.youtube.com/watch?v=Nji4o1LxBBY.

[84] Lipstadt: Denying the Holocaust, S. 27.

[85] FAZ: Gauland: Hitler nur „Vogelschiss" in deutscher Geschichte,
https://www.faz.net/aktuell/politik/inland/gauland-hitler-nur-vogelschiss-in-deutscher-geschichte-
15619502.html.

[86] FAZ: AfD-Vizechefin will Polizei sogar auf Kinder schießen lassen:
https://www.faz.net/aktuell/politik/fluechtlingskrise/beatrix-von-storch-afd-vizechefin-will-polizei-
sogar-auf-kinder-schiessen-lassen-14044186.html.

[87] Tagesschau: Merkels drei große kleine Worte: https://www.tagesschau.de/inland/merkel-wir-
schaffen-das-101.html.

[88] Alexander Sarovic (Spiegel): Pegida in Dresden. Rhetorik des Hasses:
https://www.spiegel.de/politik/deutschland/lutz-bachmann-von-pegida-in-dresden-rhetorik-des-
hasses-a-1060782.html.

[89] Twitter, Nutzer Beatrix_vStorch:
https://twitter.com/Beatrix_vStorch/status/982629037024702465?lang=de.